... VOUS AVEZ DIT
SERRAULT ?

MICHEL SERRAULT

... VOUS AVEZ DIT SERRAULT ?

*Préface inédite
de l'auteur*

ÉDITIONS FLORENT MASSOT

La loi du 11 mars 1957 n'autorisant aux termes des alinéas 2 et 3 de l'article 41, d'une part, que les *copies ou reproductions strictement réservées à l'usage privé du copiste et non destinées à une utilisation collective*, et, d'autre part, que les analyses et les courtes citations dans un but d'exemple ou d'illustration, *toute représentation ou reproduction intégrale ou partielle, faite sans le consentement de l'auteur ou de ses ayants droit ou ayants cause*, est illicite (alinéa 1er de l'article 40). Cette représentation ou reproduction, par quelque procédé que ce soit, constituerait donc une contrefaçon sanctionnée par les articles 425 et suivants du Code pénal.

À Nita

Si la pendule avance,
il faut descendre le balancier.
Si la pendule retarde,
il faut remonter le balancier.

Jules Lamain

Souvent les gens croient me connaître
parce que j'ai un physique ordinaire,
je ressemble à tout le monde.
Quand je me laisse pousser la barbe,
je ressemble à n'importe quel barbu.

Michel Audiard
(Dialogue de *Mortelle Randonnée*)

Ne confondons pas l'homme intelligent
avec l'homme de talent.

Jules Renard

Il ne vieillit pas, il jeunit.

Jean Guitton

AUX IMPRUDENTS
QUI ONT LU MON LIVRE

Jamais je ne me serais douté que les mémoires d'un clown allaient autant vous intéresser ! Au hasard de mes pérégrinations, la première édition de ce livre m'a offert des retrouvailles émouvantes, des rencontres inattendues, et apporté, jusque dans les endroits les plus reculés où il m'arrive de séjourner pour les besoins d'un tournage, des lettres de lecteurs, vos lettres, qui me disent que vous avez été touchés, émus, que vous avez ri, aussi, en découvrant une vie de comédien comme vous ne l'aviez peut-être pas imaginée.

De ces lettres comme de mes voyages à travers la France, je veux retenir des visages retrouvés, des rires, des sourires, des moments que la mémoire avait conservés en attendant de les faire resurgir. Vous vous êtes reconnus, les gars d'Argentat, qui m'avez rappelé nos baignades dans la Dordogne, quand nos douze ans émerveillés comprenaient mal que c'était la guerre ; vous vous êtes retrouvés, mes copains des fortifs, du Petit Séminaire et de la Rue Blanche, quand je raconte ces heures où les serments de toutes sortes nous semblaient le point culminant de nos jeunes existences ; vous vous êtes manifestés nombreux, mes amis du spectacle, avec qui j'ai partagé tant de délires sur scènes ou devant la caméra.

À tous je veux dire merci. Merci d'avoir été cet écho

fraternel et chaleureux, puisque — et surtout qu'on n'y change rien — c'est vous qui faites revivre mes souvenirs.

Je ne peux d'ailleurs en donner meilleure preuve que par cette petite histoire dont un de mes proches amis a été le témoin. C'était aux alentours de Pâques. Cet ami avait rendez-vous chez un notaire dont l'étude se trouve boulevard Haussmann à Paris. Il gare sa voiture boulevard Malesherbes et prend, à pied, la rue Lavoisier. Au bout de la rue, près du square Louis XVI, il voit un couple dont l'allure flâneuse lui laisse supposer qu'il s'agit de touristes faisant un tour dans la capitale en cette période pascale. Mais sa surprise est de taille en remarquant que ce n'est pas un guide touristique qu'ils ont à la main... mais ce livre ! Les deux visiteurs scrutent les immeubles voisins du bistrot qui fait l'angle avec le square. En passant près d'eux, mon ami entend distinctement la jeune femme dire à son mari : « Elle devait habiter par là, sa grand-mère... »

Oui, ils parlaient de la grand-mère Serrault, qui était concierge rue Lavoisier, et à qui le bistrot du coin offrait chaque jour croissants et café au lait au titre de la solidarité auvergnate ! Ils cherchaient son immeuble... Ils se promenaient dans mes souvenirs.

En me racontant cette drôle d'anecdote, mon ami souriait : « Heureusement que tu n'es pas apparu au coin de la rue, ils auraient cru à une hallucination ! »

En tout cas, ce pèlerinage inattendu me va droit au cœur. Et en quelque sorte révèle ce qu'est ma vie. Je veux dire par là qu'ayant besoin du public pour faire mon métier, ce jeune couple de la rue Lavoisier, à mes yeux, le représente. On ne m'en voudra donc pas d'affirmer une nouvelle fois que, dans le cœur de ce comédien appelé Serrault, tout à la joie de vous faire rire ou pleurer, la place la plus importante... c'est la vôtre.

Michel Serrault

PROLOGUE

Lettre à mes lecteurs,
précédée de mes conseils de lecture

CONSEILS DE LECTURE

Vous pouvez aborder ce livre de trois façons :

— en découvreur, pour vous-même, de manière intime ;
— en passeur, en le lisant à quelqu'un, à voix haute ;
— en auditeur, en écoutant celle ou celui qui vous fait la lecture.

Essayez, trois histoires différentes vous attendent !

LETTRE À MES LECTEURS

Je jouais *Knock* au théâtre. À la fin de la soirée, certains spectateurs venaient me voir dans ma loge pour me dire qu'ils avaient passé un bon moment. Ils étaient contents, et moi heureux. Un jour une dame me déclara : « Excusez-moi de vous dire ça, monsieur Serrault, mais vous m'avez tellement fait rire ! » Je lui répondis : « Ne vous excusez pas, madame, je l'ai fait exprès. »

C'est là toute ma philosophie. Et la manière dont j'ai conçu mon métier. Je veux faire rire, donner du bonheur, offrir des émotions. Donner, voilà le mot le plus important. C'est affaire de générosité bien sûr, mais surtout d'authenticité. Car je crois, en toute humilité, que ce qu'il y a de plus sincère en moi, je l'ai donné, et je continue de le faire, après plus de cinquante-cinq ans de théâtre et de cinéma.

Ce que je vais vous raconter dans ce livre, c'est ce que j'ai répondu à cette dame dans ma loge. J'ai fait exprès de vous faire rire ou de vous émouvoir pendant toutes ces années. Et quand vous me croisez dans la rue et me remerciez d'un sourire ou d'un mot, vous n'imaginez pas comme mon cœur s'emplit de joie.

Il paraît que j'ai une drôle d'habitude, que je crois tenir de ma grand-mère. Quand je parle à quelqu'un, je lui prends les mains ou je pose l'une des miennes sur son bras. Je m'agrippe et ne lâche pas prise facilement ! Vous savez pourquoi ? Pour lui dire que je l'aime bien.

Vous et moi, on se connaît depuis longtemps, n'est-ce pas ? Et je crois savoir qu'on s'aime bien. Alors donnez-moi votre main.

J'ai tant de choses à vous dire...

1

Je suis né dans une roulotte. La révélation a de quoi surprendre, je le reconnais. En réalité, j'ai vu le jour le 24 janvier 1928, un mardi, dans une clinique de Brunoy, alors département de la Seine-et-Oise, qu'on appelle aujourd'hui l'Essonne. Et pourtant, ma roulotte, c'est une part de vérité...

La famille farfelue

Nous ne menions cependant pas une vie errante chez les Serrault ! Et la famille n'a jamais compté aucun saltimbanque avant mon arrivée ! Mais cette « roulotte » évoque pour moi l'heureuse fantaisie qui nous habitait, le goût marqué pour la loufoquerie, un besoin de liberté et de jeu, un air de jeunesse qui n'aurait pas eu de fin. Il faut dire que nous étions sept à la maison, ce qui fait les grandes tablées et souvent les beaux chahuts. Mes deux frères aînés, Raoul et Guy, possédaient un fond de sérieux qui ne se manifestait que par intermittence, et en aucune manière lorsque nous étions réunis, puisque c'était à qui inventerait les extravagances du moment. La plus petite de la famille, ma sœur Denise, avait un côté rêveur, doucement farfelu et franchement surprenant. Je peux d'ailleurs vérifier que ce caractère ne l'a pas quittée lorsqu'il m'arrive aujourd'hui de dîner chez elle, si toutefois elle a retrouvé à temps la salade qu'elle a dû ranger dans la boîte aux lettres, et le vin blanc qu'elle a mis à refroidir dans le four à soixante degrés !

Robert, mon père, avait la particularité d'exercer deux métiers. Le jour il était représentant en soieries — par la suite il le fut pour des collections de cartes postales — et le soir il endossait l'uniforme de contrôleur au théâtre de l'Ambigu à Paris. Il était toujours d'humeur joyeuse, aimait rire, avait un bagout exceptionnel. J'ai toujours été persuadé qu'il devait à ces qualités au moins la moitié de son chiffre d'affaires. Car lorsque le père Serrault débarquait chez un tailleur avec ses échantillons, ses étoffes et son baratin, j'imagine les allures de fête que ses visites devaient prendre ! À la maison, c'était pareil. Nous, ses enfants, l'adorions, parce qu'il était la gaieté même, et rire avec lui, de ses récits comme de nos farces, nous plongeait dans une euphorie qui embellissait sérieusement l'existence.

Nous n'étions pas riches. C'était bel et bien pour adoucir des fins de mois difficiles que mon père pratiquait ses deux métiers. Il quittait la maison le matin à huit heures et ne rentrait que par le dernier autobus, vers minuit, après avoir déchiré les tickets à l'Ambigu. Nous étions ce qu'il est convenu d'appeler une famille modeste, mais personne n'aurait jamais songé à se plaindre. Il existait des gens vraiment malheureux, nous en connaissions, et ma mère nous avait trop inculqué le sens des choses pour verser dans les gémissements.

Ma mère. Adeline. C'était elle, le chef de la roulotte ! Une autorité naturelle et en même temps un souci de laisser ses enfants grandir sans trop de contraintes. Une femme d'une grande douceur à laquelle il revenait de fixer les limites de nos excentricités et de conduire la destinée de la famille. Elle n'avait pas quatre enfants, mais cinq. Je compte mon père dans le lot ! Nous, les trois garçons, couchions dans la même chambre. C'était relativement simple de nous envoyer au lit, mais nous faire dormir était une entreprise plus rude. Ma mère possédait une espèce de petit fouet, qui avait dû être récupéré chez un charretier. Elle entrait en trombe dans la chambre à une heure du matin et nous menaçait de sa cravache :

— Vous allez dormir, oui ou pas ?!

Elle ne s'est jamais servie de cette arme, ni d'aucune autre, pour faire taire nos sarabandes nocturnes. Ma sœur, qui avait sa propre chambre, avait dû rouspéter plus d'une fois contre nous qui troublions son repos ! Mais on entendait mon père, qui venait de rentrer du théâtre, rire à son tour dans le couloir ! Comment prendre cette famille au sérieux ?

Celle qui acceptait de bonne grâce l'agitation de la maison, c'était ma grand-mère Léona, la mère de ma mère, qui vivait avec nous. Cette femme merveilleuse, qui devait avoir soixante-cinq ans à ma naissance, nous passait tout. À moi surtout, qui étais un peu son préféré, sans doute parce que j'étais le plus jeune des garçons. J'avais avec elle cette complicité indéfinissable qui n'existe qu'entre grands-parents et petits-enfants. Je ne me suis jamais privé d'abuser de ce lien privilégié, lorsque germaient dans ma tête, celles de mes frères ou des copains, les idées dont elle était, plus souvent qu'à son tour, la victime de choix.

Monsieur Michel Serrault,
cité-jardin du Moulin-Vert

Cette douce existence à mes yeux d'enfant s'écoulait en banlieue sud-est, dans un petit pavillon avec potager qui faisait partie d'une cité ouvrière, la cité-jardin du Moulin-Vert, laquelle dépendait de la commune de Vitry-sur-Seine. C'est à cette adresse que je me souviens d'avoir reçu mon premier courrier ! Pour le jour de l'an 1932, ma marraine avait envoyé à « Monsieur Michel Serrault, cité-jardin du Moulin-Vert à Vitry (Seine) » une carte postale représentant un chat aux yeux verts qui miaulait quand on lui appuyait sur le nez. Ma chère marraine me souhaitait « une bonne santé, de bien jouer et m'amuser tout 1932 ». Je souris aujourd'hui en lisant ce mot : jouer...

Nous vivions dans cette cité-jardin, au milieu d'autres pavillons tout semblables au nôtre, où fleurissaient le lilas et les clématites. Notre plus proche voisin était un maçon, qui avait huit mômes. Les familles nombreuses, et même très nombreuses, n'étaient pas rares, à l'époque. La cité-jardin reposait sur une organisation très complète où la solidarité et la fraternité trouvaient des racines profondes. Ma mère, dont le sens du dévouement était infini, et qui n'avait de cesse d'exprimer son côté mère-poule, s'occupait de l'économat de la paroisse. Je me souviens qu'il lui arrivait de ramener à la maison des abricots secs, fruits suffisamment exotiques chez nous pour que nous les dévorions d'un seul coup, sans nous soucier de savoir si nous en remangerions un jour !

Mes frères et moi fréquentions le patronage, malgré mon trop jeune âge pour y être admis. Mais il n'était pas dans les habitudes de séparer les familles, aussi m'emmenait-on en promenade, le plus souvent dans un petit chariot ou une remorque de fortune que les grands tiraient, puisqu'on me jugeait trop petit pour les longues marches. On allait se baigner dans la Marne, pêcher, cueillir des baies. Le patronage permettait aux enfants des familles modestes de partir en vacances, de profiter de la mer ou de la montagne, de faire du sport. Ne pas croire pour autant que tous les gamins étaient de fervents chrétiens ! Ils venaient avant tout jouer au foot ou au basket et rigoler avec leurs copains ! Grâce au patronage j'ai vu pour la première fois la mer. J'avais huit ans, c'était à Varengeville, près de Dieppe. La montagne, je ne l'ai connue que plus tard. Bien plus tard. Il m'a même fallu attendre l'âge de soixante-douze ans et le tournage d'*Une hirondelle a fait le printemps* pour découvrir le Vercors sous la neige !

Le patronage, c'était aussi la troupe théâtrale, la chorale... et le cinéma. *Golgotha* est le premier film que j'ai vu. Jean Gabin y incarnait Ponce Pilate. À l'époque, pour un gamin de six ans, c'était impressionnant. Je n'ai jamais évoqué ce souvenir auprès de Jean Gabin, n'ayant pas eu le bonheur de jouer avec lui. Plus tard, le premier film en couleurs qu'il m'ait été donné de voir, c'est *La Fille du bois maudit,* de Henry Hathaway.

Le cirque, faiseur de rêve

Mais c'est d'une autre forme de spectacle, le cirque, qu'a jailli l'étincelle. Je n'ai pas imaginé sur-le-champ qu'un futur métier me tendait les bras, mais j'ai senti un lien, une correspondance, un fil invisible, entre ce que je voyais sur la piste et mon goût pour la fantaisie qui prenait de plus en plus de place... Quelque chose me soufflait que là, sous mes yeux, vivait un monde qui me convenait ! Voilà le résultat des influences familiales et de l'ambiance roulotte ! Ferais-je un jour le pitre, moi aussi ? Pour de vrai, comme on disait alors ? Ce rêve m'a traversé au moment où l'enfant que j'étais se découvrait une nature dissipée et fantasque, qui, comme l'aiguille de la boussole se tourne vers le nord, était attirée par la farce et le rire. Les grands cirques de l'époque — Pinder, Amar, Bouglione — s'arrêtaient régulièrement à Villejuif ou à Vitry. J'étais fasciné par cette ville entière qui s'installait près de chez nous, ces gens du voyage qui habitaient des roulottes colorées, ces cages géantes où grondaient des fauves, ces hommes et ces femmes, si discrets, parfois si timides la journée, qui, le soir venu, quand la piste s'illuminait, se transformaient en artistes magnifiques dans des costumes étincelants. Ils étaient trapézistes, jongleurs, écuyers. Un monde d'enchanteurs, de faiseurs de rêve.

Mes préférés étaient bien sûr les clowns, qui me faisaient rire autant qu'ils m'effrayaient, parce que les proportions de leur univers avaient de quoi inquiéter un enfant. Des chaussures d'un mètre de long, une montre de dix kilos, des cheveux verts qui se mettaient à tourner, ce n'était pas la réalité. Mais je crois avoir compris qu'il y avait là-dessous une vérité, ce jour de mes huit ans où les curés du patronage, qui organisaient une ou deux fois l'an une sortie à Paris, nous emmenèrent à une matinée du cirque Médrano, boulevard Rochechouart. C'est là que je vis trois des plus grands clowns de tous les temps, les Fratellini. Nous étions partis du terminus de Villejuif et avions changé quatre fois d'autobus avant d'arriver place Pigalle. Autant dire une expédition. J'étais parcouru de frissons, à cause des couleurs, des lumières, de l'excitation de la fête, qui se mêlaient au bonheur de la découverte. Sur la piste je vis apparaître François, Paul et Albert. Le clown blanc et les deux augustes. Je fus ébloui. De la façon la plus sensible et la plus durable. Par ce privilège de spectateur du premier rang, ce plain-pied fabuleux qui vous place en communion avec le rond magique de la piste. Albert, dont l'écrivain Henri Béraud disait : « Il est issu de la toile d'un peintre cubiste retouchée par un coiffeur aliéné aidé d'une habilleuse ivre », avait un numéro délirant. Déguisé en laitière, il essayait de traire une vache (fausse, naturellement) dont le pis ne produisait pas de lait mais des notes de musique ! Le visage d'Albert, passant de l'hébétude au désespoir, de la malice au calcul, de la crainte au doute, était sublime. Je me souviens encore de ce qui a ravi mes yeux d'enfant et touché mon cœur à jamais : l'outrance des accoutrements, la démesure de l'allure révélaient en fait une simplicité et une authenticité bouleversantes. Les Fratellini déclenchaient de bons rires en offrant une image déformée de toutes sortes de situations où chacun pouvait se reconnaître. Ces éclats de joie généreuse qui tombaient des gradins à chacune de leurs trouvailles visuelles, au cocasse explosif de leurs attitudes, aux quiproquos de leurs dialogues, je les ai encore dans l'oreille. Alors peut-être, sans que j'en fusse conscient, ce jour à Médrano, quelque chose a décidé de ce que serait ma vie. J'ai revu plusieurs fois les Fratellini, mais jamais le trio (Paul est mort en 1940), et j'ai la chance de posséder aujourd'hui plusieurs de ces gouaches où le peintre et dessinateur Marcel Prangey a fixé bon nombre d'entrées (qui sont, au cirque, les sujets, les canevas, les scénarios des numéros de clowns). On y voit les Fratellini dans la scène du fantôme, celle de l'entonnoir ou de la boîte à surprises. On n'est pas loin de la commedia dell'arte. Ces clowns de génie n'ont jamais quitté ma vie, mais je ne savais pas encore, du haut de mes huit ans, qu'ils seraient pour moi des modèles, et plus encore : une source d'inspiration, une leçon, un soutien.

Je ne savais pas non plus, alors que nous nous apprêtions à quitter la cité-jardin pour aller nous installer à Stains, dans un autre pavillon, qu'à quelques encablures du Moulin-Vert, à Villejuif, un petit garçon de deux ans mon aîné, né dans le 14e arrondissement de Paris, venait d'emménager avec ses parents. J'aurais pu en faire un compagnon de jeu, si la roulotte Serrault ne s'était exilée en banlieue nord au même moment. Ce petit garçon s'appelait Jean Poiret.

2

Ma grand-mère Serrault était concierge rue
Lavoisier. C'est chez elle que je passais les
petites vacances, à tour de rôle avec mes frères
et ma sœur. Cette grand-mère paternelle avait
perdu son mari à la guerre de 1914 et régnait
seule désormais sur la loge d'un immeuble
bourgeois du 8e arrondissement. Cette maison
était pour moi un formidable terrain d'observation. Le spectacle des locataires m'amusait.
J'aimais imaginer ce que pouvait être leur vie en
lorgnant leur façon de descendre et de monter
les escaliers, en détaillant leur tenue vestimen-
taire. Le plus bizarre était le duc de Saint-
Joffrein, qui habitait au quatrième étage. Il
saluait ma grand-mère avec un rien de cérémonie et de condescendance, mais prenait soin de
ne pas lui compliquer la tâche par des passages
incessants lorsque, courbée en deux malgré ses
soixante-dix ans, elle frottait chacune des
marches à l'encaustique.

Soixante ans plus tard, je continue d'observer les gens. Sans précision, plutôt comme ça, à la volée, pour saisir une démarche ou un regard, un tic, une expression. C'est le comédien qui trouve là sa nourriture, mais il ne le sait pas forcément. Je peux voir chez quelqu'un une attitude et aussitôt l'oublier. Mais des années plus tard, à mon insu, ce que j'avais observé me revient sans que je l'aie sollicité, au moment où j'en ai besoin. Beaucoup d'acteurs connaissent ce phénomène, qu'on peut comparer à l'eau de pluie qui pénètre la terre, traverse des filtres naturels qui la purifient et l'enrichissent, puis rejaillit en une source, à l'instant où l'on cherche à se désaltérer.

Ma grand-mère Serrault était une femme simple et douce. Sa loge était minuscule, et de son lit, coincé dans la petite alcôve, elle exerçait un pouvoir considérable, dont j'étais assez fier. « Cordon, s'il vous plaît », faisaient les locataires à dix heures du soir. En appuyant sur une poire, ma grand-mère leur libérait le passage, les autorisant ainsi à prendre l'escalier. Elle jouissait aussi d'un autre privilège, mais de celui-là je profitais largement. Le bistrot du coin, face au square Louis XVI, lui faisait apporter tous les jours du café au lait et des croissants. Elle m'en offrait la part la plus généreuse avec une tendresse infinie :

— Tiens, mon petitou, mange...

Ce cadeau quotidien venait en remerciement des services de bon voisinage, et sans doute était-il le signe d'une solidarité auvergnate, car, comme le bistrot, les Serrault étaient originaires de Murat, dans le Cantal.

C'est à Stains que j'ai commencé à aller à l'école. J'ai très peu de souvenirs des écoles qu'il m'a fallu fréquenter, et la toute première ne fait pas exception. La raison en est simple : dès qu'il ne s'agissait plus de s'amuser, et surtout d'amuser les autres, je m'ennuyais. L'école m'a donc appris à lire et à écrire, ce qui n'est déjà pas si mal, et, pour le reste, je me dois de remercier mes institutrices de la maternelle et mes maîtres de l'école communale d'avoir supporté un élève aussi imprévisible. Je dis « supporté », mais dans certaines limites, puisque j'ai été renvoyé à deux reprises de l'école primaire pour indiscipline...

Le môme des fortifs

J'allais sur mes dix ans quand mes parents décidèrent de s'installer à Paris. Nous n'étions pas restés très longtemps à Stains, et le nouveau décor qui s'offrait à notre vie allait modifier radicalement les habitudes. Plus de pavillon et plus de jardin. Mais un immeuble de la ville au

22 de l'avenue de la Porte Brunet, dans le 19e. D'un côté, le Pré-Saint-Gervais, les fortifications, des terrains vagues, des garages, l'octroi (qui existait encore avant-guerre pour certaines marchandises). En un mot la zone. De l'autre, le boulevard Sérurier qui marquait la limite de notre territoire. Au-delà, Paris. Autant dire un autre monde. Il en reste quelque chose aujourd'hui. La preuve, c'est qu'Eddy Mitchell et moi, enfants des fortifs (Eddy habitera quelques années plus tard boulevard d'Algérie), sommes régulièrement obligés de rappeler aux convenances notre ami Guy Marchand, qui, sous prétexte qu'il vivait place des Fêtes, s'arroge le droit de faire partie de notre tribu...

— Moi aussi je suis des fortifs !

— Bémol, veux-tu ? On veut bien te reconnaître un lien de cousinage, mais faut pas pousser la parenté ! La place des Fêtes, c'est quand même une autre planète !

L'école et le patronage occupaient alors le plus clair de mes journées, et s'il était un domaine où je me montrais moins dissipé qu'ailleurs — je n'irais pas jusqu'à dire que j'y brillais par mon calme et mon sérieux — c'était la religion. Ma mère nous envoyait à la messe, comme d'ailleurs il lui arrivait d'y aller elle-même, mais de là à dire que nous étions catholiques très pratiquants, il y a une bonne distance.

Moi je me sentais bien dès qu'il était question de Dieu, ou, pour être exact, c'était un des rares moments où je n'éprouvais pas le besoin de me lancer dans mes délires habituels. Je devais moins cet état d'esprit à une croyance solidement ancrée en moi qu'à la personnalité des prêtres, des diacres et sous-diacres, qui nous entouraient au patronage et à la paroisse. Ils étaient l'exemple du dévouement, et la charité qu'ils pratiquaient n'était pas feinte. Combien de familles — dont la nôtre — ont apprécié leur secours et leur présence. Je sais qu'à l'heure où j'écris ces lignes sont mises au jour des affaires abominables impliquant des prêtres ou des instituteurs. Il faut condamner et punir les monstres, c'est évident. Mais je souffre de voir le soupçon et l'opprobre s'abattre sur une communauté tout entière, faisant oublier ces prêtres admirables qui ont vécu leur foi en se dévouant aux autres leur vie durant. Pour ma part je n'oublierai pas le père Van Hamme, que j'ai connu diacre au patronage, qui a été ordonné prêtre en 1939, qui m'a fait faire ma première communion, le 25 mai 1938. J'ai servi la messe comme enfant de chœur à ses côtés, et l'ai même assisté quand il allait administrer les derniers sacrements. Nous prenions le métro, je portais les saintes huiles, et priais pour que nous n'arrivions pas trop tard. Il n'est guère de moment où je ne pense au père Van Hamme, cet homme intelligent et bon qui a offert son existence à Dieu, et qui a reçu la grâce en retour. De cela je suis persuadé.

À peine étions-nous installés à la porte Brunet que la guerre éclata. Par une de ces décisions dont l'administration conserve à jamais le secret, mon père, qui était pourtant parti en 1916, et qui avait à présent quatre enfants, s'est retrouvé mobilisé. Un soir nous le vîmes arriver à la maison déguisé en soldat, avec les chaussures d'Albert Fratellini, des bandes molletières enroulées à même son pantalon, une vareuse qui avait viré au bleu pastel, un calot tellement grand qu'on aurait dit un sac, et un masque à gaz percé! J'avais l'impression d'être de retour chez Médrano! Mon père aimait trop le burlesque pour ne pas se rendre compte que nous nagions en plein dedans! Il comprit aussi que le peu d'autorité qui lui restait venait de sombrer corps et biens dans les éclats de rire de ses enfants.

— Laissez votre père tranquille! disait ma mère, qui pouffait à son tour...

Avec le recul, je me dis qu'il ne fallait pas être un expert bien avisé pour comprendre, en regardant la tenue de mon père, que la France était mal partie pour gagner la guerre.

Réfugiés en Corrèze

Ma mère, chef de la roulotte, craignant que les Allemands n'enrôlent de force ses fils (mon frère Raoul avait atteint sa quinzième année), estima urgent d'évacuer la famille. C'est ainsi qu'à l'exception de mon père, qui resta à Paris, affecté dans la territoriale, nous partîmes tous les six, avec ma grand-mère Léona, pour un endroit que mes parents avaient connu naguère. Argentat, en Corrèze, était une petite ville paradisiaque sur les bords de la Dordogne. J'aurais bien voulu habiter une de ces jolies maisons à pans de bois qui se reflètent dans les eaux de la rivière, mais il était dit que notre logement serait moins bucolique, et nous échouâmes dans l'ancienne gendarmerie. J'ai tout de suite aimé cette terre de Corrèze, pas très éloignée de celle de mes ancêtres Serrault (le département du Cantal n'est qu'à une trentaine de kilomètres), et d'ailleurs je me trouvais une ressemblance physique avec ces petits paysans de mon âge, la tignasse noire, les yeux sombres et vifs et — disait-on — le regard malin. Il me manquait les bonnes joues rouges dont le 19e arrondissement de Paris n'avait pas favorisé l'apparition, mais qui finirent par exister à force de ramasser du bois, de se baigner dans la Dordogne, d'aller pêcher dans la Maronne, de marcher jusqu'à Beaulieu, Saint-Chamant, les Tours de Merle, et même de traire des vaches, activité qui me plaisait beaucoup. L'hérédité explique probablement mon amour de la terre et de la campagne, mais je suis sûr que c'est là-bas, à Argentat, que ce goût s'est révélé. Lorsque, quarante ans plus tard, j'ai eu la possibilité d'acheter un domaine avec une exploitation agricole dans le Perche, j'en ai étonné plus d'un par mes connaissances en matière rurale. La meilleure preuve est que l'on m'a attribué récemment le Mérite agricole, récompense qui vaut largement les trophées d'acteur.

J'allais à l'école communale où l'instituteur nous parlait de temps en temps en patois. Il m'en reste quelques expressions que j'utilise dans certaines conversations (*Co vaï bi ?*), quand des campagnards frais émoulus qui ne distinguent pas un chou-fleur d'un trèfle à quatre feuilles veulent m'expliquer la campagne. Je n'ai cependant guère eu le loisir d'approfondir la connaissance de la langue limousine puisque ma mère fut obligée de me confier à l'école libre, la communale estimant avoir suffisamment goûté de mes fantaisies à répétition. Comme j'avais été enfant de chœur à Paris, le curé d'Argentat me fit aussitôt appeler, et je me retrouvai à servir la messe dominicale, mais aussi toutes les cérémonies, à commencer par les enterrements. J'avais d'ailleurs été impressionné par le panneau, bien visible dans la sacristie, qui annonçait le tarif des messes avec un souci du détail qui ne laissait rien au hasard : le cierge était à prix fixe, mais la dépense pour les enfants de chœur variait suivant le caractère de la cérémonie. Chaque fois que la grande pompe des funérailles, classe suprême des enterrements, requérait notre présence, le curé venait nous chercher à l'école et nous en avions pour la demi-journée. Nous allions chez le défunt avec le corbillard à chevaux, nous traversions le village en une procession lente jusqu'à l'église, et, après la messe, nouvelle procession funèbre jusqu'au cimetière, où avaient lieu les ultimes prières. C'est ce qui s'appelait « accompagner un mort ». Aujourd'hui, tout cela est expédié dans une discrétion des plus totales. On n'accompagne plus. On regarde sa montre.

Le temps avait là-bas une autre dimension. Ma sœur Denise a fait à Argentat sa première communion. Je me souviens aussi du jour de la confirmation. Les curés des villages alentour conduisaient les enfants au chef-lieu de canton, où l'évêque de Tulle se déplaçait, ce qui était un événement.

Je les revois, ces filles et ces garçons, regroupés dans les chapelles latérales de l'église d'Argentat, mangeant en silence le morceau de pain et de lard que leur maman avait fourré dans leur musette, et attendant leur tour de paraître devant monseigneur l'évêque. Ils chantaient en écorchant le latin, et je chantais aussi, pas mieux, mais avec passion, parce que je trouvais cela très beau, et que je ressentais en moi quelque chose que je ne savais pas encore nommer. Aujourd'hui, il m'arrive de chanter le grégorien, seul, chez moi. Certains concluent à une bizarrerie de plus.

Après la première messe dominicale, nous quittions l'église d'Argentat et le curé nous offrait, à nous enfants de chœur, le petit déjeuner au presbytère. Une servante habillée de noir, une espèce de chiffon sur la tête, montait sur une chaise et attrapait un énorme pot de confiture de reines-claudes ou de myrtilles rangé sur le dessus d'une armoire. Nous dévorions nos tartines dans cette grande pièce fraîche qui sentait le salpêtre et les meubles bien cirés. La fenêtre était ouverte sur le jardin plein de marguerites et de rhododendrons. De ces moments, je garde le souvenir d'une quiétude et d'une humanité que toute ma vie j'ai cherché à retrouver. C'était l'équilibre que confèrent les choses simples, c'était sans doute une forme de bonheur. C'est là en tout cas, la première fois de ma vie, que je crois avoir compris ce que signifiait

« avoir une âme ». Je le dois à ces gens des bords de la Dordogne qui, par leur existence généreuse et simple, ont contribué à faire grandir en moi ce qu'il me faut bien appeler la foi.

3

Ma mère, estimant sans doute tout danger écarté, décida de notre rapatriement à Paris en 1941. Adieu la Corrèze. Je retrouvais mon père, la porte Brunet et la communale. Pour moi, il était surtout temps d'explorer le quartier. C'était l'Occupation, mais les Allemands préféraient d'évidence les endroits chics comme l'Opéra ou les Champs-Élysées, car les uniformes étaient rares à la frontière du Pré-Saint-Gervais.

La terreur de la crémière

À treize ans, je n'avais, comme on peut l'imaginer, aucune conscience de ce qu'il fallait faire pour se montrer un héros face à l'occupant. La plupart des gens que je côtoyais semblaient avoir pour souci de trouver à se nourrir, et ça s'arrêtait là. Avec quelques années de plus et des rencontres propices, mon tempérament turbulent m'aurait sans doute poussé à entrer dans la Résistance, mais la vie m'a appris à manier le conditionnel avec précaution. Les marges, les lignes, les horizons qui séparent les hommes et leurs idées sont ténus, pas toujours visibles, très souvent friables. Pourquoi choisit-on un camp et pas un autre, si toutefois on choisit ? Je me souviens de notre voisin le maçon et de ses huit gosses, au Moulin-Vert. Il avait quatre garçons dont la passion commune et exclusive était la moto. Dès qu'ils atteignaient l'âge de seize ans, leur père ne s'embarrassait pas de grands discours...

— Faut se mettre au boulot et rapporter des picaillons, mon petit gars !

Deux des garçons sont entrés dans la gendarmerie pour être motards. Les deux autres sont devenus les deux plus gros trafiquants de motos volées de toute la banlieue sud ! Tout cela pour dire que je crois autant en l'ironie du destin qu'en la volonté des hommes.

Porte Brunet, j'avais réussi à me faire suffisamment de copains pour que la rue finisse par l'emporter sur les obligations scolaires. Le déraisonnable était atteint puisque je revendais les tickets que ma mère me remettait pour la cantine afin d'acheter toutes sortes de denrées pas toujours comestibles, puisque ça allait d'un lot de vis platinées à des tablettes de chocolat trafiqué. Ma grand-mère, parfaitement au courant de mes innocents trafics, mais affolée à l'idée de me savoir le ventre vide, me donnait à manger par la fenêtre de sa chambre, qui ouvrait sur l'avenue. C'était la becquée en cachette. Je crois que ma mère ne l'a jamais su...

Si mes absences à l'école s'installaient dans une régularité alarmante, il n'était pas rare de nous voir, les copains, mon frère Guy et moi, dévaler à toute vitesse le boulevard Sérurier, agrippés à des machines folles, que nous avions fabriquées à partir d'une planche et de roulements à billes. Les choses n'avaient pas changé, nous n'avions toujours pas de vélo, et n'en aurions jamais. Nous aimions aussi prendre nos quartiers sur les fortifs la journée entière. Nous campions autour d'un bivouac improvisé, en mangeant ce que nous avions réussi à chaparder ici ou là. Au milieu des cabanes de chiffonniers, nous allumions des feux de camp pour faire cuire n'importe quoi, volé à la maison ou dérobé chez des commerçants, que nous pensions terroriser par nos allures de durs. Une de mes spécialités était d'entrer en trombe, entouré de ma bande, chez une crémière dont nous avions fait notre victime privilégiée, et de lancer d'une voix forte mais calme, la vraie voix des vrais truands :

— Personne ne bouge et ça se passera bien. On prend ce camembert, là... et puis ce flan dégueulasse... et on ne paye pas ! Silence ! Pas un mot !

Comme dans un film de gangsters, la crémière et ses clients restaient figés jusqu'à ce qu'on quitte le magasin. Passer pour des voyous — mais entre nous, nous l'étions quand même un peu ! — nous excitait au plus haut point.

Nous organisions aussi d'interminables courses-poursuites dans les caves des immeubles, qui, parce qu'elles correspondaient toutes entre elles, nous permettaient de présenter l'attraction dite du train-fantôme, avec bûchers et hurlements. Le concierge s'égosillait en courant derrière nous :

— Petits salauds ! Vous allez foutre le feu ! !

Dans le métro, nous jouions aux clochards, aux poivrots. Ou alors je m'affalais sur une banquette en gémissant de plus en plus fort. Au bord de l'agonie, je menaçais de vomir et rapidement le compartiment se vidait. Les copains, qui surveillaient le jeu d'une autre voiture, venaient alors me retrouver et nous profitions enfin de la moitié de la rame pour nous tout seuls ! Autre passe-temps favori : un cri autoritaire que je poussais sur le quai des stations Botzaris ou Buttes-Chaumont, bien avant la boucle qui fermait la ligne au Pré-Saint-Gervais : « Terminus spécial ! Tout le monde descend ! » Les voyageurs quittaient docilement les voitures sans poser de question !

Le Petit Séminaire

La vie de chacun prenait cependant tournure. Raoul et Guy, mes frères aînés, fréquentaient le lycée, et devenaient conscients qu'il existait un avenir dont il fallait s'occuper soi-même. Raoul fera une carrière d'ingénieur à EDF, tout en ayant des responsabilités syndicales importantes. Une espèce de saint laïque, mon grand frère. Avenue de la Porte Brunet, ma mère l'autorisait à travailler ses cours sur la table de notre petite salle à manger, parce que les choses devenaient sérieuses pour lui et qu'il montrait beaucoup d'application. Autrement, il n'était pas question d'entrer dans cette pièce en dehors de certains dimanches et jours de fête. Guy aussi se préparait aux études. Sa vie professionnelle, ce sera Air France.

Mes performances à moi se limitaient à un retard scolaire qui prenait chaque jour un peu plus d'ampleur. J'étais un mauvais élève, mais les maîtres m'aimaient bien et semblaient toujours regretter mes renvois de l'école. J'avais néanmoins obtenu mon certificat d'études et réussi tant bien que mal un bref passage au cours complémentaire quand le père Van Hamme, qui avait été le témoin de ma foi naissante et savait combien j'étais différent lorsque je servais la messe à Saint-François d'Assise rue de La Mouzaïa, évoqua auprès de mes parents la possibilité de me faire embrasser une carrière religieuse. Ma mère, plus que jamais chef de la roulotte, fut d'accord. Moi aussi. C'est ainsi que je me retrouvai pensionnaire au Petit Séminaire de Paris, impasse de Conflans à Charenton-le-Pont.

Je vois bien aujourd'hui quels espoirs ont pu naître chez le père Van Hamme comme dans ma famille : mon incontrôlable vitalité et mon goût permanent de la rigolade allaient enfin trouver à s'assagir, dans le même temps que mes dispositions religieuses se transformeraient en une véritable vocation. La vie au Petit Séminaire n'avait rien de désagréable. Je revenais à la maison tous les samedis et rentrais au pensionnat le dimanche soir. Mon envie d'étudier ne faisait toutefois aucun progrès, et l'idée d'apprendre le latin et le grec n'évoquait en moi qu'un horizon d'angoisse et d'ennui. Je rêvassais, mon esprit s'évadait en songeant à la piste de Médrano, et j'entendais toujours dans ma tête les nuées de rires qui accompagnaient mes amis les clowns. Même le recueillement de la prière me ramenait au cirque ! Le silence qui m'entourait alors évoquait davantage pour moi celui, si perceptible, qui monte du public lorsqu'un auguste joue son déchirant solo de trompette, que l'instant consacré au Seigneur dans lequel j'étais censé m'absorber. Mes sentiments religieux ne faiblissaient pas, mais mon désir de devenir prêtre s'éloignait chaque jour un peu plus quand un événement acheva de me convaincre que ma voie n'était pas tracée de ce côté-là.

C'était un samedi après-midi et je rentrais à la porte Brunet. J'avais pris le métro station Liberté à Charenton et, à la porte Dorée, une jeune fille qui devait avoir comme moi une quinzaine d'années, monta dans la rame, et resta debout, se tenant à une des barres. J'étais debout aussi, séparé d'elle par quelques pas. Je ne pouvais cesser de la regarder tant je la trouvais belle. De longs cheveux, des yeux clairs. Dire que j'étais amoureux est sans doute excessif, mais j'étais troublé. Elle m'a regardé aussi. Elle a rougi légèrement, baissant la tête et souriant. Mon visage était en feu. Quand je suis descendu pour changer à République, dans le tumulte de mes pensées résonnait une question, qui ne se posait plus de façon abstraite, comme dans ces discussions entre élèves du séminaire, mais de manière réelle, évidente et brutale : qu'allais-je faire de l'amour, du désir, de la chair si je devenais prêtre ? Jusqu'à ce que je croise ce regard, je ne savais pas ce que signifiait engager sa vie. Je dois ainsi à une jeune fille, à laquelle je n'ai fait que sourire le temps d'un trajet en métro, un des grands bouleversements de mon existence.

Cette rencontre résonne encore en moi aujourd'hui. Je n'ai pas oublié cette jeune fille parce que je crois que c'est ainsi que Dieu m'a aidé à ne pas commettre l'erreur de croire à une vocation. L'an dernier, j'ai subi une opération de la cataracte et j'ai fait la connaissance d'une infirmière de vingt ans, belle comme le jour. Je l'ai interrogée sur le choix qu'elle avait fait de devenir infirmière, et elle m'a répondu que dans quelque temps elle allait rentrer au couvent. J'ai été profondément ému, et plus encore après avoir reçu une longue lettre où elle m'expliquait, quelques jours avant sa prise de voile, combien elle était heureuse de consacrer sa vie à Dieu. Elle reprenait les derniers mots que je lui avais adressés avant de quitter la clinique : « J'espère que vous serez heureuse, et je prierai pour vous. » Mais je ne peux me débarrasser d'une espèce de crainte la concernant : ne s'est-elle pas trompée ? Comment peut-on être sûr, à vingt ans, de marcher toujours sur le même chemin ? Mon cœur se serre à l'idée qu'une rencontre ou une conversation lui ont peut-être manqué, qui l'auraient incitée à attendre. Je veux croire aussi que ce même mot, *engagement,* qui m'a dissuadé quand j'avais quinze ans, s'est révélé à elle comme sa vérité, qui était l'appel de Dieu.

Lorsque j'annonçai aux professeurs du Petit Séminaire que je préférais quitter leur maison, ils n'en furent pas étonnés, mais donnèrent à mon départ une autre explication, plus évidente à leurs yeux :

— Tu ferais pourtant un bon prêtre, Michel, me dit le supérieur (le futur Mgr Lallier), mais tu es paresseux... et trop chahuteur.

Je suppose qu'il n'avait pas oublié les chansons dissonantes que j'avais improvisées à l'harmonium, les imitations, et toutes les singeries qui occupaient une bonne partie de mon temps d'étude. La conclusion lui était donc apparue dans sa grandiose simplicité :

— Tu serais mieux sur les planches à faire le pitre !

Je partis donc, sans avoir eu l'occasion de faire connaissance avec mes camarades des premières divisions, qui préparaient, eux sérieusement, le Grand Séminaire. Ce n'est que cinquante ans plus tard que Mgr Lustiger, cardinal archevêque de Paris, que je rencontrais à l'occasion d'une émission de radio me dit :

— Vous étiez bien au Petit Séminaire de Conflans en 1942 ?... J'y étais aussi, dans une autre division que la vôtre...

Le cardinal me raconta. Sa famille juive, sa mère déportée, sa conversion au catholicisme, et je l'entendis me dire, d'une voix prise par l'émotion :

— Je me cachais, Michel, vous savez...

À la maison, ma sortie du séminaire fut accueillie exactement comme l'avait été mon entrée. Le chef de la roulotte était d'accord. On ne peut vraiment pas dire que la méthode de ma mère pour nous éduquer était fondée sur la contrainte, la pression et l'ultimatum !

Je retournai à la rue. Profondément dépité, le père Van Hamme me vit renouer avec la vie de voyou du quartier, traîner des journées entières sur les fortifs, déambuler aux confins des Buttes-Chaumont. Il me fit venir un soir et me parla avec gravité :

— Michel, écoute-moi. Tu ne peux pas recommencer à faire le chenapan. Tous les enfants se sont dit un jour : « Plus tard je veux être gendarme... pâtissier... pilote de course ! » Maintenant que tu ne veux plus devenir prêtre, je te demande de bien réfléchir à ce que tu veux faire. Car il est plus que temps...

— Je veux être clown.

Le visage du père Van Hamme ne marqua aucune surprise. Il fronça un peu les sourcils, non en guise de reproche, mais parce qu'il se demandait déjà comment on s'y prenait pour exercer ce curieux métier.

— Je n'ai pas connaissance qu'il existe une école pour ça, marmonna-t-il, mais au point où on en est... je vais prendre des renseignements.

C'est ainsi que par un matin froid, alors que j'allais sur ma seizième année, je devins élève au Centre de formation professionnelle du spectacle.

4

J'aurais dû me douter qu'au Centre du spectacle, mon désir d'être clown allait se heurter à quelques obstacles. Rue Blanche, où le Centre était fraîchement installé après plusieurs années passées près de la place Pereire, on apprenait le métier de comédien, et si possible le goût du travail, de la famille et de la patrie. Il faut dire que l'école avait été créée en 1940 par l'État français, et que le régime intérieur, à base de lait et de biscuits caséinés, nous commandait de chanter « Maréchal, nous voilà » et de faire le salut aux couleurs, que le chef de centre montait chaque matin. Ce chef de centre, en vareuse noire et leggins, qui s'acquittait de sa tâche comme il pouvait, fera par la suite une belle carrière à la télévision, et j'aurai l'occasion d'enregistrer une pièce de Louis Verneuil pour son émission *Au théâtre ce soir*. Il s'appelait Pierre Sabbagh. Le directeur était Raymond Rognoni, de la Comédie-Française, qui avait pour mission, dans cette école de l'État, de fabriquer des comédiens pour le spectacle, comme dans d'autres écoles du même modèle on formait des menuisiers, des gaziers ou des maçons. La voie était en principe tracée : nous devions, après notre passage au Centre, être aptes à entrer au Conservatoire, pour, par la suite, du moins l'espérait-on, nous retrouver à la Comédie-Française dans les emplois préalablement déterminés. Il fallait être jeune premier, valet de comédie, rondeur, raisonneur, etc. Le physique, l'allure, le tempérament indiquaient le genre de rôles à aborder. Il y avait des passerelles qui permettaient de se confronter à plusieurs types de personnages, mais, en règle générale, chacun était mis sur des rails et prié de n'en pas sortir. Encore fallait-il ressembler à l'idée physique que, depuis toujours, le répertoire s'était fait des jeunes premiers, des valets, des barbons ou des naïfs. Avec ma moustache naissante et mes yeux ronds toujours en mouvement, à quoi ressemblais-je ? Pour dire la vérité, à rien qui soit d'emblée évident. Au mieux, je pouvais jouer les valets de comédie comme Scapin ou Figaro, mais on m'orienta plus spontanément vers les rôles de composition. Toutefois, ne pouvant prétendre à jouer Harpagon à seize ans, les possibilités étaient limitées. Ce que je portais en moi depuis ma venue au monde — le goût de la farce, le besoin de faire rire — risquaient d'être sérieusement contraints par les canons du théâtre classique...

Mon maître Jean Le Goff

Ma chance a été d'entrer dans la classe d'un homme remarquable, un maître de théâtre comme j'en souhaite aux jeunes gens et jeunes filles qui veulent faire ce métier. Il s'appelait Jean Le Goff. Il avait une solide tête de Breton et fumait la pipe comme les vieux loups de mer. Il venait de chez Copeau, était tout imprégné des grands textes, connaissait très bien Louis Jouvet, Michel Simon, avait travaillé avec Charles Dullin. Il avait créé le personnage de Segar, dans *Le Paquebot « Tenacity »,* de Charles Vildrac. C'était un homme timide, très cultivé, qui n'avait pas eu un grand éclat dans son métier de comédien, mais que tous les gens de théâtre appréciaient, et dont les conseils étaient recherchés. Avoir fait partie de la création de la pièce de Vildrac au Vieux-Colombier lui avait valu un engagement à la Comédie-Française, où il jouera tous les notaires et commissaires du répertoire. Il ne jouera que cela. Les utilités. Jamais un grand rôle. Il n'en concevait aucune amertume, et, parce qu'il était un diseur merveilleux et un pédagogue exemplaire, il pouvait consacrer son temps aux textes, aux élèves, aux conseils. Un jour, il nous donnait un cours particulier, dans sa petite loge au troisième étage du Théâtre-Français. C'est-à-dire sous les combles. On frappa à la porte.

— Entrez.

Nous vîmes apparaître l'un des plus célèbres sociétaires de l'époque, un comédien de grande classe : Jean Chevrier, qui sera inoubliable la même année au cinéma dans *Falbalas* de Becker.

— Excusez-moi de vous déranger, monsieur Le Goff, fit Chevrier presque timidement, mais dans une semaine je dois dire du Victor Hugo en matinée poétique. Pourriez-vous me donner des indications ?

Quelle meilleure preuve de la reconnaissance que vouaient les comédiens à Le Goff, et quelle leçon d'humilité ! Jean Chevrier, qui baignait dans la lumière, venait solliciter les conseils d'un artiste de l'ombre.

La première fois que Jean Le Goff me vit, il prit sans faillir la mesure du gamin que j'étais, plus au fait de la topographie des fortifs que des alexandrins du *Misanthrope*. Il eut donc la sagesse de commencer par le commencement et me demanda de lire. Il s'agissait bien sûr de me faire acquérir la culture qui me faisait tant défaut, mais aussi, par la méthode qui était propre à Jean Le Goff, de placer les comédiens en situation d'écoute par rapport au texte et aux partenaires. Car combien de fois entendait-on ce dialogue insensé qui augurait mal de l'apprentissage du métier :

— Je vais vous passer Lubin dans la première scène de l'acte II de *George Dandin*...

— Très bien. Peux-tu nous dire ce qui se passe avant ?

— Ah ben non... Avant, je ne l'ai pas lu.

— Alors après ?

— Après non plus.

— Tu ne sais pas ce que raconte la pièce ?

— Je vois à peu près... en gros !

Vous pensez que j'exagère ? Je vous assure que non. L'une des conséquences de cette manière de faire, on la trouve aujourd'hui chez ces comédiens qui, dès qu'on leur propose un rôle dans une pièce ou un film, se précipitent sur le texte pour mesurer la longueur de leurs répliques et le nombre de scènes où ils apparaissent. L'histoire, *l'intention* demeurent les dernières de leurs préoccupations. Jean Le Goff privilégiait l'attention réelle que l'acteur se doit de porter à ce qui l'entoure :

— Écoute ton partenaire, écoute-le *vraiment*. Regarde-le *vraiment*. Sois avec lui. Ne pense pas à ce que tu dois dire après, à l'effet que tu vas produire. Tu joues, tu n'es pas tout seul. Si tu n'écoutes pas, tu seras faux et mécanique.

Mais si tu écoutes, tu répondras, et tu répondras juste.

Je n'ai jamais oublié la leçon. Elle me guide encore, elle m'évite bien des pièges, et plus encore : elle me procure le plaisir de jouer et me garantit ma liberté d'interprète.

Claudel à la Comédie-Française

Les élèves du Centre du spectacle avaient la possibilité, et dans le Paris de l'Occupation l'avantage n'était pas mince, de prendre leurs repas gratuitement à l'école, et, mieux encore, de bénéficier des tickets que leur donnaient les professeurs, pour la plupart sociétaires de la Comédie-Française. La cantine du Palais-Royal nous voyait ainsi débarquer presque tous les soirs, les copains et moi. À deux tables de Jean Meyer, de Pierre Dux, du merveilleux Julien Bertheau, du délicieux Pierre Bertin, nous mangions les ersatz du moment, de fausses terrines, de fausses tartes, nous buvions du faux café, mais les adolescents que nous étions avalaient tout cela sans une grimace. Certains soirs, nous jouions, engagés comme figurants dans les spectacles du Théâtre-Français. Nous étions très modestement rétribués, mais qu'importe. *Nous étions sur scène.*

C'est ainsi que j'eus la chance de figurer dans

Le Soulier de satin de Paul Claudel, créé en pleine Occupation à la Comédie-Française, dans la mise en scène de Jean-Louis Barrault. Marie Bell incarnait Dona Prouhèze, et brillait d'une sensibilité et d'une force d'expression qui étaient la marque de l'incomparable tragédienne qu'elle était. Mais elle n'avait pas la langue dans sa poche, et prenait un malin plaisir à parler d'une voix gouailleuse où fleurissaient des mots d'argot. Dès les premières répétitions, on peut dire qu'elle avait pris le pouvoir. Claudel venait presque tous les jours. Il s'asseyait dans les premiers rangs et ne quittait pas la scène des yeux. Il paraît qu'il était à moitié sourd, mais cela ne l'empêchait visiblement pas d'être le spectateur le plus comblé par son propre texte. Un jour nous vîmes Marie Bell se poster à l'avant-scène et, d'une voix superbement parigote, apostropher le poète officiel :

— Dites donc, maître, votre tirade, là... C'est beau mais c'est long !

Je crois avoir vu Jean-Louis Barrault fermer les yeux, comme quelqu'un qui sait que l'avalanche est déclenchée et qu'il n'y a plus rien à espérer. Or, à la surprise générale, on vit Claudel, qui avait parfaitement entendu, se lever, et tel un enfant, reconnaître d'une voix chevrotante :

— Pardonnez-moi, mademoiselle... Je me

suis laissé aller... Il faut couper, bien sûr, il faut couper !

Barrault ne se le fit pas dire deux fois. Ou plutôt il comprit que le plus sûr moyen d'en finir avec les longueurs qu'il avait pointées, c'était de faire monter Marie Bell en première ligne. Ce qui se produisit. À cette différence près que Marie avait décidé que, Claudel ou pas Claudel, le petit bonhomme rondouillard et perpétuellement émerveillé qui la mangeait des yeux, devait être traité comme quelqu'un de la famille. Trois répétitions plus loin, elle avait donc changé de ton :

— Dis, Paulo, on pourrait pas couper, là aussi ? !

Lui se levait, fasciné et tremblant comme si la Vierge en personne venait de s'adresser à lui :

— Certainement, mademoiselle Marie, certainement !...

Nous, les figurants, comme Jacques Charon, alors jeune pensionnaire, nous regardions, effarés :

— C'est Claudel, quand même ! Elle y va fort !

Je compris plus tard qu'elle avait raison. Et Barrault aussi. Marie Bell n'avait peut-être pas perçu toutes les subtilités du *Soulier de satin,* mais son instinct de comédienne lui avait soufflé que les spectateurs allaient sombrer dans l'ennui si le texte restait en l'état.

Claudel était plein d'attentions pour Marie Bell — il devait en avoir un peu peur — et Charon m'a affirmé l'avoir entendu dire, tout vibrant, à Marie :

— Vous êtes une sainte, vous êtes ma sainte Dona Prouhèze !

À quoi elle aurait répondu :

— Arrête, tu me charries !!

Malgré les coupures et les remaniements qui se poursuivirent alors que les représentations avaient débuté, la pièce durait cinq heures. C'est Sacha Guitry qui exécuta d'une phrase *Le Soulier de satin* :

— Encore heureux qu'on n'ait pas eu la paire !

Tout à apprendre

L'un des acteurs de la Comédie-Française que j'admirais le plus était Aimé Clariond. Un très grand comédien, vraiment. Je le voyais jouer Diafoirus dans *Le Malade imaginaire* en matinée, et le même jour en soirée il interprétait Alceste. Magnifiquement dans les deux cas. Mes rôles de figurant au Français m'amenèrent, sinon à jouer, du moins à être sur scène avec lui, dans des circonstances que je ne suis pas près d'oublier. C'était dans *Antoine et Cléopâtre,* de Shakespeare. Aimé Clariond jouait Antoine, naturellement, et Marie Bell tenait le rôle de Cléopâtre. La mise en scène était une fois encore signée Jean-Louis Barrault. Nous étions quatre du Centre à incarner les serviteurs, qui, au troisième acte, doivent sangloter contre la poitrine d'Antoine pendant que celui-ci les exhorte à fuir. Clariond disait son texte d'une voix qui sonnait avec majesté : « ... *Amis, partez; je me suis moi-même décidé pour une voie où je n'ai pas besoin de vous; partez!* » Les serviteurs, qui ne voulaient pas quitter leur maître, courbaient la tête sur son épaule, dos à la salle. Sauf qu'au lieu de pleurer, nous tentions de contenir le fou rire qui nous faisait tressauter en cadence. Vu du public, cela produisait exactement le même effet que des sanglots !

Ce fou rire nous avait pris dès que nous avions remarqué la diction un peu relâchée ce soir-là du cher Clariond. Il faut dire que chaque fois ou presque qu'il quittait le plateau pour la coulisse, il s'envoyait une généreuse rasade de cognac dans une chope à bière. Au dernier acte, quand il lançait une de ses dernières répliques : « *Je meurs, Égypte, je meurs! Donnez-moi du vin que je puisse parler un peu!* », en coulisses nous étions hilares, mais subjugués par cet acteur qui continuait à jouer juste et bien dans une situation impossible.

Après les représentations, je tentais d'attraper le dernier métro (sous l'Occupation les spectacles commençaient vers dix-neuf heures et se terminaient avant vingt-deux heures) pour rentrer à la roulotte de la porte Brunet. Il m'arrivait de le louper. Il y avait alors un copain qui m'embarquait sur son vélo, et nous pédalions chacun à notre tour dans les rues sombres. Pour nous donner du nerf, je chantais des cantiques ou des psaumes sur les airs des chansons à la mode et inversement... *Sur les quais du vieux Paris* avec les paroles d'*Il est né le divin enfant,* ce n'est pas si mal ! Parfois je rentrais à pied. Je retrouvais le métro le lendemain pour me rendre au Centre (je n'avais pas encore gratifié cette école des absences qui m'avaient rendu célèbre dans différents établissements de l'enseignement primaire, mais ça allait venir). J'avais tant à apprendre. J'avais tout à apprendre. Quant au métier de clown, je n'y avais pas renoncé, plus que jamais persuadé que mon envie de faire rire ne trouverait à s'exprimer que sur la piste d'un cirque.

5

Je suis à jamais reconnaissant à cet incomparable professeur que fut Jean Le Goff de m'avoir mis en garde contre des qualités qui auraient pu se muer en facilités. Car dès mes premières semaines au Centre, il s'était produit le phénomène que j'espérais, mais que désormais il me fallait maîtriser : *je faisais rire*. Il me suffisait d'entrer pour dire un texte, une fable de La Fontaine par exemple, que Le Goff aimait nous faire travailler, et de me tenir debout en lorgnant avec envie sur la chaise à côté, et c'était parti. Les copains riaient. Je pouvais rester ainsi cinq à six minutes, simplement à regarder la chaise et à multiplier les expressions de physionomie pour savoir si j'allais m'asseoir ou pas, et ça marchait. Naturellement, j'empruntais aux clowns leurs mimiques, leur gestuelle. Mais d'évidence je possédais ce don, la *vis comica*. Une sorte de grâce, et en même temps un des mystères du spectacle. Jean Le Goff n'y alla pas par quatre chemins :

— Ce n'est pas un numéro de clown, Michel. Tu vas dire La Fontaine ou jouer Scapin. Tout ce que tu es en train de faire, c'est trop, c'est déplacé. Tu as un texte. En as-tu saisi l'intention ? Es-tu sûr de respirer convenablement, de ne pas bloquer ton corps ? Es-tu entièrement disposé à écouter ton partenaire ? À te laisser porter par lui et le texte ? C'est par cette voie que tu vas inventer, que tu vas proposer, et c'est comme ça que tu te libéreras.

Il m'arrive parfois, au théâtre ou sur un tournage, d'avoir un doute, ou d'être tenté de m'engager là où le texte ne demande pas d'aller. Alors je pense à mon vieux Le Goff : « S'il était là, qu'est-ce qu'il me dirait ? »

Faire rire, c'est sérieux

L'acteur comique est plus menacé qu'un autre. À plus forte raison s'il en est au stade de l'apprentissage. Il n'y avait pas que des hommes de rigueur comme Jean Le Goff au Centre du spectacle. L'école comptait aussi des professeurs qui ne se rendaient pas compte qu'en encourageant les élèves à en faire, à en rajouter, en les laissant se fourvoyer dans des intentions inexistantes, ils étaient tout bonnement en train de les gâcher, et souvent à jamais. L'un de ces professeurs, pourtant à la Comédie-Française lui aussi, faisait travailler les scènes de Molière d'une façon bien à lui :

— Là, tu rentres et tu tombes !... Tu te relèves, tu commences à dire le texte, mais en même temps tu te mouches en faisant beaucoup de bruit ! Quatre fois, tu te mouches ! Et trouve un grand mouchoir, ça sera plus rigolo ! Et si tu peux péter, ça serait l'idéal !

L'élève qui avait un peu réfléchi et qui se hasardait à demander pourquoi il fallait en passer par là s'attirait invariablement la même réponse :

— Parce que c'est marrant ! Tu vas voir, ils vont se tordre !

Le Goff refusait qu'on aille prendre des cours dans cette classe selon lui maudite.

— Je vous interdis d'écouter ce qu'il vous dit. C'est un mauvais. C'est la statue du mauvais !

Avec quelques camarades, nous insistions, car il nous fallait tout de même apprendre la comédie.

— Venez avec moi chez Maubel, répondait Le Goff.

Au Centre, il ne pouvait donner que des cours de diction et de technique vocale, mais dans cet établissement, il mettait en scène et faisait travailler la comédie et la tragédie. Je me rendais donc chez Maubel où Le Goff nous protégeait de l'enseignement dévastateur de son collègue, sans qu'il nous en coûte un sou.

On m'objectera que je n'ai pas toujours suivi les conseils de Jean Le Goff. Moi aussi, j'en ai rajouté, moi aussi j'en ai fait des tonnes. Je le sais. Et je sais précisément dans quelles pièces (deux ou trois, que je n'aurais sans doute jamais dû jouer) et dans quels films. Mais lorsqu'il s'agit de sauver une entreprise, et n'en serait-ce que les meubles, qu'on a ni bonne réplique ni bonne situation à jouer, que doit-on faire ? Attendre que le bateau coule ? Avec Jean-Pierre Darras, nous avons usé les plus grosses ficelles du comique dans une pièce intitulée *Quand épousez-vous ma femme ?* C'était énorme, terrifiant. Au moins le public venait-il nous voir faire les pitres ! Mais quand on est en présence d'un vrai texte, tout le théâtre de Feydeau par exemple, une seule règle : pas de grimace et jouer sincère.

Le « conservatoire de Mme Renée Maubel » fondé en 1911 par celle qui lui avait donné son nom, était situé rue de l'Orient, dans le 18e. J'y suivais Le Goff pour des leçons de comédie, et pendant ce temps je n'allais pas au Centre. Il allait falloir qu'on s'habitue à mes absences. D'autant que je passais de plus en plus de temps rue de l'Orient, pour des raisons étrangères au théâtre et sur lesquelles je vais revenir. Le Goff me donnait de vrais cours de comédie, organisait mon énergie comique, me replaçait régulièrement sur la voie du texte et des intentions, était le metteur en scène dont rêvent tous les débutants :

— Arrête, Michel. Là, tu n'écoutes plus. Et tu ne comprends plus ce que tu dis. Donc tu vas te laisser absorber par toi-même, tu ne vas pas répondre, tu ne vas rien apporter, et le pire... tu vas tout le temps précéder.

Merveilleux Le Goff! Que n'a-t-il pu prodiguer cette leçon en or à tous les comédiens! J'en connais quelques-uns qui jouent tout leur personnage au premier acte. À leur dixième réplique, on sait déjà si, à la fin, ils vont mourir, assassiner quelqu'un, partir avec une femme, se jeter dans la fosse, ou ce que vous voulez. Tout est précédé, démontré, donné au départ. Ils vous ont fichu la soirée en l'air.

L'amour s'en mêle

Au conservatoire Maubel, il y avait une jeune fille qui apprenait la comédie, le chant et la danse. Elle était une danseuse très douée. Elle évoluait avec une délicatesse si touchante... qu'elle m'a touché. J'avais couru voir son nom sur la liste des élèves : Nita Saint-Peyron. Une beauté divine, des yeux pleins de lumière, et, ce qui ne pouvait qu'arranger mes affaires, une joie de vivre malgré les difficultés du moment, une envie de rire que je ne demandais qu'à partager avec elle. Pourtant les choses n'avaient pas très bien commencé. Le premier jour où je passais une scène et qu'elle me donnait la réplique, mes copains venus en force m'avaient applaudi bruyamment...

— C'est facile, d'avoir du succès quand on se déplace avec sa claque ! avait lancé Mlle Nita Saint-Peyron.

La claque, j'ai bien cru la recevoir sur la figure !... Je m'appliquai donc à dissiper les possibles conséquences de cet unique accrochage en me montrant chez Maubel d'une assiduité que nul n'aurait alors pu soupçonner de ma part. Mes relations avec Nita s'en trouvèrent renforcées. Tant mieux, car j'étais sérieusement amoureux. Peut-être sera-t-elle heureuse d'avoir confirmation que, soixante ans plus tard, je le suis toujours autant ? Et ceux qui ont deviné que ça ne pouvait finir que par un mariage ont vu juste !

Raimu chez Molière

L'année 1944 s'écoula, rendant sa liberté au pays. Jean Meyer, sociétaire de la Comédie-Française, succéda à Raymond Rognoni à la tête du Centre du spectacle, et, sur nos bulletins, l'État français disparut au profit de la République retrouvée. Je me partageais entre la rue Blanche et le conservatoire Maubel, où je retrouvais la jolie Nita. Se demandait-elle si ce soupirant farfelu et fantasque qui soignait sa fine moustache voulait ressembler à Charlot ou à Victor Boucher? Moi-même je l'ignorais, mais il est vrai que j'avais en tête ces deux modèles : le clown génial et le roi du boulevard.

Chez Maubel, j'allais jusqu'à participer à tous les spectacles, puisque, et c'était l'une des particularités du cours, nous jouions entièrement, et devant le public, les pièces que nous étions appelés à travailler. Je me souviens d'y avoir dit des vers en avril 1945 (Nita en disait aussi), et d'avoir joué, en novembre de la même année, Des Rillettes dans *Les Boulingrin* de Courteline, avec mon copain Jean Soubeyran. En deuxième partie, je jouais Thomas Diafoirus et un notaire dans *Le Malade imaginaire*. Pour compléter le tout, je faisais partie de la « cérémonie burlesque » qui suivait le troisième acte, où Soubeyran campait le président de la faculté de médecine et où je m'agitais en médecin, brandissant toutes sortes d'instruments pour purges dans la « ronde des clystères » !

Tout en poursuivant mon apprentissage d'acteur rue Blanche, je m'étais aventuré jusqu'à l'école de mime d'Étienne Ducroux, le professeur de Barrault, convaincu, avec quelques autres, de la nécessité de posséder les bases de l'art corporel, discipline gentiment éludée dans notre parcours. Je continuais aussi à faire de la figuration à la Comédie-Française. Dans *Le Voyage de M. Perrichon* de Labiche, je jouais un petit vieux au début de la pièce, dans la scène de la gare (les personnages de composition me tombaient dessus sans coup férir. À seize et dix-sept ans, les vieux, c'était pour moi !). Et dans *Antoine et Cléopâtre* (encore eux !) nous avions désormais de quoi nous moquer de notre nouveau directeur du Centre, Jean Meyer ! Bien que sociétaire, il n'avait qu'une scène, celle du jardinier qui amène les figues et le serpent venimeux à Cléopâtre. Nous, après avoir pleuré — de rire — sur la tunique d'Antoine, entraînions le jardinier hors du palais pour lui faire subir son châtiment. Ainsi Meyer devait-il hurler sa douleur en coulisses avant de réapparaître sur scène en haillons. Dans la coulisse, pendant qu'il était censé souffrir sous notre torture, il ôtait prestement son costume, se retrouvait en caleçon, et tout en beuglant, enfilait un costume identique, mais lacéré. Nous le regardions en nous étouffant de rire, il était en caleçon devant nous, et il n'aimait pas du tout nos manières insolentes, son regard le disait suffisamment !

J'ai été aussi de la création du *Malade imaginaire,* avec Raimu dans le rôle d'Argan et Jacques Charon dans celui de Thomas Diafoirus. Raimu semblait terriblement impressionné par la maison de Molière. Il n'y était pas à son aise, que ce soit sur scène ou dans tout autre lieu du théâtre, et même dans le quartier ! Ce court passage de quelques mois n'a rien ajouté à la gloire de l'acteur étonnant qu'il était. Il portait en lui à la fois une naïveté enfantine et un puissant orgueil qui l'ont souvent rendu sublime, mais qui, à mon sens, l'ont empêché d'atteindre le génie de Harry Baur. Cet immense comédien qu'était Harry Baur a joué les séducteurs comme les pauvres types. Les sédentaires comme les aventuriers. Et on y a cru. Ce sont les acteurs de cette trempe que j'aime. Parce qu'ils ont inventé tout en gardant leur personnalité.

Il me fallait encore passer toute l'année 1945 au Centre. J'y croisai Aznavour, et Bernard Blier, qui avait douze ans de plus que moi, fut quelque temps mon professeur. Il était, comme Jean Meyer, élève de Jouvet, et avait contribué à réintroduire plus de naturel dans le jeu en sortant des sentiers battus de la déclamation à l'ancienne. J'ai eu le privilège de lui rendre hommage, bien des années plus tard, lors d'une cérémonie des césars. Bernard était malade, très affaibli, mais lorsque nous nous sommes embrassés devant la salle qui applaudissait debout, je l'ai entendu murmurer à mon oreille :

— Tu te souviens... rue Blanche ?

Je crois bien que nos larmes se sont mêlées.

J'ai devant moi la photo que Jean Le Goff m'a donnée lorsque j'ai quitté le Centre. Elle est dédicacée « À Michel Serrault, qui sera un grand pitre ». Voilà. Ce mot qu'on emploie si souvent pour gentiment déconsidérer quelqu'un, il me revient comme un compliment, un terme d'une grande noblesse. Pitre. Ce même mot choisi par le supérieur du Petit Séminaire pour me dire que ma place était sur les planches. Je suis très fier d'être un pitre. À côté de cette photo, je conserve une petite carte. Envoyée fin 1944 par un de mes copains du Centre. « Tu seras le grand acteur de ton temps. » C'est signé José Artur. Chaque fois qu'aujourd'hui je l'écoute à la radio, je me dis qu'ils me faisaient drôlement confiance, mes potes !

Au Centre, j'aurais pu rencontrer un camarade avec qui je me serais immédiatement entendu. Mais il avait deux ans de plus que moi, et il sortait de l'école quand j'y entrais. Eh oui...

c'est toujours lui... Jean Poiret. Cette deuxième rencontre ratée sera heureusement la dernière, mais il nous faudra encore patienter presque dix ans.

6

Chez moi, on avait accueilli sans émotion particulière mon entrée chez les saltimbanques. C'était inattendu, mais, après tout, si j'étais content et si cela me plaisait... Pour être franc, je me demande ce qu'il aurait fallu entreprendre pour impressionner ma mère, mon père, et même ma grand-mère Léona ! À cette époque, mon père était tombé malade, et ma mère s'était trouvée dans l'obligation de chercher du travail, en attendant qu'il puisse reprendre son activité. La maladie l'avait contraint à abandonner son emploi de représentant, et aussi celui de contrôleur, non plus au théâtre de l'Ambigu, mais au Secrétan-Palace, dans le 19e, un cinéma-music-hall qui présentait toutes sortes d'attractions, y compris des numéros de clowns.

Mes amis les clowns

Pour apprécier les clowns, il faut en fait les voir sur la piste d'un cirque. J'allais donc aussi souvent que possible chez Médrano ou au Cirque d'hiver chercher ma nourriture de pitre. Du trio magique des Fratellini, il ne restait qu'Albert et François, mais l'immense joie me fut donnée de pénétrer dans leur loge, une caverne incroyable avec une centaine d'accessoires suspendus au plafond, le trombone à pistons et le tuba voisinant avec le fameux chien en tube métallique ! Cet objet avait spécialement été réalisé par Calder, le sculpteur américain, pour les entrées en piste d'Albert. Il y avait aussi une fausse hache, un marteau gigantesque, une araignée géante en carton, un poisson plus vrai que nature... Albert Fratellini me parla, avec une gentillesse que je n'ai pas oubliée, et s'il est une phrase qui ne me quittera jamais, c'est bien celle qu'il prononça à mi-voix, comme une confidence blessée :

— Les gens croient que c'est mon nez rouge et ma perruque qui font rire... Ils se trompent !

Il mit sa main sur sa poitrine, à l'endroit du cœur :

— Ça vient de là... *Ça ne vient que de là...*

Puisque je ne pouvais être clown en dehors d'occasions qu'il valait mieux créer soi-même, je m'empressais de les imaginer, y entraînant mon frère Guy (Raoul était devenu sérieux), ma sœur Denise quand elle le voulait bien, et tous les copains de la porte Brunet. Les soirs d'été, nous présentions des spectacles que nous jouions sur les toits des garages, face à la zone. Il nous est arrivé d'avoir jusqu'à vingt spectateurs ! Un des moments les plus attendus (par moi, uniquement...) était ma prestation à la trompette. Car tout bon clown se devant de jouer d'un instrument, j'étais allé trouver le chef d'orchestre de Médrano, lequel m'avait dirigé sur le chef du pupitre des trompettes... qui venait me donner des leçons à la maison !

— Du moment qu'il n'apprend pas la grosse caisse, avait dit ma mère, ça sera supportable !

Me concernant, elle ne s'étonnait plus de rien. Et surtout pas de mes absences du Centre, qui avaient fini par être remarquées, et m'avaient valu une notification de renvoi adressée à mon père : « Nous avons le regret de vous informer que votre fils Michel est rayé de notre effectif. Signé Jean Meyer. »

— T'en fais pas, avais-je dit à mon père, puis au chef de la roulotte, j'y retournerai demain et ça s'arrangera !

Il fallait être gonflé pour lancer ce genre de pari, mais celui-ci fut gagné, et le Centre me réintégra. Mes absences ne cessèrent pas pour autant ! J'avais tant à faire, et partout à la fois.

Au conservatoire Maubel, où je jouais, chez Médrano ou au Cirque d'hiver, où je passais d'inoubliables matinées, et, dernière trouvaille en date, au cours que Charles Dullin donnait au théâtre Sarah-Bernhardt.

Charles Dullin ou la magie du théâtre

Petit, presque bossu, le visage anguleux, le corps qui semblait en permanence souffrir, Charles Dullin était, avec Jouvet, le plus haut sommet du théâtre à cette époque. Il avait été prodigieux dans *L'Avare, Volpone, Richard III,* ou dans *Le Faiseur,* de Balzac. Au théâtre Sarah-Bernhardt où était installée son école d'art dramatique, comme au théâtre de l'Atelier, à Montmartre, Dullin perpétuait l'enseignement de Copeau. Avant-guerre, il conviait régulièrement les Fratellini, qui venaient parler de leur art et de leur travail aux élèves. Ces élèves se sont appelés Jean Vilar, Jean-Louis Barrault, Raymond Rouleau, ou encore Marcel Herrand, l'inoubliable Lacenaire des *Enfants du Paradis.* Ce que Dullin enseignait tenait en une phrase : faire confiance à l'instinct, ne pas tout miser sur l'intelligence.

Charles Dullin ne faisait pas attendre deux ans ses élèves pour leur faire dire « Madame est servie » dans un spectacle. La pratique ne tardait jamais. Il proposait des petits rôles à ceux chez qui il avait décelé des dons, et en qui il croyait. Si je n'avais pas été pris par le spectacle auquel je participais chez Maubel, je me serais ainsi retrouvé jouant un écuyer dans *Le Roi Lear* aux côtés de Charles Dullin, et de deux hommes qui, par la suite, comptèrent beaucoup pour moi : A. M. Julien et Jean-Marie Serreau, mon presque homonyme. J'assistai naturellement à une représentation de ce *Roi Lear,* où Dullin fut grandiose et bouleversant. Je me souviens qu'un des soldats anglais était joué par un grand et beau garçon, qui fréquentait le cours avec moi... Roger Vadim. Je le retrouverai quinze ans plus tard quand, devenu cinéaste, il me dirigera dans *Le Repos du guerrier.*

Au Centre, nous avions aussi un spectacle de fin d'études à présenter. Je jouais le Premier Juif dans *Le Juif de Malte* de Marlowe. Je me souviens que Jean Le Poulain tenait le rôle de Barabas, et que plusieurs scènes prévoyaient des combats à l'épée, qui avaient été réglés par maître Gardère, le professeur d'escrime du Centre. Je m'acquittai sans plus de relief de ce rôle de Premier Juif, bien plus intéressé par ce que je jouais chez Maubel. D'abord un ouvrier dans *Le Paquebot « Tenacity »* de Vildrac, et surtout M. Chouilloux dans *On purge bébé,* où, avec mes copains Jean Coste et les frères Mauvais, Jean et Michel, nous nous en donnions à cœur joie dans cette mécanique parfaite qu'est le théâtre de Feydeau.

Au Conservatoire
pour quelques heures...

C'est dans cette profusion d'activités, où la fantaisie et la rigolade occupaient une place prépondérante, que je me décidai à passer le concours d'entrée du Conservatoire national d'art dramatique, rue de Madrid. Je présentai Scapin, Figaro, et, au troisième tour, le jury m'imposa le romantique Octave des *Caprices de Marianne* de Musset. La délibération tourna court, et pas à mon avantage. J'imagine les jurés quand ce fut mon tour...

— Serrault ? Ce n'est pas un valet. Pas assez sautillant. Trop inquiétant.

— Et dans Musset ?

— Trop comique. Pas assez amoureux.

— La voix ?

— Puissante mais curieuse.

— La diction est bonne...

— ... Mais pas commune.

— Drôle de garçon...

— Comme c'est bizarre... Vous avez dit Serrault ?...

Avec la meilleure volonté du monde, on ne

voyait donc pas ce que la Comédie-Française pourrait un jour faire de moi. Je n'étais pas « distribuable ». Je n'avais pas réellement d'emploi. En un mot j'étais rien. On me désigna donc poliment la porte.

Le cocasse de l'affaire, c'est qu'une trentaine d'années plus tard, Jacques Toja, administrateur de la Comédie-Française, me proposa de faire mon entrée dans la maison de Molière. Et Jean Le Poulain renouvela la proposition après m'avoir vu jouer *L'Avare*.

Au club des recalés du Conservatoire, j'étais en bonne compagnie. Louis Jouvet, pour ne citer que lui, avait été refusé trois fois. Pour moi, cette péripétie était un simple obstacle que je n'avais pas su franchir, en rien indispensable à la finalité de l'entreprise : être clown. D'ailleurs, j'allais m'en préoccuper sérieusement. Quelque temps plus tard naquirent Les Bobeyro, dont je fus l'auguste et mon copain Jean Soubeyran le clown blanc.

C'est dans cet état d'esprit que j'organisai une « grande parade de cirque ambulant » le 14 juillet 1946. J'avais recruté Soubeyran, les frères Mauvais, mon frère Guy, ma sœur Denise, et une dizaine d'autres pour un circuit dans Paris de vingt-trois heures à l'aube ! J'ai noté dans un cahier retrouvé dernièrement que l'affaire avait été en tout point réussie ! Nous avions parcouru tout Paris jusqu'à six heures du matin, heure à laquelle nous étions rentrés au 22 de l'avenue de la Porte Brunet en cortège, fanfare en tête... Les numéros improvisés avec Soubeyran s'intitulaient *Les Lignes de la main* (je suppose que nous lisions l'avenir dans les mains des passants...), *La Mort du cygne, Les Danses folkloriques, Les Poids et Haltères,* et, il fallait s'y attendre, un solo de trompette exécuté (dans tous les sens du terme, probablement !) par mes soins. La distribution, le casting dirait-on aujourd'hui, ne comprenait pas encore ma belle Nita, mais cette absence n'allait pas durer.

Car Nita avait décidé de partir de chez elle. Je lui proposai donc, purement et simplement, de venir vivre chez nous. Lorsque j'en parlai à ma mère, le chef de la roulotte accueillit ma demande avec sa bienveillance coutumière :

— D'accord. On la fera coucher dans la chambre de ta sœur...

Nita débarqua ainsi à la porte Brunet, sans l'autorisation de sa grand-mère et du vieil oncle qui l'avaient élevée, et avec lesquels elle vivait dans une maison de bois du 17e arrondissement. Les parents de Nita, d'origine russe, avaient divorcé et confié leur fille à la grand-mère. Côté roulotte, c'était pas mal non plus !

Nita fut accueillie à bras ouverts chez nous, et ma grand-mère Léona ne fut pas la dernière à lui offrir tendresse et affection. Je l'ai dit, Nita possède un caractère heureux et joyeux. À la porte Brunet, elle tombait bien ! L'ambiance y était toujours aussi loufoque et, pour ma part, je n'avais de cesse d'inventer toutes sortes de blagues qui pimentaient le quotidien. La victime privilégiée en était ma grand-mère Léona.

Radio grand-mère

Pour une femme de son âge (elle avait dépassé les soixante-quinze ans), à l'époque, la distraction principale était la lecture. Mais ma grand-mère éprouvait de plus en plus de difficultés à lire à cause de sa vue, aussi avait-elle reporté son intérêt sur la radio, qu'elle écoutait presque toute la journée. Comme elle avait aussi des difficultés d'audition, mes frères et moi lui avions fabriqué un poste avec écouteurs. Elle les ajustait sur ses oreilles et suivait ainsi les émissions du Poste parisien ou d'autres stations. L'idée me vint un jour de récupérer aux puces un micro que j'installai dans la salle à manger. Ma grand-mère était à l'écoute de son programme favori dans sa chambre. J'embarquai mon frère Guy et des copains pour pirater les émissions et... inventer une nouvelle radio dont ma grand-mère allait être, à son insu, l'unique auditrice. C'est moi qui attaquais, d'une voix de « speaker » :

— Voici maintenant notre quart d'heure consacré à la cuisine espagnole, en compagnie de M. Carlos Muñera, chef cuisinier à l'ambassade d'Espagne !

Je prenais alors l'accent ibérique des opérettes et me lançais dans une sauvage improvisation :

— Auzourd'houi, yé vous propose la récette des crévettes à l'houile d'olive et au grouyère !

L'imaginaire Carlos Muñera expliquait doctement que si le gruyère n'était pas râpé « à l'espagnole », c'est-à-dire sans râpe mais avec des castagnettes, la recette serait ratée. Il ajoutait :

— N'oubliez pas, sères ménazères, qué les crévettes détestent le grouyère ! Oune conseil : assourez-vous qu'elles sé sont bien gavées d'houile d'olive, dont elles raffolent, sinon elles sé sauvéront dé votre cassérole, et vous né les réverrez plous !

Après quoi nous convoquions ma mère dans la salle à manger pour qu'elle chante devant le micro. J'annonçais :

— Nous avons maintenant la joie d'accueillir dans notre studio... Édith Piaf, qui va nous interpréter un de ses derniers succès !

Ma mère entonnait alors n'importe quelle chanson, mais avec une conviction efficace puisque mon frère Guy entendit ce cri du cœur de ma grand-mère, émue aux larmes :

— Oh ! Édith !

Sa goualante terminée, ma mère retournait à ses occupations et nous donnions les dernières nouvelles. C'était systématiquement épouvantable. Guy (et je crois Jean Soubeyran) se relayaient pour annoncer des émeutes place de l'Opéra, la mort du pape, des coups de feu à la Bastille. Ma grand-mère abandonnait ses écouteurs et trottinait comme elle pouvait vers ma mère :

— Adeline ! Adeline ! Ne laisse pas sortir les enfants ! On se bat partout dans Paris ! Il y a des morts !

Nous reprenions notre programme deux heures plus tard, avec un flot de bonnes nouvelles : le pape allait beaucoup mieux, et la police avait sermonné les étudiants qui avaient lancé des pétards à la Bastille !

Une autre fois, je me déguisai en « apache », c'est-à-dire en voyou authentique, et, la gorge maculée de peinture rouge, faisais le mort sur le lit de ma grand-mère avant qu'elle n'entre dans sa chambre. La frayeur de la pauvre femme fut telle que je me promis de ne jamais recommencer.

Aurais-je un jour la possibilité d'exercer un métier qui ne me ferait pas perdre le goût de m'amuser ? Sans tourner à l'angoisse, l'interrogation, néanmoins, revenait régulièrement dans mes pensées, à cette période charnière où se jouaient nos destins. Le Conservatoire n'avait pas voulu de moi, mais la piste ne m'avait pas rejeté. Le théâtre, pourtant, n'avait pas dit son dernier mot, et, justement, ce dernier mot, c'est lui qui allait l'avoir.

7

Mes passages chez Dullin m'avaient fait remarquer par A.M. Julien et Jean-Marie Serreau, deux comédiens et metteurs en scène qui commençaient à s'imposer. Un type qui avait le même nom que moi dans une orthographe différente, c'était marrant. Avions-nous des origines communes ?

Jean-Marie Serreau ressemblait à un savant mi-fou mi-lunaire dont le visage austère rayonnait de malice, de tendresse et de fantaisie. Il dirigeait une troupe qui, sous l'égide de l'association Travail et Culture, projetait plusieurs tournées outre-Rhin, grâce à la toute nouvelle direction de l'action sociale et culturelle des troupes françaises d'occupation en Allemagne. Jean-Marie Serreau m'engagea pour jouer Octave dans *Les Fourberies de Scapin* (pièce qui avait fait mon malheur au concours du Conservatoire), et nous partîmes sur les routes.

Mes tournées en Allemagne

C'était ma première expérience de troupe iti-
nérante, ma première tournée, mes premiers
vrais cachets de comédien (500 francs 1946 par
représentation!). Nita était de l'aventure, dans le
rôle de Zerbinette. Nos déplacements ne s'effectuaient pas en autocar, mais dans un camion
bâché avec les décors arrimés au-dessus, eux-
mêmes recouverts d'une bâche! Nous arrivions
dans les petites villes allemandes, où les soldats
français venaient nous voir jouer, mais aussi les
habitants de ces coins souvent dévastés par les
bombardements. Ces Allemands qui accouraient
pour écouter Molière avec respect et passion,
c'était incompréhensible! Et combien ridicules
ces situations où quelques officiers français se
croyaient obligés d'afficher la supériorité des
vainqueurs... On savait pourtant bien qu'on
n'avait pas gagné la guerre tout seuls!

J'aimais le travail avec Jean-Marie Serreau.
Dans une mise en scène, il n'imposait jamais.
Pour les emplacements, les entrées, les sorties, il
attendait que nous possédions bien nos personnages pour nous laisser découvrir, *d'instinct,*
comment ceux-ci pouvaient se déplacer. Nous
lisions et relisions le texte avec lui et il nous
disait :

— Laissez venir... Laissez sortir... Ne vous précipitez pas...

Il ne pratiquait pas la contrainte. Lorsqu'un comédien proposait une idée, il la considérait comme un pas en avant et exhortait à aller plus loin, estimant que c'était la bonne voie pour cerner la psychologie des personnages. Il procédait ainsi, pas à pas, sur le terrain, se situant à des années-lumière de ces « dictateurs en scène » qui, six mois avant de rencontrer les acteurs, ont déjà réglé, dessiné, éclairé le moindre mouvement, la plus infime respiration, sans qu'il soit possible au malheureux comédien d'émettre l'ombre de l'esquisse d'un avis. Jean-Marie Serreau avait eu un jour cette formule qui ramenait toute chose à sa juste place : « Faire une mise en scène, c'est transformer l'événement de la répétition en décision. »

Dans le deuxième spectacle de tournée en Allemagne, *Le Roi Cerf,* je jouais le personnage de Smeraldine et Jean-Marie interprétait Pantalon. Pour cette pièce qui nécessitait une musique de scène, notre camion bâché, où on ne voyait rien des paysages que nous traversions, transportait avec nous quatre musiciens, ainsi que le chef d'orchestre de chez Dullin, qui répondait au nom exquis d'Alfred Abondance, patronyme gentiment cocasse en cette période de vaches maigres ! Quand nous arrivions dans une ville, les autorités militaires nous prenaient souvent pour un cirque minable et ordonnaient aux soldats de nous parquer à l'abri des regards. J'imaginais que la troupe de Molière avait été accueillie de la même façon. « Les saltimbanques ? À l'écurie ! » Comme il n'y avait pas suffisamment d'hôtels pour loger tout le monde, on confiait certains comédiens, dont j'étais, « à l'habitant ». Je me souviens qu'une famille allemande chez laquelle j'étais hébergé m'avait donné la clé de la maison pour rentrer après les représentations. Le matin, c'est moi qui ouvrais la porte aux enfants...

Nos rapports avec les militaires français qui occupaient la zone s'amélioraient généralement avec le temps. Un jour nous avons joué dans une ville où le capitaine français qui commandait le secteur habitait un château, il va de soi réquisitionné. Il s'était offert une quinzaine de personnes pour l'intendance, et donnait réception sur réception. Il y en eut plusieurs en notre honneur, car ce nouveau seigneur n'allait pas rater si belle occasion de faire la fête. Les soupers, servis par des valets en chapeau tyrolien, se poursuivaient jusqu'à trois ou quatre heures du matin ! Une ambiance surréaliste. Je tapais sur le ventre des gradés, leur demandais s'ils avaient prévu un bal après le souper, et s'ils répondaient non, je les menaçais d'un scandale et de représailles épouvantables ! Nous faisions de ces soirées des farces grotesques pour chasser l'impression de dérisoire que nous inspiraient ces situations.

Au printemps 1947, nouvelle tournée en Allemagne avec les Comédiens de Paris d'A.M. Julien, pour la création d'une pièce d'André Obey, *Revenu de l'étoile,* au Petit Théâtre de Baden-Baden qui fêtait sa réouverture. A.M. Julien signait la mise en scène et Marie-Hélène Dasté, épouse de Jean Dasté et fille de Jacques Copeau, avait dessiné les costumes. La distribution comprenait A.M. Julien, Jean-Marie Serreau, Pierre Viala, Alain Janet, moi dans le personnage de Fernand, et le rôle de la mère était tenu par une comédienne dont le nom avait maintes fois brillé chez Copeau et chez Jouvet, qui avait été la créatrice des grandes pièces de Giraudoux : Valentine Tessier.

Revenu de l'étoile était une pièce bizarroïde, une réflexion sur le théâtre, la mémoire, et le destin. Le rideau s'ouvrait sur une scène vide, et un régisseur de théâtre, joué par A.M. Julien, expliquait au public qu'il avait retrouvé la mère du soldat inconnu (Valentine Tessier) à la recherche de ses souvenirs. Certains ont du mal à croire, aujourd'hui, qu'on ait pu me voir dans des pièces de ce genre. Eh bien si ! J'ai fait ça ! Et des choses plus compliquées encore. À

Baden-Baden, il y eut aussi une flopée de réceptions, de meilleur niveau, je dois le reconnaître. C'est dire aussi que, quand la nécessité l'exigeait, je savais me tenir... Je retrouverai Baden-Baden et son charme délicieux trente-cinq ans plus tard, au cours du tournage de *Mortelle randonnée,* avec Isabelle Adjani, sous la direction de Claude Miller.

De mes trois tournées en Allemagne, je ramenai de beaux souvenirs... et quelques images pieuses, récoltées dans les églises que j'avais visitées, et où il m'était arrivé de prier. De retour à Paris, je parvenais tant bien que mal à décrocher quelques rôles. Georges Herbert, directeur du théâtre La Bruyère, et Paquita Claude, qui dirigeait le théâtre en Rond à Pigalle, m'engagèrent dans un spectacle monté avec des textes de Prévert et d'Alphonse Allais. Et du 21 décembre 1947 au 6 janvier 1948, je rejoignis la Compagnie du Myrmidon, d'André Reybaz et Catherine Toth, pour jouer, salle Pleyel, une farce de Ben Jonson *La Foire de la Saint-Barthélemy.*

Pendant tout ce temps, l'activité des clowns Les Bobeyro restait soutenue! Qu'on en juge: nous nous produisions dans les fêtes de charité du Pré-Saint-Gervais! On nous demandait aussi pour les spectacles de patronage de la paroisse de la Trinité, où les curés nous rémunéraient en tickets d'alimentation (qu'auraient-ils pu faire d'autre, les pauvres ?). J'allais avoir vingt ans et le service militaire m'appelait. Je m'apprêtais à quitter Paris, et surtout Nita, pour une période dont la durée n'avait rien pour me rassurer. Mais avant de partir, j'eus la chance, grâce à Georges Herbert et Paquita Claude, d'aller applaudir (et le mot est à la fois faible et convenu) au théâtre La Bruyère la création d'un spectacle délirant de fantaisie, *Les Branquignols*. Cet univers insensé où le théâtre rencontrait les clowns était le mien. Paquita Claude me présenta à l'inventeur de ce tourbillon de folie qui faisait s'écrouler de rire des salles archi-combles : Robert Dhéry. Une vraie sympathie naquit entre nous, et Dhéry promit de me faire travailler au retour de mon service militaire.

Sous les drapeaux
mais sur les planches...

La base aérienne de Dijon-Longvic présentait, en 1948, la particularité de n'avoir aucun avion. La raison en était simple : nous sortions de la guerre et la reconstruction du pays était en cours. Cela ne me déplaisait pas, d'effectuer mon service dans l'armée de l'air, encore que je me demandais s'il me serait possible de pratiquer la trompette autrement qu'en exécutant les sonneries de réveil et de rassemblement. J'avais tort de m'en faire, car s'il me fallut délaisser mon instrument de musique, côté artistique, j'allais être servi. Après deux mois de classes sous les ordres d'un officier qui avait été un as de l'escadrille Normandie-Niémen, on m'expédia au service courrier du centre mobilisateur. J'avais pour tâche de mettre à jour les centaines de lettres qui parvenaient au centre, émanant d'hommes qui espéraient des éclaircissements sur leur situation militaire passée ou à venir. Autant dire tout de suite qu'avec les copains nous avions pris l'habitude d'un certain relâchement dans cette tâche. Le lieutenant qui nous commandait était un brave type qui pensait avoir trouvé le système infaillible pour s'assurer que le courrier était traité en temps et heure :

— Parisien, me disait-il, vous voulez partir en permission samedi ?

— Oui, mon lieutenant, si c'est possible...

— C'est bien d'aller à Paris, hein ? Mais je vous préviens : tout le courrier doit être à jour !

— Il le sera, mon lieutenant.

— Il paraît qu'il y a des tas de lettres sans réponse, c'est ennuyeux...

— Je m'en occupe, mon lieutenant.

Bien sûr, qu'il y avait des lettres sans réponse ! Pour en finir au plus vite, on en balançait une sur trois dans le gros poêle à bois qui trônait au milieu du bureau ! Le lieutenant flairait régulièrement que quelque chose n'allait pas, on dirait aujourd'hui un « dysfonctionnement », mais ne parvenait pas à éclaircir le mystère.

— Qu'est-ce qui se passe, Serrault ? Le colonel reçoit des lettres de gens qui se plaignent de n'avoir jamais eu de réponse et ça fait six fois qu'ils écrivent !

— Je suis très étonné, mon lieutenant, ça doit être une erreur de paperasserie, je vais m'en occuper !

Ce lieutenant, qui, pour honorer la Bourgogne, avait décidé de se donner à fond dans la consommation matinale de meursault et de pouilly-fuissé, était habité par un étrange souci paranoïaque : la fourniture de bureau. Il m'expédiait à l'état-major, muni d'une sacoche de cuir, et d'une liste de fournitures à rapporter. Je traversais tout Dijon sur une bécane rouillée, avec la tête d'un type qui va poser une bombe. La liste était d'une précision telle, et le secret qu'il exigeait de moi si absolu, qu'on pouvait d'emblée considérer mon boulot comme une mission d'agent secret.

— Voilà, Serrault... Vous prendrez dix gommes, douze crayons rouges, vingt-huit noirs, un litre d'encre bleue, quarante buvards, et quatre boîtes de plumes. Et quand vous reviendrez... (il respirait profondément) on mettra tout ça au coffre. Et silence, hein !

— Je n'en parlerai à personne, mon lieutenant !

Le visage soudainement sombre, il imaginait alors l'effroyable catastrophe :

— Si jamais dans le bureau ils apprennent que je suis ravitaillé, ils me dévaliseront...

Je ne privais pas mon supérieur de mes commentaires sur la menace que faisait planer un complot de cette envergure.

— Ce serait terrible, mon lieutenant !

— Ah, vous comprenez les choses, vous !... concluait-il, sur le ton d'un homme habitué aux coups de la fatalité.

Est-ce d'avoir réussi mes missions secrètes et périlleuses de transport de buvards ? Est-ce d'avoir dit que je jouais de la trompette pour faire le clown ? Quoi qu'il en soit, vint le jour où le lieutenant me tint ce langage :

— Serrault, ça vous intéresserait de faire le guignol ? Parce que le sergent-chef ne peut plus s'occuper du groupe artistique...

— C'est un peu ma partie, mon lieutenant. On pourrait faire des choses très bien, pour les soldats et leurs familles, pour les malades dans les hôpitaux... si on avait une troupe de théâtre !

— Comment ça marche, une troupe de théâtre ?

— Il faut du temps, mon lieutenant, et ne faire que ça !

Il me libéra séance tenante du bureau du courrier. Il accepta de faire passer une circulaire informant toute la caserne que je prenais la responsabilité du groupe artistique et que je recrutais en vue de monter une troupe. Quand les copains virent ça, ils se précipitèrent. Ils allaient enfin se marrer ! Je compris très vite que le théâtre ne les intéressait que dans la mesure où il leur servirait de prétexte pour sortir dans Dijon et lever des filles ! Je me retrouvai donc avec une troupe aux trois quarts composée de militaires de carrière, adjudants-chefs, sergents-chefs, sergents, disposés à obéir à ce que le soldat de deuxième classe Serrault voudrait bien leur proposer. Ce fut... *Les Fourberies de Scapin* ! Comme quoi, j'ignorais la rancune et la superstition ! Je me réservai le rôle de Scapin et, pour la première partie, je suggérai *Les Boulingrin* de Courteline, rôle de M. Des Rillettes, que j'avais également déjà joué. J'assurai la mise en scène de tout le spectacle, qui fut présenté le samedi 9 juillet 1949 au Cercle laïque dijonnais. Le lundi 11, le journal *La Bourgogne républicaine* titrait son entrefilet : « Brillants débuts du groupe artistique de l'Air » et appréciait davantage ma prestation dans Scapin que les jurés du Conservatoire !

Les Turlupins à l'assaut de la Bourgogne

Fort de cet article élogieux sur nos deux représentations à Dijon, il m'apparut indispensable de prolonger un tel triomphe par une tournée ! Je pris ma plus belle plume et écrivis à une trentaine de curés de la Côte-d'Or pour proposer, à destination de leurs fêtes paroissiales, patronages et autres kermesses, le fabuleux spectacle de notre troupe que j'avais rebaptisée Les Turlupins ! J'alignais les enveloppes à l'adresse de M. le curé de Chambolle-Musigny, de Marcilly-sur-Tille, de Venarey-les-Laumes, de Semur-en-Auxois et de Baigneux-les-Juifs... Ce dernier, l'abbé Menat, nous répondit favorablement et ce fut une joyeuse aventure que d'aller jouer dans cette petite commune de la campagne bourguignonne. L'abbé nous reçut très gentiment, et sa mère nous régala d'une chose dont je ne soupçonnais pas l'existence : une omelette au saucisson sec. Je n'en ai pas mangé de plus délicieuse depuis.

Nous n'avions certes pas réussi à faire engager notre spectacle par tous les ecclésiastiques du département, mais j'avais néanmoins pu caser le nouveau numéro de clowns monté avec un copain, Claude Primot, tout comme moi appelé du contingent. Les clowns Primo et Sero se tenaient à la disposition de toutes les fêtes, et ils en écumèrent quelques-unes...

Je terminai tous ces mois au service de la défense du pays (!) par la découverte, au théâtre municipal de Dijon, du numéro de music-hall du Fakir Inaleb... Il devait s'appeler Marcel Trougnard ou Raymond Chombier et descendre tout droit de la butte Montmartre, mais en cette année 1949, il se produisait à Dijon en qualité de fakir... Inaleb faisait monter les spectateurs sur la scène et les endormait. Comme ils étaient trop nombreux pour être de simples compères, je fus intrigué et intéressé par ce numéro. Je me procurai deux ou trois bouquins sur l'hypnotisme et je me lançai. Je demandais à mes copains de la base aérienne s'ils voulaient bien se prêter à une expérience du plus grand sérieux. Les candidats ne manquaient pas.

— Alors installe-toi là et détends-toi...

Je répétais les termes que j'avais notés chez Inaleb et dans les bouquins. Je concentrais ma volonté et mes forces, et deux fois sur trois, ça marchait ! Je suis donc en mesure de faire aujourd'hui la révélation la plus terrible qui soit pour un acteur : je sais endormir les gens.

8

Mon retour à la vie civile présentait comme premier avantage de retrouver Nita, qui m'attendait porte Brunet. Car pour ce qui était du travail, il allait falloir prospecter et entamer ce que tous les comédiens connaissent ou ont connu : la course au cachet. Autrement dit, après le désengagement (militaire), les engagements (au théâtre) ! J'en trouvai quelques-uns. Je rejoignis d'abord la troupe du théâtre de la Baraque pour un spectacle que la presse jugea « très Saint-Germain-des-Prés ». Comme il était intitulé *Cacouacs,* on aura deviné qu'il comportait une partie musicale. Le principal compositeur en était Jean Wiener, pianiste poétique et facétieux, qui nous accompagnait lui-même. Contre toute attente, on ne me demanda pas de jouer de la trompette. Je hantais aussi les coulisses du théâtre Sarah-Bernhardt, où les matinées classiques fournissaient un peu de travail aux jeunes comédiens. Là, je retrouvai A.M. Julien et la troupe des Comédiens de Paris, pour jouer... *Les Fourberies de Scapin*. Décidément! Cette fois-ci, j'étais à nouveau Octave.

Robert Dhéry
roi des loufoques

Le télégramme arriva le 25 novembre 1950 à 10 h 30. Il était adressé porte Brunet, à Nita et moi. Paquita Claude nous demandait de téléphoner d'urgence au théâtre La Bruyère pour fixer un rendez-vous en fin d'après-midi... avec Robert Dhéry. Il avait tenu parole! *Les Branquignols* avaient joué à guichets fermés pendant des mois, et Dhéry s'apprêtait à monter un nouveau spectacle, mélange de sketches, de numéros visuels avec gags, de performances musicales et sportives, et de tableaux exotiques délirants. Encore une fois, le théâtre allait rencontrer le cirque. Le spectacle, qui s'appelait *Dugudu,* était l'œuvre de Dhéry, du compositeur Gérard Calvi, et de ce poète inclassable, magicien de l'humour, empereur du canular, pharmacien de formation, journaliste par nécessité, que le désespoir conduira au suicide : André Frédérique. Dhéry fut heureux de me revoir, et moi malade d'inquiétude à l'idée qu'il pût s'apercevoir que mon pantalon était troué. Je n'avais pas les moyens d'en acheter un neuf et dissimulais ma honte par d'incessantes contorsions. Je fus néanmoins engagé, ainsi que Nita. Comme mes talents ne pouvaient pas indéfiniment passer inaperçus, je jouais le sketch de *La Trompette de Jéricho*! Mon partenaire était Guy Pierrault, dont la voix si reconnaissable a réjoui tous les fans de Bugs Bunny. Nita (en maillot de bain) avait un numéro avec Pierre Olaf et jouait également dans le tableau hawaïen avec Rosine Luguet. Je me souviens que le spectacle comportait l'*Ode à la Malibran* que disait Robert Destain. Un gag toutes les quinze secondes. En plus de sa prestation avec Nita, Olaf interprétait *Van Kanife, jongleur bulgare* et *Domingo Blasez et son ensemble typique.* Dhéry se lançait dans son numéro d'hypnotisme qui tournait à la catastrophe (c'est lui qui s'endormait) et jouait, avec Colette Brosset et Jacques Legras, *La Véritable Histoire d'Adam et Ève*! Le délire était permanent, tout allait crescendo, on se déchaînait dans les improvisations.

Après quelques représentations, et sans abandonner ma *Trompette de Jéricho,* je participai au numéro intitulé *Rêverie militaire.* C'était l'histoire d'un orchestre minable où les musiciens arrivaient en retard, s'engueulaient sans cesse, mangeaient le sandwich et les biscuits de celui qui était en train d'effectuer son solo, etc.! Je clôturais le sketch en proposant au public de lui jouer à la trompette ce qu'il désirait. C'était naturellement lamentable. Tous les soirs, le fou rire enflammait les spectateurs du théâtre La Bruyère et gagnait la troupe ! J'étais heureux de faire rire, j'essayais toujours d'inventer dans la plus totale liberté, mais, encore une fois, c'était pour le plaisir du rire, pas pour réaliser une performance d'acteur.

Avec Robert Dhéry, j'ai connu une école formidable. Et des gens qui ne l'étaient pas moins. Robert, bien sûr, mais aussi Colette Brosset, sa femme, Robert Destain, Jacques Legras, Olaf, Guy Pierrault, René Dupuy, Roger Saget, et d'autres, qui ne jouaient pas dans *Dugudu,* mais qui faisaient partie de cette bande de fous : Robert Rollis ou Roger Caccia, un immense fantaisiste que j'avais applaudi en 1947 chez Médrano lorsqu'il formait le duo comique des Chesterfield avec Gilles Margaritis (et je pense que personne n'a oublié le numéro de Caccia en bedeau distrait tenant l'harmonium dans le film de Dhéry *Le Petit Baigneur*).

Mon ami Jean Carmet

Le succès de *Dugudu,* qui fut joué deux saisons durant, et l'amitié de René Dupuy me conduisirent chez les chansonniers. Robert Rocca, l'un des princes de la satire montmartroise, avait ouvert en décembre 1949 un nouveau cabaret au 46 de la rue Notre-Dame-de-Lorette. Ça s'appelait La Tomate. À la traditionnelle revue d'actualité sur le mode satirique (pas si traditionnelle que cela, d'ailleurs, Rocca ayant privilégié les textes percutants au détriment des couplets en vers sur les ministres du moment), il avait, en véritable précurseur, ajouté son « Petit Ciné muet-parlant » avec des bandes d'actualités détournées et des caricatures animées. Il avait aussi adapté en dialogues le *Journal* de Jules Renard, que René Dupuy mettait en scène. Pour un acteur, c'était une gourmandise de faire claquer sous la langue des phrases comme *C'est un monsieur très bien, je vous assure. Il est propriétaire d'un palmier en Tunisie !* ou *Supposez-le mort, et vous verrez s'il n'a pas de talent !*, ma préférée étant : *Il y a des moments où tout va bien. Ne vous inquiétez pas : ça passe.* Je jouais le *Journal* en compagnie de Rocca, de sa sœur Danielle, de Pierre Still, et d'un hurluberlu un peu plus âgé que moi, avec qui j'allais m'entendre comme pitres en cabaret : Jean Carmet. Jean fera dès lors partie de ces amis dont le monde du spectacle est plutôt chiche. La porte Brunet fut bientôt inscrite dans ses tournées de copains. Nous nous retrouverons par la suite dans plusieurs films qui, à défaut d'être des chefs-d'œuvre, sont devenus des objets de culte pour cinéphiles rigolards, mais j'aurai toujours le regret de n'avoir pas eu l'occasion de jouer avec lui une bonne pièce ou un film inattendu.

Moi Poiret toi Serrault...

L'aventure *Dugudu* terminée, j'étais retourné au théâtre Sarah-Bernardt dans l'espoir de décrocher un rôle dans les nouvelles pièces mises en chantier pour les matinées classiques : *Les Vivacités du capitaine Tic* de Labiche et *Le Médecin malgré lui* de Molière. J'étais à peu près certain d'obtenir quelque chose, connaissant A.M. Julien depuis mes tournées en Allemagne. Mais ce jour-là, l'attente était longue, en raison d'un nombre assez impressionnant de jeunes comédiens comme moi qui espéraient un rôle dans ces matinées classiques. J'étais assis sur une chaise, et un garçon de mon âge, qui trouvait lui aussi le temps long, vint s'asseoir à côté de moi. Il m'adressa la parole :

— De toute façon je suis sûr d'être engagé ! J'ai une fortune personnelle !

Il avait dit cela suffisamment fort pour qu'autour de nous les têtes se retournent. Je lui répliquai :

— C'est comme moi ! Ma mère connaît la cousine du concierge. Et on a beau dire, le piston... ça joue !

Je ne me souviens plus des énormités que

nous avons racontées par la suite devant des camarades stupéfaits qui, d'évidence, se demandaient si c'était du lard ou du cochon, mais c'est ainsi qu'a commencé la plus belle des aventures.

— Comment tu t'appelles ?

— Poiret.

— Moi Serrault.

Nous nous sommes retrouvés devant le théâtre, après avoir été l'un et l'autre engagés par A.M. Julien pour *Les Vivacités du capitaine Tic*. Du coup, notre improvisation-surprise en coulisses devait résonner bizarrement aux oreilles des autres ! Jean Poiret avait le regard bleu et son sourire était une arme. Il exprimait la fantaisie quand on attendait du sérieux, la gravité quand on guettait la rigolade. Ce qui m'a frappé à notre première rencontre, c'est sa distinction. Rien de hautain ou de distant, bien au contraire, mais un charme qui était une invitation à la gaieté. Car Jean vous embarquait tout de suite sur sa légèreté, comme si le *Il faut rire avant d'être heureux de peur de mourir sans avoir ri* avait été inventé par La Bruyère pour qu'il en fasse sa devise.

Ce jour-là, sur le trottoir du Sarah-Bernhardt, nous ne savions pas que nous allions devenir partenaires, encore moins que nous irions jusqu'à la complicité la plus rare qui soit chez les artistes. Mais comment aurions-nous pu imaginer qu'une amitié de quarante ans était en train de naître ?

Une amitié véritable et profonde, sans heurts ni accidents, dont je crois avoir saisi en partie le secret : il existait une telle écoute, une attention si forte entre nous que jamais, dans le travail, nous ne nous sommes imposé quoi que ce soit l'un à l'autre.

Physiquement, on ne pouvait pas faire plus dissemblables. Jean avait les traits fins, l'allure racée. On l'aurait dit sorti d'une tribu d'aristocrates. Moi je ressemblais à un paysan qui serait devenu fonctionnaire, avec ma bouille ronde, mes yeux en billes de loto, ma moustache et mes cheveux charbonneux. Quelques mois plus tard, en composant nos sketches, nous avons compris le parti que nous pouvions tirer de nos physiques respectifs. Il fallait rester fidèles à l'exemple que nous donnaient le cirque et les clowns : à Jean le rôle du clown blanc, à moi celui de l'auguste. Mais pour l'instant, nous nous découvrions bien des points communs. La banlieue sud pour commencer.

— Ah bon ? Tu as habité Vitry ? Moi Villejuif ! s'étonnait Jean.

— Tu as quitté le Centre du spectacle quand j'y entrais ! ajoutai-je.

— Tu as eu Le Goff comme prof ?

— Oui ! Heureusement !

— Moi aussi ! Et après Julien Bertheau.

— Là, tu as eu plus de chance que moi !

Nous n'évitâmes pas la question du Conservatoire, où Jean avait été refusé trois fois. Je reconnus qu'un échec m'avait suffi et que je ne m'étais pas montré persévérant.

Il s'était présenté dans les personnages de Fantasio et Figaro (comme moi, pour celui-là), et surtout dans le rôle qu'il affectionnait le plus, celui que toute sa vie il a rêvé de jouer, et, je l'affirme haut et fort, où il aurait été l'égal d'un Jean Debucourt : Iago, le traître dans *Othello* de Shakespeare. Car Jean Poiret était un acteur magnifique, y compris pour la comédie dramatique et la tragédie. Je l'ai vu jouer des classiques. Je sais quel naturel et quelle vérité étaient les siens. Combien il était juste, moderne, varié, passant du sensible au mordant avec une incroyable souplesse. J'aimais ses qualités de diseur, il possédait une finesse dans la diction qui le plaçait au niveau des plus grands. Était-ce ce trop-plein de naturel qui lui avait barré l'entrée du Conservatoire ? Jean disait qu'il n'avait été convaincant dans rien, qu'il était toujours « trop » ou « pas assez ». Il me rappelait étrangement quelqu'un...

Nous avions donc les mêmes antécédents louches et nous estimions heureux que des « sans-emploi » (au sens théâtral de l'expression !) comme nous parviennent à décrocher des rôles par-ci par-là.

— Pour vivre, j'ai les deux ânes, heureusement...

— Ah bon ? Ça rapporte, ce genre d'élevage ?

Il savait que j'avais compris, mais, c'était plus fort que nous, il fallait que nous fassions déraper la moindre de nos conversations. C'est de cette façon que nous avons bâti tous nos sketches. Jean jouait effectivement la revue du théâtre des Deux Ânes, sous la direction de ce grand chansonnier qu'était René Dorin.

— Moi c'est La Tomate...

— C'est d'un bon rapport aussi, les légumes...

On ne s'arrêtait pas ! Il m'invita à venir le voir, j'en fis autant de mon côté, et on se retrouvait naturellement aux répétitions des *Vivacités du capitaine Tic,* où nous nous faisions remarquer par la chose à laquelle il n'est pas nécessaire de me pousser : l'indiscipline. La moindre situation était prétexte à farce. Jean et moi improvisions à propos de tout. Nous sommes même entrés en conflit avec A.M. Julien pour une question de montant des cachets, et je me demande aujourd'hui si nous ne l'avions pas fait exprès, en toute mauvaise foi, pour le simple plaisir d'inventer un nouveau dialogue insensé à base de fausses colères et de scandales bidon !

Bien sûr, que ça devait finir comme ça ! En duo. Un duo pour le cabaret, comme il en existait déjà à l'époque, nos futurs copains Roger (Pierre) et Jean-Marc (Thibault), à peine plus âgés que nous, s'étant engagés avec succès dans cette voie.

— Tu ne veux pas qu'on essaye de monter un truc tous les deux ? m'avait dit Jean.

— On n'arrête pas de faire marrer tout le monde en racontant ce qui nous passe par la tête... Allons plus loin !

Notre amie Suzanne Gabriello nous répétait :

— Allez-y, les mecs, lancez-vous ! Ça durera ce que ça durera, mais lancez-vous !

À vrai dire, on ne s'est pas fait prier bien longtemps.

9

Lorsque j'ai rencontré Jean Poiret, j'habitais encore à la porte Brunet, avec Nita et ma famille au grand complet, et c'était toujours ma mère qui régnait sur la roulotte. Jean vivait dans une chambre près de l'Étoile, et c'est là qu'on se voyait pour mettre au point nos premiers sketches. Nous n'avons pas cherché très longtemps notre source d'inspiration. Quelque chose nous attirait, que je pourrais nommer la vacuité des interviews sérieuses! De cela, la télévision, pourtant naissante, n'était déjà pas avare.

Jerry Scott, vedette internationale

Nous avions eu l'occasion de voir une émission où quelqu'un interrogeait doctement un artiste dont ni Jean ni moi n'avions jamais entendu parler. Nous étions probablement dans notre tort, car cet homme parlait abondamment,

113

avec des kilos de fausse modestie, de tout ce qu'il avait fait. Un chapelet de triomphes. Nous avons commencé à improviser sur ce personnage, que j'incarnais, et Jean lançait les questions et remarques de l'intervieweur. Je répondais par des lieux communs, des clichés, des évidences, sur un ton sérieux et grave. Je me pénétrais de l'importance de mon discours qui était d'un vide absolu, j'assenais des vérités premières ou des énormités dans le registre condescendant et pontifiant. Le décalage semblait efficace. Comme il fallait bien donner un nom à ce type, ce fut Jerry Scott. Ça sonnait d'autant plus vrai que nous apportions une précision de taille : « vedette internationale ». Jean notait nos inventions, c'était lui qui tenait la plume, moi je restais debout la plupart du temps, et j'improvisais, fournissant à Jean une repartie à celle qu'il venait de trouver.

— Arrête, arrête !... Qu'est-ce que tu viens de dire, là ?

Il n'avait pas eu le temps de noter, et parfois je ne me souvenais plus de ce que j'avais dit quinze secondes plus tôt ! De notre premier sketch, *Jerry Scott, vedette internationale* jusqu'au dernier, seul le décor de nos séances de travail a changé. Jamais notre méthode. C'était un bouillonnement continu, comme si nous avions craint de laisser échapper une bonne idée, une trouvaille prometteuse. Notre pâture, c'étaient bien sûr les émissions de télévision, mais plus généralement tout ce qui provenait de l'observation de nos contemporains, de la société, des mœurs, des modes, des travers plus ou moins stupides ou dangereux. Nous cherchions à tirer vers l'absurde, à révéler par la satire des situations quotidiennes que nul ne pouvait ignorer. Le ping-pong verbal entre Jean et moi au moment de bâtir nos textes pouvait ne pas avoir de fin. D'où la longueur de certains sketches, qu'il fallait par la suite raccourcir ! Mais c'était là le signe de cette entente magique qui ne nous a jamais quittés, masquée par la volonté d'enrichir l'autre et non de se servir soi-même.

Avec *Jerry Scott, vedette internationale,* nous fîmes quelques tests devant des publics dont on pouvait contester l'impartialité, puisque uniquement composé de copains cornaqués par Nita et la fiancée de Jean, Françoise Dorin, la fille de René. Jusqu'au soir du 11 janvier 1953. Toujours grâce à Suzanne Gabriello nous fut offerte la possibilité de nous produire au Tabou, le club de jazz de la rue Dauphine. Un club de jazz au lieu d'un endroit fait pour le texte et les sketches comme La Tomate, ça ressemblait à de l'imprévu. Mais outre qu'il existe un lien de parenté entre le jazz, où les musiciens improvisent sur un thème donné, et nos inventions de l'instant à partir d'un texte pris comme structure, comme matériau de base, il faut se souvenir du fantastique essor des cabarets dans le Paris de l'après-guerre et du début des années cinquante. La moindre cave pouvait, en l'espace d'une soirée, devenir un lieu d'effervescence artistique dévolu aux musiciens de jazz, aux chanteurs, aux diseurs, aux comiques. Roger Pierre, Jean-Marc Thibault, Jean Richard avaient débuté à l'Amiral, Yves Robert et les Frères Jacques à la Rose-Rouge. C'était le triomphe de La Colombe, de La Villa d'Este, des Trois Baudets (où Raymond Devos attendait que la mer soit remontée), et de bien d'autres endroits où le public accourait pour s'amuser, tant était grand le besoin de divertissement.

Poiret et Serrault débutent au Tabou

Jean bondit sur l'estrade (difficile de parler de scène) du Tabou et, d'une voix claire, avec aplomb, lança :

— *Mesdames et messieurs, on me confie ce soir un grand privilège, celui d'accueillir quelqu'un que vous connaissez tous, pour l'avoir vu sur scène ou à l'écran... il y a quelques années, puisque c'est ici, en France, que sa carrière a débuté. Mais c'est Hollywood, c'est l'Amérique qui en ont fait la grande vedette qu'il est aujourd'hui... Mesdames et messieurs, je vous demande d'applaudir comme il le mérite celui que personne n'a oublié et qui est aujourd'hui de retour parmi nous... Jerry Scott !*

J'apparaissais alors, dans un costume gris passe-partout, avec une tête de guichetier de banque, sans sourire, le regard vaguement condescendant en direction du public qui m'envoyait de maigres applaudissements. Jean commença le tir nourri de ses questions. Jerry Scott donna des nouvelles de sa carrière américaine. Il venait d'enchaîner coup sur coup cinq films inspirés par l'histoire de France autour d'un grand personnage, que naturellement il interprétait : Richelieu. Cinq succès mondiaux, en commençant par le premier, *Richelieu chez les nazis,* entièrement tourné en Allemagne. L'accueil du public avait été tel qu'on avait pu parler d'exode dans les salles...

— *Et après ce premier triomphe ?*

— *J'ai tourné* Richelieu et Frankenstein, *avec Boris Karloff, puis* Richelieu sur la piste de Santa Fe, *un grand western avec John Wayne.*

— *Vous n'avez pas eu de problème de costume ?*

— *Non, j'avais toujours le même. Robe de cardinal, barrette et pompon. Ça va avec tout.*

— *Mais dans* Allô Riri *avec Esther Williams ?*

— Là, bien sûr, c'était pas pareil! On m'a fait une robe de cardinal en nylon transparent et imperméable pour pouvoir plonger, parce que les scènes de piscine, c'était quand même le plus important!

À ce stade du sketch, j'avais commencé à percevoir une attention inhabituelle de la salle, quelque chose d'à la fois soutenu et hésitant, comme si les spectateurs se demandaient où nous voulions les emmener. Nous sentions, Jean et moi, que la salle était sur un fil, observant le moindre signe, la plus petite réaction, qui lui permettrait de basculer du côté de la blague. Cela provenait de ce que nous jouions de façon sérieuse et réaliste, sans porter la voix, sans envoyer d'obus vocaux pour souligner des effets. On ne claironnait pas, ce n'était pas une volonté de se faire entendre à tout prix, mais plutôt une confidence, soutenue par une bonne articulation. D'où le fait que nous étions écoutés d'une manière plus aiguë.

— Cher Jerry Scott, est-ce que votre retour en France ne cacherait pas un nouveau projet ?

— Si. Je vais tourner une Vie de Chopin.

— Le prince du piano!

— Si vous voulez, mais moi j'ai prévenu les Américains : un Chopin pianiste, il n'en est pas question. Par contre, je joue très bien de la trompette. Ils ont accepté et je suis donc en

mesure de vous annoncer ce soir que ce sera un Chopin trompette.

— *Et... qu'est-ce que ça racontera ? Parce que comme c'est parti, on a hâte de connaître la suite !*

— *C'est très simple. Chopin fait son service militaire à Dijon, dans l'aviation... On lui met un clairon entre les mains parce qu'il n'y a plus de tambour, et là, il se révèle... Sauf que le général lui dit : « Écoutez, Chopin, c'est très beau, ce que vous faites. Très très beau. Mais c'est trop beau pour ici. Il faut aller le faire ailleurs. »*

À partir de ce moment-là, je me souviens que ce n'était plus que rires contenus, couinements étouffés, ou francs éclats de ceux qui ne parvenaient plus à se retenir. Nous avons terminé le sketch devant une salle debout, qui nous applaudissait frénétiquement.

Nous avons quitté le cabaret une heure plus tard et, pour décompresser, sommes allés boire un verre aux Champs-Élysées. Nous avons marché un peu sur l'avenue, puis sommes entrés dans un bar où nous n'étions jamais venus. Nita, qui n'avait pas ses oreilles dans son sac, nous fit remarquer au bout de quelques minutes que tout autour de nous, les clients ne parlaient que d'une chose : le nouveau duo comique qui avait enflammé Le Tabou le soir même. La plupart des gens présents dans ce bar n'avaient pas retenu nos noms, mais ils se repassaient les répliques du sketch, alors que nous n'étions pas sûrs qu'ils se soient trouvés dans la cave du Tabou quelques heures plus tôt ! Nous avons redescendu les Champs-Élysées, un peu sonnés, comme débarquant de la lune, et Nita se souvient encore que nous murmurions à tour de rôle :

— Qu'est-ce qui nous arrive ?...

Succès fulgurant

En une nuit il sembla que tout Paris avait su que Poiret et Serrault venaient de faire un tabac au Tabou ! Nous avons appris plus tard que Raymond Queneau était dans la salle ce soir-là, et qu'il nous avait tout de suite aimés. D'autres écrivains et poètes furent des amateurs de Poiret et Serrault : Jean Orieux, Jean Tardieu, Alexandre Vialatte, et le cher André Frédérique, ange désespéré mais seigneur du cocasse, dont j'avais joué le *Dugudu* chez Robert Dhéry. Cette nuit de janvier 1953, il y avait aussi des journalistes au Tabou, et pas des moindres. L'article de Max Favalelli fut dès le surlendemain la caisse de résonance définitive de notre première prestation. Mais à Paris, dans le spectacle du moins, les choses se savent vite et n'attendent pas l'avis des critiques.

120

Le lendemain même de ce 11 janvier, il y avait, attablés au Tabou, au moins trois directeurs artistiques de cabaret qui voulaient à tout prix assister au retour de Jerry Scott. Sur les conseils de François Chevais, qui présidait aux destinées du Tabou, nous avons dès ce deuxième soir élagué notre numéro (qui avait duré une heure la veille !) sans nous priver du plaisir de jouer et d'improviser. Et nous avons connu un deuxième succès, plus délirant encore, dans la cave de la rue Dauphine. Sur les trois directeurs artistiques qui étaient venus nous voir, deux ne repartirent pas bredouilles. Nous étions engagés à La Tomate pour passer à vingt-deux heures, Chez Gilles à minuit et demi, et nous conservions Le Tabou pour une ultime prestation à deux heures du matin. C'était de la folie ? Sans l'ombre d'un doute ! Mais nous avions vingt-cinq ans, et la vie nous souriait d'une façon telle que nous étions disposés à lui emboîter le pas.

Le marathon des cabarets

Gilles s'appelait en fait Jean Villard (encore un homonyme). Il était suisse et, pendant la guerre, dans son cabaret de Lausanne, il avait entretenu la flamme de l'esprit français et de la chanson à texte. Il avait formé avec A.

M. Julien, que je connaissais bien, un duo poétique vraiment magnifique, assez contestataire, dans l'esprit du célèbre groupe Octobre. En ce début des années cinquante, il se retrouvait donc à la tête du cabaret Chez Gilles, situé avenue de l'Opéra, à l'angle de la rue de l'Échelle. Gilles était l'âme et la conscience artistiques du lieu. Il se montrait exigeant sur la qualité. Pas de grosse rigolade, mais de la finesse. Le propriétaire du cabaret était M. de Palmira, un septuagénaire à l'embonpoint élégant qui tenait absolument à ce que Jean, Nita, Françoise et moi fussions bien nourris. Il nous invitait souvent à souper après notre numéro.

— Il faut manger, à votre âge...

Ce n'était pas le régime sandwich, M. de Palmira, c'étaient des manières de seigneur !

— Vous n'avez jamais mangé de caviar, Michel ?

— Euh... je vois mal ce que c'est... je ne me souviens plus très bien... bafouillai-je.

Arriva alors sur la table, posée sur de la glace pilée, une belle coupe en argent remplie de petits grains noirs que, la première fois, je pris pour des lentilles.

— Vodka, Jean ? demanda M. de Palmira.

— Vodka, bien sûr ! répondit Jean sur le ton détaché des vrais connaisseurs à qui on ne la fait pas.

— Bien sûr ! fis-je en écho, car que pouvait-on boire d'autre avec ce caviar dont ni Jean ni moi n'avions jamais goûté ?

Parfois, pendant le souper, un type arrivait de Pigalle. Reconnaissable à son veston à carreaux et ses chaussures claires. Il s'adressait avec déférence à M. de Palmira.

— On a un problème, monsieur...

M. de Palmira s'absentait une ou deux minutes, et revenait, souriant et affable. C'est ainsi que nous avons appris que M. de Palmira, qui avait été un grand résistant, faisait office de juge de paix à Pigalle. Il réglait les litiges des truands et ses avis faisaient autorité.

Que ce soit pour Gilles, La Tomate ou Le Tabou, nous ne pouvions pas continuer à présenter le seul Jerry Scott. Les après-midi, et même les nuits après les spectacles, nous nous sommes donc remis au travail, nous renvoyant la balle, Jean proposant des situations et notant tout, moi cherchant toutes les pistes de la déconnade, traquant l'absurde, jusqu'à ce que notre sketch repose sur deux ou trois idées solides, le socle, à partir duquel nous pouvions improviser. Notre tour s'enrichit ainsi de *Vapeurs du Sud,* qui deviendra plus tard *Clément Laprade, explorateur.* Nous étions une fois encore partis chercher l'inspiration sur l'unique chaîne en noir et blanc de la télévision, et l'avions trouvée dans une émission intitulée *Le*

Magazine des explorateurs qu'animait notre ancien chef du Centre du spectacle, Pierre Sabbagh ! Comme dans *Jerry Scott,* Jean interviewait un imbécile fier de lui et de ses trouvailles, ce qui nous permettait d'écorner quelques réputations et de dégonfler (un peu) deux ou trois baudruches.

— *Vous disiez que ça a été dur, cette expédition ?*

— *Oui. J'ai dû retarder trois fois mon départ.*

— *Difficulté de réunir le matériel ?*

— *Non, Pleyel n'avait plus une date de libre pour mes conférences.*

— *Il y a tant d'expéditions en ce moment !*

— *Vous comprenez, c'est très joli de ficher le camp aux cinq cents diables, si on ne peut pas en parler au retour, à quoi ça sert ?*

— *Vous êtes partis comment ?*

— *À pied. L'expédition commençait dès la sortie de Paris. On sent très bien d'ailleurs qu'au Kremlin-Bicêtre la mentalité n'est plus la même qu'à Paris ! Et plus on avance vers le sud, plus ça s'accentue. Il est indiscutable qu'à Poitiers les gens sont déjà un peu anthropophages...*

L'intervieweur poursuivait ses remarques et ses questions, et, dans la version que nous jouions à La Tomate, nous avions ajouté une fin qui faisait intervenir Carmet, lequel se produisait tous les soirs dans ce cabaret. Jean Carmet et Danielle Rocca riaient beaucoup de notre numéro, et restaient toujours après le leur pour nous écouter. Nous avions donc eu l'idée de faire monter notre pote Carmet avec nous sur la scène. L'intervieweur demandait à Clément Laprade la différence entre les Noirs Zahoumé du fleuve et les Noirs Zahoumé de la forêt.

— *C'est-à-dire que les Noirs Zahoumé de la forêt sont des Blancs,* répondait Laprade.

— *Des Blancs ? ? !*

— *Oui, parce que c'est une race issue de Danois et de Finlandais. Il y a quelques Bretons d'origine, mais ils sont rares. C'est très curieux d'ailleurs, parce que je remarquais dans la première partie du spectacle ce garçon qui joue le maître d'hôtel... il est d'ascendance Zahoumé !*

— *Carmet ? ! Ça m'étonnerait !*

— *Dites-lui de venir !*

Carmet montait sur scène à moitié déshabillé et l'intervieweur le bousculait pour contredire Laprade.

— *Regardez-moi ça ! C'est un Zahoumé, ça ? ! Le bas du visage bouffi, les joues flasques ! Et ces cuisses ! Relevez votre chemise ! Ça a vu le soleil, des cuisses pareilles ? !*

Laprade ne désarmait pas.

— *Comment toi y'en a t'appeler ?*

— *Jean Carmet.*

— *Ka-Met ! C'est joli, ça ! Ça signifie*

125

« petite boule charnue » dans son pays! Non, j'ai incontestablement raison! Ce garçon est un Zahoumé!

Je le maltraitais pour juger de ses réflexes et Carmet, excédé, finissait par m'envoyer son poing dans la figure. Mais il en fallait davantage pour arrêter Clément Laprade, qui enchaînait aussitôt sur les mœurs religieuses des infortunés indigènes qu'il avait visités.

Tu me manques, Jean Ka-Met... Je pense que là où tu es, c'est le monde meilleur qui nous a été promis. Je suis sûr que tu y rigoles, de cette façon forte et tendre qui n'était qu'à toi. Sois certain d'une chose : pour les blagues et canulars, je suis toujours partant! On se l'est assez dit, tous les deux, que nous aurions juste assez de l'éternité pour rire...

10

Combien en avons-nous écumé, de cabarets, Jean et moi ? Combien de fois avons-nous joué dans des caves enfumées ou sur une petite estrade de chansonniers ? Combien de kilomètres avons-nous parcourus pour jouer *Jerry Scott* ici à vingt-deux heures et *Clément Laprade* là à minuit et demi ? Les souvenirs se mêlent, les nuits se confondent. Nous sommes restés huit ans au Tabou et Chez Gilles (notre record). Nous avons joué à La Tomate, à La Tête de l'Art (qui succéda à Gilles), nous avons promené nos sketches sur les scènes de grands music-halls comme l'Alhambra, Bobino ou l'Olympia, et nous sommes même partis en tournée chaque été pendant plus de dix ans dans tous les casinos, petits ou grands, pour donner notre spectacle qu'il arrivait à Nita de présenter. Je me souviens d'ailleurs que Nita avait été (quelques rares fois heureusement !) obligée de préciser qu'il s'agissait de *parodies d'inter-*

views, car nous avions eu affaire à des publics qui écoutaient avec le plus grand respect et dans un silence impressionnant *Jerry Scott* raconter sa palpitante carrière hollywoodienne. Nous savions que notre numéro exigeait de nous une maîtrise totale et qu'il fallait que tout paraisse normal pour créer le rire, mais là, nous étions dépassés !

L'école du cabaret

La télévision, que nous ne nous privions pas d'égratigner, nous a consacrés grâce à Jean Nohain (*Jerry Scott* fit un triomphe aux *36 Chandelles*) et à l'ami des débuts, Pierre Tchernia, qui a toujours partagé nos craintes et nos espoirs. Je crois me souvenir que Pierre appréciait particulièrement *Stéphane Brinville, prix littéraire,* un sketch que nous avions créé en scrutant assidûment l'émission *Lecture pour tous.* Comme à l'habitude, et c'était une nécessité qui garantissait le sérieux de notre démonstration, Jean « chapeautait » :

— *Nous avons la chance d'avoir ce soir avec nous l'écrivain Stéphane Brinville, qui vient, vous le savez, de recevoir le prix Gilles pour son livre intitulé* Minuit moins le quart. *Je rappelle que le palmarès du prix Gilles ne compte que des grands noms de la littérature... Proust,*

◀ Le beau bébé,
c'est moi.

▼ Mon père,
Robert.

▲ Ma mère,
Adeline.

▲ Entre mon frère Guy et
mon copain Jojo, sur les fortifs.

▲ À l'époque de la porte
Brunet.

À Stains, avec
ma sœur Denise
(à droite),
déguisés
en fakirs.
▶

▲ Léona,
ma grand-mère.

Au petit séminaire. ▼

Le premier nombre qui figure dans les télégrammes après le nom du lieu d'origine est le numéro d'ordre, le second indique le nombre de mots taxés, les autres désignent la date et l'heure du dépôt.
Dans le service intérieur et dans les relations avec certains pays étrangers,
l'heure de dépôt est indiquée au moyen des chiffres de o à 24.
Voir au dos la signification des principales indications qui peuvent
éventuellement figurer en tête de l'adresse.

Indications de service

22 Brn

db: M: Mita Michel Berault

et n'est soumis à aucune responsabilité à raison du service de la correspondance privée par la voie télégraphique. (Loi du 29 nov. 1850.)

ORIGINE	NUMÉRO	NOMBRE DE MOTS	DATE	HEURE	MENTIONS DE SERVICE
Brn	1808				

Je voudrai vous présenter a Pichel
Téléphonez d'urgence au Théatre pour
fixer un rendez-vous en fin d'après mi

= Paquita =

TA : Pour tous renseignements concernant ce télégramme prière de s'adresser au bureau distributeur.
Nº 701.–J. A. 820667.

MINERVA

SOCIÉTÉ FRANÇAISE
DE PRODUCTION, DISTRIBUTION & EXPLOITATION
CINÉMATOGRAPHIQUE

SOCIÉTÉ ANONYME   CAPITAL 5.000.000 Fr.

17, RUE DE MARIGNAN, PARIS-8ᵉ
C. CH. POSTAUX - PARIS 2.416,79
ADR. TÉLÉGR. : MINERFILM - PARIS
TÉLÉPHONE : † BALZAC 39-00
R.C.SEINE 281.482 B · R.P.342.SEINE C.A.

Paris, le 16 avril 1946

Monsieur Michel SERRAULT
22, avenue de la Porte Brunet
PARIS 19ᵉ

Monsieur,

De la part de Mme TOTH, veuillez vous présenter
à nos bureaux mercredi 17 avril à 10 h.30 (service de
M. DERY).

Veuillez agréer, Monsieur, l'expression de nos
sentiments distingués.

à mon ami
Michel Perrant
qui sera un grand pitre
Jean Le Goff

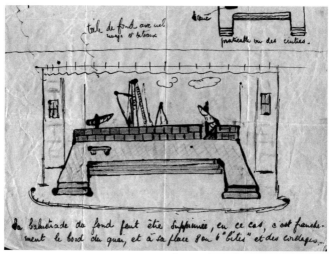

telle de fond avec nel nuage et pleaux

scene

praticable ou des cintres.

La balustrade de fond peut être supprimée, en ce cas, c'est franchement le bord du quai, et à sa place on a "bites" et des cordages.

◀ Mon professeur
au Centre du Spectacle
en 1944, Jean Le Goff.

Le croquis que j'avais fait pour ▲
ma mise en scène des *Fourberies*
de Scapin à l'armée...

... et le spectacle lui-même,
où je joue Scapin, le 9 juillet 1949. ▼

◄

Dans *Le Vin de la paix*, d'après Aristophane, en 1950.

Le père Van Hamme. Il m'a fait faire ma première
▼ communion et j'ai servi la messe à ses côtés.

▲ La Rêverie militaire dans *Dugudu*, de Robert Dhéry, en 1951. À droite, ma trompette et moi.

À la base aérienne de Dijon-Longvic en 1949, pendant mon service militaire. Avec moustache. ▼

▲ Entre Pierre Larquey et Véra Clouzot, face à Paul Meurisse,
dans *Les Diaboliques*, mon premier film.

Avec Nita et Jean (Poiret) dans notre sketch sur le cinéma inspiré par ces mêmes *Diaboliques*. ▶

◀ Jean Poiret et moi entourant le vieux maître, Sacha Guitry, pendant le tournage d'*Assassins et voleurs*, en 1956.

◄ Poiret et Serrault, marathoniens de cabarets, au début des années 60. ►

Micheline Presle (la rieuse), Jean et moi dans *Pour avoir Adrienne*, au théâtre de la Comédie Caumartin en 1957.
►

MICHEL SERRAULT & JEAN POIRET

Grande Révélation de la Saison de Paris

Dans la loge, après
le spectacle,
la visite de
Martine Carol.

▲ Avec Louis de Funès en 1962 dans *Nous irons à Deauville*.

Clochard dans *La Belle américaine*
avec Robert Dhéry. ▼

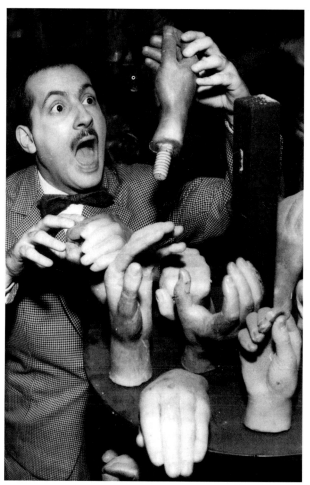

▲ Déclencheur de catastrophes dans le court métrage de Jacques Demy sur le musée Grévin en 1958.

Ma vamp pour la vie... Nita. ▲

Montherlant, Claudel, et, l'an dernier, Jean-Paul Sartre pour son ouvrage encore dans toutes les mémoires *Les Écœurements de Mickey*...

J'endossais cette fois-ci le rôle d'un écrivain imbu de lui-même, et ridicule, dont le livre ne comportait que des pages blanches.

— *Je crois, maître, que ce qui caractérise votre œuvre, c'est le manque d'imagination...*

— *L'imagination est une chose à laquelle je ne me suis jamais laissé aller.*

— *Mais peut-on dire que la platitude du style de votre période parisienne n'a d'égal que le manque d'imagination de la période poitevine ?*

— *On discute beaucoup, à ce sujet... Je laisse la critique et les universitaires en décider... et la postérité bien sûr.*

— *En pleine Occupation, dans votre ouvrage* Qui sait si les lilas refleuriront ?, *vous avez quand même soutenu que Shakespeare était allemand...*

— *Oui, enfin... Jusqu'à mi-44, environ. Après, je me suis rendu à l'évidence historique. Mais c'est peut-être une thèse que je reprendrai un jour ou l'autre.*

Jean Poiret m'a confié un jour : « Je peux, sans rien savoir de lui, reconnaître un comédien qui a été formé au cabaret. » Le cabaret apprend à s'imposer. Forge une présence. Notre duo, ce que nous racontions, m'amenait à exprimer avec aplomb, et je dirais avec la tranquillité des imbéciles, des énormités et des absurdités. Mais c'était le public qui débusquait la drôlerie, ce n'était pas moi qui l'indiquais. Il me semble que certains comiques aujourd'hui commencent par rire eux-mêmes des effets qu'ils ont l'intention de produire. Les spectateurs se disent alors : « Il se marre, marrons-nous ! » C'est pour moi la transgression d'une règle fondamentale : l'acteur comique doit être interrompu (par les rires), et ne pas interrompre. Au théâtre, il est rarissime de voir des spectateurs se lever et quitter la salle en disant : « Qu'est-ce qu'on s'emmerde ! Tirons-nous ! » Tous ceux qui ont joué dans des cabarets ou des cafés-théâtres savent qu'à tout instant on est au contraire menacé par ce genre d'imprévu. Parce que la distance n'est pas la même. Au théâtre, il y a une scène, un rideau, une rampe (quasiment plus aujourd'hui), parfois une fosse d'orchestre, et, hormis les deux premiers rangs de spectateurs, l'acteur ne voit qu'un trou noir. Ce qui le fait parfois déraper dans le « surjeu » et lui ôte une part de conviction. Le cabaret établit une proximité redoutable : les spectateurs sont là, à un mètre cinquante, et on les voit tous ! Si vous voulez qu'ils vous écoutent et vous croient, il faut donner toute la vérité qui est en vous, sans forcer la voix, sans artifice. C'est une école impitoyable et irremplaçable. Il m'est arrivé parfois de devoir imposer un sketch face à des gens qui mangeaient et pour lesquels le spectacle n'avait qu'un intérêt secondaire. Jean comptait sur mon culot pour rétablir la situation. Je descendais alors dans la salle et ôtais les assiettes !

— Ça suffit, on ne mange plus ! C'est très mauvais de manger aussi tard !

J'allais chercher un serveur et on débarrassait la table ! Je regardais alors attentivement le monsieur ou la dame et je m'approchais, catastrophé...

— Et en plus vous avez bavé ! Non, non, on ne peut pas vous faire confiance, vraiment !

Les autres spectateurs-dîneurs étaient ébahis, mais je les plaçais d'emblée de notre côté par le rire et réinstallais l'autorité qu'il nous fallait avoir en permanence.

Un grand artiste : Albert Petit-Lagrelèche

Nous avons enregistré quelques-uns de nos sketches (pas tous, car il doit y en avoir près de quatre-vingts) dans des conditions différentes et souvent peu propices. En studio sans le moindre public (un non-sens, pour des comiques), en studio avec un petit public de figurants, les enregistrements les plus « honnêtes » ayant été réalisés à l'occasion d'émissions de radio ou de télévision, ou encore de galas. C'est le cas du *Permis de conduire les orchestres,* enregistré devant plus de mille personnes.

— *Demain salle Pleyel sera donné en première audition* Ode au commerce *d'Albert Petit-Lagrelèche... Il est venu très gentiment ce soir...*

Je rentrais par la salle, et je crois n'avoir jamais été autant applaudi, tant il est vrai que beaucoup prenaient tout cela au sérieux ! Dans ce sketch, Jean affirmait avoir été témoin d'un terrible accident...

— *... Une crevaison de grosse caisse dans un passage rapide de la* Troisième Rhapsodie *de Liszt...*

— *Ah, elle est mauvaise !*

— *C'est pas qu'elle est mauvaise, c'est qu'elle est mal signalée !*

— *À quel endroit ?*

— *Je ne sais pas si vous connaissez...*

— *Je connais assez bien la région...*

— *Je vais vous dire. C'est dans la petite montée... À un moment, ça fait ta ta ta ta ta ta ta...*

— *Ah, vous voulez dire dans la grimpette ! Mais elle est terrible ! C'est une montée chromatique !*

Nous avons joué plusieurs de ces sketches dans toutes sortes d'émissions de variétés, et parfois avec des partenaires. C'est le cas des *Deux Hortenses* en 1959 où Michel Roux nous donnait la réplique. Ce même sketch, rebaptisé *Les Antiquaires,* nous l'avons enregistré sur disque quelques années plus tard, avec notre amie Jacqueline Maillan dans le rôle de la cliente, à laquelle Jean essayait de vendre son compagnon (moi) comme lampadaire, un abat-jour sur la tête. Dans *Les Antiquaires,* dont nous avions trouvé l'inspiration dans une boutique qui faisait l'angle de la rue où habitaient Jean et Françoise, nous jouions, près de quinze ans avant *La Cage aux folles,* un couple d'homosexuels. Comme c'était le cas pour tous nos sketches, notre observation de la réalité devenait une parodie, une satire joyeuse, où les situations étaient poussées jusqu'à l'absurde. Nous pouvions être piquants, mordants, ou vaches. Nous n'avons jamais été blessants, nous n'avons jamais recherché la méchanceté. Dans notre esprit, il ne s'agissait pas de brocarder les homosexuels, mais une mode de l'époque qui baptisait « antiquités » une vieille bouche d'égout transformée en porte-revues par une couche de vernis. Tout le monde ne riait pas de la même chose, dans ce sketch, nous le constations amèrement. Le malentendu se poursuivra des années plus tard avec *La Cage aux folles,* même si le public dans son ensemble comprit bien nos intentions.

Ces *Deux Hortenses* devenues *Les Anti-quaires* illustraient assez bien notre évolution. Nous délaissions peu à peu les parodies d'interviews au profit de la saynète et du dialogue de situation. Même si, au cabaret, on nous réclamait sans cesse *Jerry Scott, Stéphane Brinville* ou *Clément Laprade.* Je me souviens que le passage où Laprade explique qu'il a fait écouter aux indigènes un des premiers enregistrements sur disque du concerto de Krakevski était toujours très efficace, peut-être parce qu'il s'inspirait des dialogues de clowns fondés sur le quiproquo.

— *Je serais curieux de savoir comment ils réagissent à ce concerto si européen de facture,* demandait l'intervieweur.

— *De la façon la plus réconfortante pour nous,* répondait Laprade.

— *Alors il a franchement plu ?*

— *À torrents, pendant deux mois et demi.*

— *Non, je vous demande, est-ce que les gens goûtent vraiment...*

— *Les gens goûtent ? À vrai dire, non. Ils font un gros repas le midi et le soir, c'est tout.*

Quand le spectacle est terminé...

La vie d'artiste de cabaret soumet à rude épreuve les tempéraments les mieux trempés et

les santés les plus insolentes. Et pourtant...
Quand s'achevait notre marathon, à trois heures
du matin, nous nous retrouvions à table, car rien
n'est plus agréable aux comédiens que d'aller
casser la graine après leur travail. Notre quartier
général, c'était La Cloche d'Or, rue Mansart,
dans le 9e. Un restaurant fréquenté par des gens
du spectacle, et beaucoup de nos copains
venaient nous y retrouver pour faire des tablées
joyeuses et bruyantes. Ces oiseaux de nuit
s'appelaient Carmet et Danielle Rocca, Louis de
Funès, avec qui j'avais joué la revue à La
Tomate, Roger Carel qui passait à La Fontaine
des Quatre Saisons, Jacqueline Maillan, Darry
Cowl, Francis Blanche, Maurice Biraud, Jean
Yanne, qui venait de débuter aux Trois Baudets.
C'est justement la vedette montante des Trois
Baudets, un chanteur moustachu et un peu ours
nommé Georges Brassens, qui, malgré lui, nous
donna l'idée de glisser dans notre tour des com-
mentaires sur l'année qui se terminait.

— *Vous savez qu'il y a une sorte de philosophie, pour ne pas dire de religion Brassens,*
affirmait Jean.

J'apportais mon témoignage :

— *Ah oui, je sais! Tenez, sans aller plus
loin, ma cousine est mariée à un orang-outang.
Très gentil. Il travaille dans les Postes. Mais
enfin, un orang-outang quand même.*

— *C'est indiscutable qu'il y a dix ans, on*

135

n'épousait pas d'orang-outang. C'est donc bien Brassens qui, piétinant pas mal de préjugés, nous a apporté cette bouffée d'air frais, concluait Jean, imperturbable.

Robert Rocca, qui n'avait jamais cessé de nous soutenir, qui était envers notre tandem d'une fidélité magnifique, aima ce genre de réflexions sur l'actualité et nous fit participer régulièrement à son émission de radio *La Boîte à sel.* Mais ce n'est pas parce que nous nous abrutissions à courir les cabarets que nous faisions fortune. Nos rémunérations ressemblaient souvent à des pourboires et les fiches de paye la plupart du temps étaient inconnues. Mais je faisais ce que j'aimais, et surtout ce dont j'avais rêvé : faire rire.

Le cinéma pointe sa caméra

Robert Dhéry jouait depuis plusieurs mois au théâtre Daunou un nouveau spectacle, l'histoire d'une troupe (celle des Branquignols), qui répète une revue de music-hall, mais le titre du spectacle *Ah! Les Belles Bacchantes* rend la police soupçonneuse. Un inspecteur est chargé de traquer toutes les danseuses trop déshabillées, que la troupe va s'ingénier à cacher. Dhéry voulait en donner une version filmée pour laquelle il me fit signe. J'incarnais un trompettiste, il va de soi, en retard à toutes les répétitions et qui ne joue jamais, déclenchant toutes sortes de catastrophes. Nous n'étions pas loin de la fameuse *Rêverie militaire* qui faisait se tordre de rire le théâtre La Bruyère dans *Dugudu*.

Dhéry mettait en scène mais ne s'occupait pas de la prise de vues et de la technique du film. La tâche avait été confiée à un ancien des actualités Pathé, passé à la réalisation avec la série des Piédalu, Jean Loubignac. J'eus l'impression qu'on enregistrait un spectacle sur pellicule mais que le cinéma devait être autre chose. De Funès faisait l'inspecteur, Robert Dhéry et Colette Brosset jouaient leurs propres rôles, tout comme Rosine Luguet; Jacqueline Maillan incarnait la directrice du théâtre, Francis Blanche un chanteur, et toute la troupe était là : Legras, Calvi, Olaf, Caccia, Jacques Jouanneau, et aussi Raymond Bussières, sans oublier mon artiste préférée : Nita.

À La Tomate, il n'était pas rare de voir parmi les spectateurs des grands comédiens ou des chanteurs. Pierre Fresnay était venu, Éric von Stroheim était un soir dans la salle. Mais en 1954, alors que j'étais au sous-sol avec Carmet, quelqu'un vint me dire que j'étais attendu au bar par Henri-Georges Clouzot. Sur le coup, j'ai pensé à une blague de Carmet (spécialiste du genre, quand même). Je gagnai le bar et me retrouvai devant un homme au visage fin et nerveux, aiguisé comme une lame.

— Monsieur Serrault, je vous apprécie beaucoup, je suis venu vous voir jouer plusieurs fois ici ou Chez Gilles, je prépare un film et j'ai un rôle pour vous.

Je ne savais pas grand-chose du cinéma, sinon ce que j'en connaissais comme spectateur (quand j'avais le temps), mais je n'ignorais pas que Clouzot était tout sauf un cinéaste comique ! Je marquai donc mon étonnement et me souviens que je faillis lui répondre (heureusement je ne l'ai pas fait !) :

— Mais il y a des acteurs, pour ça...

C'était une époque où les contacts s'effectuaient sans intermédiaire. Les grands metteurs en scène de cinéma (et même les petits) ignoraient jusqu'à l'existence des « directeurs de casting » et ne traitaient pas, sauf pour les vedettes, avec les imprésarios et les agents artistiques. Trois jours plus tard, je me rendis au bureau de la production des *Diaboliques*.

11

Jusqu'à l'été de 1954, je n'avais aucune idée de ce qu'était réellement un plateau de cinéma. Le tournage des *Diaboliques* avait lieu en partie en studio, en partie dans une institution de la banlieue chic, un de ces collèges privés avec parc arboré que l'on trouve entre Le Chesnay et Maisons-Laffitte. J'avais vingt-six ans et aucune expérience de jeu devant une caméra. Le film était une adaptation du roman à suspense de Boileau et Narcejac, *Celle qui n'était plus*. Je jouais le rôle d'un pion (M. Raymond) dans cette institution peu reluisante où se trame un crime effectivement diabolique. Clouzot était un grand metteur en scène, exigeant, tyrannique, qui ne détestait pas user d'un fond de perversité pour obtenir le résultat qu'il souhaitait devant l'objectif. Avec moi, il se montra agréable mais je n'eus que peu de rapports avec lui. Comme tous les réalisateurs, il avait trop de choses à faire pour s'occuper des troisièmes rôles. Le personnage de M. Raymond possédait un faux courage, une étrangeté dans la veulerie. J'accentuai cette orientation en le gratifiant aussi d'une certaine suffisance. En fait, je me rapprochais de ces personnages d'imbéciles que je jouais au cabaret avec Jean, à cette différence près que le texte n'était pas une suite d'énormités. Mais dans l'aspect physique et les jeux de physionomie, nous étions dans le même registre. Je crois avoir compris depuis que c'est pour cette raison que Clouzot m'avait sollicité. Il fut satisfait, sembla-t-il, de cette prestation de comique à qui on ne demandait pas de faire rire.

Moi je n'en revenais pas d'avoir été appelé pour un rôle dramatique, et j'ignorais bien sûr qu'il me faudrait attendre quelque chose comme vingt ans, avec les films d'Étienne Périer, et même vingt-cinq ans, avec Bertrand Blier et Christian de Chalonge, pour que l'expérience se renouvelle. Je vais peut-être assener une terrible banalité, à moins qu'il ne s'agisse d'une révélation stupéfiante, mais dès *Les Diaboliques,* j'ai eu le sentiment qu'un acteur comique ne devait pas avoir de difficulté à jouer un rôle dramatique. La façon sobre, si l'on peut dire, lui était possible sans douleur. La réciproque ne fonctionne pas aussi bien, sauf dans les cas d'artistes majeurs, de comédiens phénoménaux comme Michel Simon, dont les capacités étaient infinies, avec dans tous les domaines une invention et une vérité époustouflantes. Je pense aussi à Madeleine Renaud, que je voyais à la Comédie-Française jouer *La Reine morte* de Montherlant en matinée et un Feydeau en soirée avec autant de force d'un côté que de verve de l'autre.

Les Diaboliques sur un plateau

L'ambiance sur le plateau des *Diaboliques* n'était pas à la rigolade. Il y avait un côté ciel plombé qui alimentait mon trac plus qu'il n'aurait fallu. On avait l'impression que tout était d'une gravité extrême, qu'on engageait son existence par le moindre geste, mais on craignait par-dessus tout de déclencher les foudres du maître d'œuvre dont le pessimisme naturel et le tempérament vif trouvaient avec ces *Diaboliques* une nourriture de choix. Ce qui n'arrangeait rien, c'étaient les visites du producteur sur le plateau. Je n'ai pas retenu son nom mais parfaitement bien son costume : il venait en culottes de cheval, cravache à la main. Je ne suis pas sûr qu'il était cavalier, mais ses apparitions dans cet accoutrement, si elles ne contribuaient pas à détendre l'atmosphère, semblaient faire partie d'un usage, et même d'un rite propre à sa profession. Je fis la connaissance de Pierre Larquey et de Charles Vanel, qui furent très gentils avec moi, de Simone Signoret et de Véra Clouzot (alors épouse du metteur en scène), dont les rapports tendus n'étaient pas pour déplaire à Clouzot, qui au besoin les aiguillonnait, estimant que pareille situation ne pouvait que servir l'histoire et le film. Dans *Les Diaboliques,* Véra Clouzot jouait le rôle d'une femme que son mari (Paul Meurisse) et la maîtresse de celui-ci (Simone Signoret) vont faire mourir de peur, la sachant cardiaque. Le plus surprenant, c'est que Véra Clouzot est effectivement morte d'une crise cardiaque quelques années plus tard. J'admirais depuis toujours Paul Meurisse, comédien véritable, remarquable dans le drame et excellent dans l'humour à froid des comédies légères. Nous sommes devenus amis, et j'aurai beaucoup de plaisir à le retrouver plus tard dans des films bien différents. Nous parlions souvent ensemble, et j'aimais sa façon de travailler, cette manière de s'extraire d'un tournage pesant, comme pour dire : « Ce n'est pas grave, les gars, c'est un film, pas plus. » C'est Henri Jeanson qui avait surnommé Meurisse « le nonchalant qui passe », et on ne peut trouver meilleure ni plus affectueuse définition.

Mais celui auquel je reste infiniment reconnaissant, pour avoir bien voulu prendre en main l'acteur de cinéma débutant donc ignorant que j'étais, c'est Armand Thirard, le directeur de la photographie. Thirard avait éclairé les films de Duvivier, de Clouzot, de René Clair, et ce petit chef-d'œuvre de Maurice Tourneur *Avec le sourire,* le meilleur film de Maurice Chevalier. C'était un très grand chef opérateur, qui travaillait essentiellement sur la puissance des contrastes du noir et blanc. Armand Thirard avait remarqué que je n'en menais pas large.

— Michel, venez vous asseoir là, on n'est pas pressés, je vais faire mes lumières et je viendrai vous chercher quand ce sera le moment.

Il m'indiquait les emplacements à tenir, les mouvements à faire, m'expliquait pourquoi on tournait la scène plusieurs fois, bref il me donnait mes vraies premières leçons de cinéma et apaisait par là même mes craintes de débutant.

Ce contact protecteur et amical avec Armand Thirard m'a permis de découvrir qu'au cinéma aussi, j'avais besoin de jouer pour quelqu'un. Jouer pour la caméra n'était pas suffisant. Il me fallait un public, si minime fût-il, même limité à une personne, mais une présence. C'est encore plus vrai pour la comédie et le comique, il va de soi, où je dois pouvoir sentir que je fais mouche, jusqu'à deviner les rires muets, mais, même dans le registre opposé, il faut que je sente la présence de quelqu'un qui est ému, donc qui adhère. Ce n'est pas un caprice de ma part. Je me sens tout simplement aidé, poussé, dès lors que je joue pour quelqu'un. On me dira qu'en général le metteur en scène est là pour ça. En théorie, c'est vrai. La réalité est plus complexe. Si ce metteur en scène s'appelle Blier, Chabrol, Audiard, Tchernia, Jourd'hui, Chalonge, pour ne citer que ceux-là, je sais que je peux jouer pour lui. Mais parfois, parce que ce metteur en scène est accaparé par la technique, englué dans le plan de travail, ou qu'il est tout bonnement plus intéressé par les cadrages que par les acteurs, il me faut trouver un autre écho. C'est souvent le chef opérateur, et quelquefois des techniciens ou des machinistes.

L'expérience des *Diaboliques* me fut très précieuse au cabaret. Comme je racontais à Jean chacune des journées de tournage, l'idée nous vint d'en faire un sketch, qui était même une petite comédie puisque ça durait presque une heure ! Nous l'avons créé Chez Gilles avec une vraie caméra, des comédiens qui campaient les techniciens, je faisais le metteur en scène, Jean l'acteur principal et Nita la vedette féminine. On a dû jouer près de mille fois cette parodie de tournage ! On rentrait par le fond de la salle en s'adressant aux spectateurs de façon péremptoire :

— *Vous arrêtez de manger, maintenant, on va tourner !*

On distribuait deux ou trois textes à des dîneurs ébahis...

144

— Apprenez ce texte, on tourne dans cinq minutes !

Nous faisions tout déplacer, les clients transportaient eux-mêmes les tables, les couverts, avec un désir de bien faire évident. Car bien sûr, nous attaquions avec un sérieux et un naturel incontestables, et la plupart des gens étaient persuadés qu'il s'agissait d'un film pour de bon. Je me montrais metteur en scène odieux. Pour éviter un soi-disant reflet signalé par le directeur de la photo, j'exigeais qu'un spectateur tienne à bout de bras la petite lampe de table, qu'un autre fasse semblant d'être assis mais sans chaise, etc. Plus on avançait, plus le tournage devenait calamiteux. Je voulais absolument un gros plan du bouton de veste de la vedette, laquelle était dissimulée par un pilier, d'où un énorme problème qui contrariait mon message artistique...

La roulotte s'en va

Notre gagne-pain, à Jean et à moi, restait donc le cabaret. Je n'étais pas du tout certain que je serais appelé à refaire du cinéma, je ne le recherchais pas plus que Jean qui n'avait pas encore tourné, et nous guettions bien davantage l'occasion de nous produire ensemble au théâtre. L'année 1955 allait nous sourire. À cet égard du moins, car c'est cette année-là qu'à l'âge de quatre-vingt-douze ans mourut ma grand-mère Léona. On jouait à Bobino. Je m'étais précipité porte Brunet aussitôt que j'avais su la nouvelle. Je me souviens qu'un homme était là. Était-ce un médecin, un responsable des pompes funèbres? Je ne sais plus. Voulant se montrer compatissant, il me dit de ne pas être triste, que c'était ainsi, que la vie continuait, toutes les phrases habituelles un peu creuses. Je me suis mis en colère contre lui, parce que je ne voulais justement pas qu'on me confisque ma tristesse, trop grande, trop profonde. Que pouvait-il savoir de ma vieille grand-mère et des liens qui m'unissaient à elle? Je la voyais morte et au travers de mes larmes défilaient tant d'images. Celle qui revenait le plus souvent, c'était le petit casse-croûte qu'elle me donnait par la fenêtre en cachette de ma mère quand j'avais revendu mes tickets de cantine... Oh oui, j'aurais aimé passer ma vie à faire des farces à ma grand-mère, parce que ainsi elle aurait été toujours là, et le temps ne serait pas ce terrible voleur.

La mort de ma grand-mère Léona marqua la fin de la roulotte. Mes frères venaient de quitter la maison et on n'entendrait plus nos cris, nos rires, nos chamailleries et nos bagarres, accompagnés par les aboiements de nos chiens. Nita et moi allions partir aussi, car il était temps de s'installer et de faire notre nid. Une époque se terminait. L'enfance et l'adolescence étaient bien finies et je n'étais pas sûr que j'avais su en saisir tout le bonheur. Ma mère disparut quelques années plus tard, puis ce fut mon père. La porte Brunet n'exista plus. Mais le hasard est joueur et je veux raconter ici l'épilogue inattendu de la présence de la famille Serrault dans ce quartier.

L'appartement avait été rendu à la Ville de Paris à la mort de mon père. Vingt ans après, ma sœur Denise, son mari Gilbert et ses cinq enfants y sont revenus! Le même appartement. La voisine du dessus, qui devait avoir la cinquantaine lorsque nous avons quitté la porte Brunet, et qui était désormais une paisible septuagénaire, a cru devenir folle.

— Ah non! C'est pas vrai! Pas eux! Pas les Serrault!

Pendant plusieurs semaines, il paraît qu'elle s'est répandue dans tout le quartier, cherchant des témoins à sa détresse.

— À cause d'eux j'ai vécu l'enfer pendant des années et voilà que la fille est de retour! Avec cinq gosses! Je suis poursuivie!

On ne peut pas dire que cette femme n'avait pas vu juste, puisque l'hérédité avait choisi Denise pour perpétuer l'esprit de la roulotte. C'est un de nos amusements préférés, comme je l'ai déjà dit, à Nita et à moi que d'aller dîner chez ma sœur. Elle ignore où elle a mis le vin, et pas sûre d'ailleurs d'en avoir prévu, les radis sont dans un tiroir mais lequel, et le sucre... ah le sucre... voyons le sucre... À l'heure qu'il est, je pense qu'elle le cherche encore...

Un train de vie au-dessus de mes moyens...

L'année 1955 vit la publication en librairie de quelques-uns de nos sketches sous le titre *Têtes à gifles*. Jean et moi étions surtout fiers de la préface que nous avait donnée André Frédérique : « Poiret et Serrault sont entrés par les coulisses. Sans maquillage, sans accessoires. Ils se sont installés sur la scène comme chez eux. Le public attendait, le cœur battant. Il attendait quelque chose d'énorme. Avec des têtes d'anonymes comme celles-là, il fallait avoir un bien grand culot pour monter sur la scène, les mains dans les poches. C'est alors qu'ils déballèrent leur invention, un nouvel et terrible explosif. » Nos sketches, nos dialogues avaient du succès. Et le marathon des cabarets ne nous faisait pas peur. C'est l'époque où Nita et moi nous installâmes rue de Penthièvre, dans le 8e, derrière l'Élysée, à deux pas de la rue Lavoisier, où ma grand-mère Serrault, partie elle aussi pour un autre monde, avait été concierge des années durant. Le loyer n'était pas cher, mais évidemment, pour un môme élevé sur les fortifs, le décor changeait sérieusement. C'était plus que du dépaysement.

Nous dépensions notre argent en excentricités toutes plus inutiles les unes que les autres. Parmi les fournisseurs chics du quartier, Fauchon était devenu l'une de nos adresses privilégiées et nous allions y acheter des produits auxquels nous ne goûtions pas toujours... Nos camarades ayant des Simca (je crois me souvenir que Rocca conduisait une Aronde, la voiture française de l'époque), je résolus d'acheter une américaine ! Une Chevrolet neuve. Décapotable. Nita s'offrit un manteau de panthère. Nous étions complètement inconscients. Une folie à faire ? C'était pour nous ! Il est évident que j'ai mis dix ans à payer la Chevrolet, mais c'était un plaisir d'entendre les commentaires dans notre dos :

— Ils sont tombés sur la tête, Michel et Nita... Vous avez vu cette bagnole ?

Il n'empêche que nous sommes partis en tournée dans le Midi avec « cette bagnole », que je conduisais tout le temps (Jean n'aimait pas beaucoup conduire), et qu'on s'amusait comme des fous, Nita, Françoise, Jean et moi. La tournée en question frôlait de temps en temps le minable, puisqu'il n'y avait de régisseur qu'une fois sur deux. À Saint-Tropez, aucune chambre n'avait été retenue. Nous avons dormi sur la plage, en caleçon, à côté de la valise où étaient enfermés nos smokings et à deux pas de la Chevrolet. Et combien de fois avons-nous fini à quatre dans la même chambre pour cause de régie défaillante ! La vie d'artiste ? La voilà ! Si quelqu'un ne soutiendra pas le contraire, c'est bien Jacques Legras, que j'ai vu, un jour où sa chambre avait été louée deux fois, aller dormir dans un tiroir de la lingerie de l'hôtel...

12

Les Diaboliques sortirent dans les salles parisiennes en janvier 1955. Jean et moi effectuions à ce moment-là notre parcours nocturne habituel qui consistait à enchaîner trois cabarets. Une nuit, à La Cloche d'Or, où nous nous retrouvions après nos spectacles, Paul Meurisse, qui était devenu un inconditionnel et un ami du tandem Poiret-Serrault, vint nous rejoindre. En le voyant entrer dans le restaurant, la caissière, qui avait vu *Les Diaboliques* au cinéma l'après-midi même, faillit subir le même sort que l'infortunée Véra Clouzot ! C'était comme si Paul Meurisse sortait de la baignoire en ôtant ses faux yeux révulsés (ceux qui ont vu le film comprendront) ! Elle poussa un cri qui nous fit craindre le pire.

Première pièce avec Jean

On pouvait donc lire mon nom au générique d'un film, mais ce que Jean et moi espérions de toutes nos forces arriva en ce début d'année : jouer ensemble une pièce au théâtre. La pièce s'appelait *L'Ami de la famille* et allait être montée à la Comédie Caumartin dans une mise en scène de notre ex-prof et désormais copain Bernard Blier. *L'Ami de la famille* était une bonne comédie de Jacques Sommet qui racontait l'histoire d'un type (Pierre, que je jouais) sauvé du suicide par son plus vieil ami (Paul, joué par Jean). Mais ce Pierre est un superstitieux qui se croit, à partir de ce moment-là, investi de la mission de veiller en permanence sur son sauveur. Et il s'installe chez lui en véritable parasite. Au point que Paul, pour s'en débarrasser, va aller jusqu'à essayer de l'assassiner. Bernard Blier donnait les indications indispensables, et, pour le reste, faisait confiance aux acteurs. Jean et moi nous sommes beaucoup amusés à jouer cette comédie, où notre duo fonctionnait sur un principe tout semblable à celui de nos numéros au cabaret. Je me mis à trembler de bonheur et de confusion lorsque je lus la critique de Robert Kemp dans *Le Monde* : « C'est joué par deux débutants, Jean Poiret et Michel Serrault, qui nous ont du premier coup conquis. Le second a des gloussements de désespoir, des colères burlesques mais sans spasmes, presque naturelles, une façon de humer en gourmet les épaules de la femme... C'est fin. Michel Serrault pourrait devenir un Victor Boucher. » Alors là ! Il mettait dans le mille, M. Kemp ! Avec Michel Simon, Jouvet, Fresnay, Brasseur, Harry Baur, Victor Boucher avait été et restait un de mes maîtres. Un modèle que j'admirais et auquel je devais de m'être laissé pousser la moustache, pour lui ressembler un peu... Victor Boucher, comédien dont la sensibilité et le charme avaient illuminé le boulevard pendant deux décennies, avant de disparaître prématurément à l'âge de quarante-cinq ans. Il avait été splendide dans *Les Vignes du Seigneur, L'Habit vert,* comme dans les pièces d'Édouard Bourdet, *Fric-Frac* (avec Michel Simon et Arletty), *Les Temps difficiles* et *Le Sexe faible* (avec Pierre Brasseur et Marguerite Moreno). Alors une prédiction comme celle-là, « pourrait devenir un Victor Boucher », même assortie d'un conditionnel, me donnait des ailes !

Comment rater le dernier métro

Nous avons joué *L'Ami de la famille* pendant toute une saison, avec un beau succès. Pour autant, nous ne renoncions pas au cabaret, la différence se situant dans le nombre (deux au lieu de trois !). Cette modification au déroulement de la soirée donnait donc : théâtre de la Comédie Caumartin à vingt et une heures pour jouer la pièce, théâtre de Dix Heures à Montmartre vers minuit, où nous passions à la fin de la revue *Faux pacifiés,* et nous terminions à une heure et demie au Tabou. Bien entendu, nous étions à table à La Cloche d'Or vers trois heures ! Et guère couchés avant quatre heures et demie ou cinq heures ! De cette époque date une plaisanterie à répétition de Jean, qui avait décidé de révéler publiquement mes origines douteuses. Comme il était d'usage en ce temps-là, le programme imprimé du Dix Heures présentait une courte notice biographique de chacun des artistes. J'avais rédigé la mienne sous la forme d'un interrogatoire de police. Jean avait reproduit l'extrait d'un livre imaginaire *Les Femmes et moi* dont il était l'auteur supposé, et qui rapportait un dialogue avec une de ses conquêtes :

— Jean adoré, comme tu as été bon avec Serrault, comme tu as su le guider, le conseiller !

— J'ai vu sa détresse, chérie. Je n'ai pas voulu le laisser sombrer. J'ai été le chercher par la main dans ce caniveau où il s'était déjà blotti pour dormir, et je lui ai dit : « Viens, frère, je t'offre la moitié de ma chance ; si la fortune nous est contraire, nous partagerons l'infortune en frères ; mais si le succès nous sourit, je te donnerai dix pour cent de tous nos cachets ! »

— Tu es merveilleux, Jean !

Vingt-cinq ans plus tard, dans une émission de Michel Drucker, à la question « Ne vous confond-on pas parfois avec Michel Serrault ? », Jean affirmait :

— Je tiens à ce qu'on ne m'appelle pas Serrault. Michel Serrault est un travesti que j'ai trouvé dans le ruisseau à Toulon !

Au théâtre de Dix Heures, nous passions donc en toute fin (le temps de venir de la Comédie Caumartin) dans une revue de chansonniers qu'animaient Maurice Horgues, Bernard Lavalette et, juste avant nous, Pierre Destailles. Le directeur du Dix Heures, Raoul Arnaud, nous suppliait de faire moins long, de ne pas nous laisser emporter par nos improvisations.

— Coupez dans vos textes ! À cause de vous, les gens ratent le dernier métro !

On se disciplinait le temps de deux ou trois représentations, et le naturel revenait au galop. Nous avions eu une nouvelle idée, une situation nous avait marqués au cours de la journée et nous voulions la transposer sur scène. Le quart d'heure en trop devenait alors les vingt minutes en plus. Raoul Arnaud ne décolérait pas, mais le public ne semblait pas nous en vouloir, bien au contraire !

Gendarmes au cinéma

Théâtre, cabaret... Avec le cinéma qui montrait le bout de son nez, il allait devenir difficile de rater Poiret et Serrault ! Le cinéma vint en effet, accompagné du premier imprésario qui s'était proposé à prendre en main la carrière du tandem. Il s'appelait Béhars et s'était mis dans la tête de vendre Poiret-Serrault à toutes les sauces, c'est-à-dire auprès de tous les producteurs et metteurs en scène préparant un film, comique ou non. Cet imprésario (on dit aujourd'hui agent) était aussi celui d'une jeune artiste très belle qui s'appelait Brigitte Bardot. C'est ainsi que nous nous sommes retrouvés dans le premier film d'un réalisateur qui avait été l'assistant de René Clair, de Delannoy, et aussi de Cocteau : Michel Boisrond. Le scénario était de Roger Vadim, que je connaissais depuis le cours Dullin. Quant à Brigitte Bardot, elle partageait la vie de Vadim. Comme on le voit, le monde, déjà, était petit... Le film s'appelait *Cette sacrée gamine,* une comédie sans prétention avec des numéros musicaux, l'ensemble mettant en valeur Brigitte, dont la beauté et le charme étaient éclatants. Jean et moi faisions les inspecteurs de police, sans nous douter que, tout au long des années à venir, nous allions les multiplier, les duos de gendarmes, de flics ou de gangsters !

156

Le fait d'engager ensemble Poiret et Serrault donnait à penser à la plupart des producteurs qu'il fallait obligatoirement nous utiliser dans un registre à la Laurel et Hardy, en moins bien forcément. Il était presque toujours convenu que nous devions apparaître un peu abrutis, ce qui en disait long sur la manière de considérer nos possibilités ! Autre revers de la médaille : il semblait impossible, malgré le film de Clouzot, d'engager Poiret sans Serrault et Serrault sans Poiret. Je me souviendrai toute ma vie que Jean Anouilh vint un jour me voir, à la fin des années cinquante :

— Je pense beaucoup à vous pour un rôle, mais il est impossible que je vous le donne, car je n'ai rien pour M. Poiret...

Avec nous dans la distribution de *Cette sacrée gamine,* il y avait notre pote Darry Cowl et le cher Raymond Bussières, bavard impénitent, qui nous racontait d'invraisemblables histoires entre les prises.

Les gendarmes ne se firent pas attendre. Béhars nous dégotta deux képis dans *La Terreur des dames,* que préparait Jean Boyer. Il n'avait pas eu à supplier la production, puisque la vedette en était Noël-Noël, qui nous connaissait bien et nous appréciait, car nous nous produisions dans cette maison qu'il avait longtemps dirigée, le théâtre de Dix Heures.

Nous aimions beaucoup Noël-Noël, fin chansonnier, très bon acteur, cavaleur infatigable et artiste intègre, qui répétait souvent à ses pensionnaires du Dix Heures : « Faites rire autant que vous le pouvez, mais ne prenez pas les gens pour des cons. Respectez le public. » *La Terreur des dames* était une adaptation d'une nouvelle de Maupassant *Ce cochon de Morin*. Ce ne fut pas un succès, la critique n'ayant pas apprécié qu'on tripatouille chez Maupassant, mais, outre Noël-Noël, il y avait Yves Robert, Noël Roquevert, et Fernand Sardou qui faisait le commissaire, ce qui excusait tout. C'était la première fois que Jean et moi portions l'uniforme de la gendarmerie, et nous nous y sentions assez à l'aise.

Sur le film du rasoir...

Roger Pierre et Jean-Marc Thibault avaient, l'année précédente, reçu la curieuse proposition d'un industriel qui voulait absolument produire au cinéma le scénario écrit par sa femme. Roger et Jean-Marc avaient accepté de se lancer dans l'aventure en demandant aux copains de venir tourner deux jours ou une semaine. Le film racontait l'histoire de deux jeunes couples qui gagnent un pavillon de banlieue, avec tous les problèmes qui s'ensuivent. Ça s'appelait *La vie est belle,* en toute simplicité, et le chef-d'œuvre homonyme de Frank Capra n'avait qu'à bien se tenir. On le devine, le principal intérêt de cette production était de se retrouver à quelques-uns de la bande : Roger et Jean-Marc, bien sûr, et aussi Francis Blanche, Jean Richard, Philippe Clay qui faisait un ecclésiastique, Rollis, Saget, Jean et moi. Il y avait un numéro avec des maracas qui était assez réussi (j'aurais préféré la trompette, mais enfin...). Nous avions obtenu, en guise de rémunération, quelque chose qui ressemblait plus au franc symbolique qu'à un cachet normal. Roger Pierre affirma un peu plus tard qu'il avait convaincu l'industriel-producteur de se montrer plus reconnaissant envers nos participations. Il paraît que l'industriel (qui fabriquait des rasoirs électriques) en envoya un à chaque acteur mâle ! Eh bien, quarante-cinq ans après, je suis en mesure de te dire, Roger, que le rasoir, je ne l'ai jamais reçu !

Il n'était pas dit que nous échapperions aux forces de l'ordre et aux personnages d'autorité. Béhars nous envoya faire deux détectives dans un film de Maurice Cloche, *Adorables démons.* Pour être franc, je ne me souviens plus très bien de ce que racontait ce film, et, pour être encore plus franc, je ne suis pas sûr de l'avoir vu ! En revanche, je sais que Nita était de l'entreprise, ainsi que notre copain Claude Piéplu. Tous ces films arrivèrent sur les écrans dans le désordre au cours de l'année 1956. Mais au début de cette année-là, notre carrière d'acteurs de cinéma prit une tournure inattendue, avec l'apparition d'un personnage auquel nous n'aurions, ni Jean ni moi, jamais osé songer.

13

Nous étions, je crois, au mois de février 1956, et je retrouvais Jean un après-midi pour travailler à un nouveau sketch.

— Valton m'a réveillé à neuf heures au téléphone en prenant la voix de Sacha Guitry! m'annonça Jean.

— Ah bon?

— Il voulait nous faire une blague! « Je suis bien chez M. Poiret? Ici, c'est Sacha Guitry, je vous ai vu hier soir à la télévision dans un de vos sketches, et j'aimerais beaucoup vous rencontrer avec M. Serrault », enfin tu vois le genre...

— Tu l'as envoyé paître?

— Ah oui!

— Il nous emmerde! T'as bien fait!

— Ben non. Il a rappelé. C'était pas Valton. C'était bien Guitry.

Je précise que Jean Valton, chansonnier et imitateur, avait l'habitude, comme Roger Carel, et bien sûr comme Carmet, de ce genre de plaisanterie, au téléphone ou ailleurs. J'ai regardé Jean comme si nous venions de mettre le pied sur une autre planète.

— Sacha Guitry... ai-je balbutié plusieurs fois.

Le Maître nous attend

Le soir même, au cabaret, nous avons vu arriver le producteur des films de Guitry, Clément Duhour. Un type assez marrant, ancien culturiste lanceur de javelot, qui avait été chanteur de cabaret, et qui veillait de la façon la plus proche qui soit sur la carrière de Viviane Romance. Il avait surtout eu le courage quand, après la guerre, tout le monde se détachait de Guitry, d'aller le trouver et de lui dire : « Moi je vous admire beaucoup, et si vous voulez refaire du cinéma, je m'en occupe. » C'est ainsi qu'il était devenu producteur. Son parler sonnait un peu voyou et sa décontraction tendait à prouver qu'il les avait pas mal fréquentés :

— Alors, les gosses, ça gaze ? Il faudrait venir voir le Maître... Vous êtes libres demain ?

Nous avons bafouillé une espèce de « oui » avec force hochements de tête, et Clément Duhour est reparti :

— Alors à trois plombes. Salut, les gosses, à demain.

Le lendemain nous sommes arrivés en avance chez Sacha Guitry, dans son hôtel particulier de l'avenue Élisée-Reclus. Je dis hôtel particulier, je devrais écrire musée. Des Monet, des Renoir, des Utrillo, des Dufy, des Rodin, des Maillol, et un magnifique escalier de marbre qui s'envolait de la somptueuse entrée jusqu'aux étages. Le Maître était installé dans un fauteuil. Il portait une robe de chambre en soie avec des manchettes de fine dentelle et ressemblait au dernier monarque de droit divin. C'était Louis XIV dans un splendide et douloureux isolement. Car Sacha Guitry n'était plus tout à fait ce roi de Paris, cet enchanteur du théâtre et du cinéma d'avant-guerre. Précisément parce que la guerre était passée par là. Le fisc le poursuivait et il était contraint de vendre nombre de ses œuvres d'art. Physiquement, il était très diminué. Il avait déjà subi une opération et cachait ses souffrances derrière son incomparable élégance et une légèreté de tous les instants. Il s'était laissé pousser la barbe sur son visage amaigri pour dissimuler une affection de la peau, mais, malgré la maladie, il n'avait pas renoncé au tabac dont il était un consommateur forcené. Ses doigts et jusqu'à la paume de ses mains étaient jaunis par la nicotine, et pourtant, devant nous, avec son allure naturelle de grand seigneur, il

163

allumait cigarette sur cigarette. Une Salambo suivait une Naja, qu'il tenait entre ses doigts tout en décrivant de grandes arabesques qui avaient sur nous un pouvoir quasi hypnotique. Jean et moi étions comme deux enfants de chœur devant l'archevêque.

Guitry nous pria de bien vouloir l'excuser de nous avoir demandé de venir jusqu'à lui (impossible d'être plus courtois que cet homme) et nous dit qu'il serait très honoré si nous acceptions d'être les interprètes du nouveau film qu'il se proposait de tourner, *Assassins et voleurs*.

— Moi, cela m'amuserait beaucoup et me ferait très plaisir, car je vous aime énormément, ajouta-t-il.

Qui n'a pas vu et entendu Sacha Guitry parler à des acteurs ne sait pas ce qu'est le charme. Je parle du charme des séducteurs comme du charme des charmeurs de serpents. On ne pouvait être plus gentil, plus attentionné, et plus brillant. Lorsqu'il nous révéla qu'il avait écrit les deux rôles qu'il nous destinait pour Michel Simon et lui-même, nous avons eu, avec Jean, le même mouvement de tassement dans nos fauteuils et notre salive est passée de travers. Le Maître commença à nous lire *Assassins et voleurs*. Il jouait magnifiquement, non seulement le personnage principal qu'il aurait dû incarner (Philippe d'Artois, que jouera Jean),

164

mais tous les autres. À la fin de la lecture, Clément Duhour rompit le silence :

— Alors, les gosses, qu'est-ce que vous en dites ? !

Ce qu'on en disait ? « Oui », « merci », et « encore » !

Assassins et voleurs pour Sacha Guitry

Jean jouait donc l'aristocrate assassin et voleur Philippe d'Artois qui va rouler dans la farine, et même tuer le cambrioleur Albert le Cagneux (moi), qui se révèle être une vieille connaissance. Une histoire jubilatoire et immorale, drôle et cynique ! Nous avons commencé à tourner au mois de juin, mais pas en studio. Duhour avait trouvé moins cher, porte de Versailles, dans un des nombreux hangars servant aux expositions. Jean et moi avions chacun pour loge une caravane confortable, et nous retrouvions quelques amis dans la distribution, à commencer par Darry Cowl, qui jouait le témoin au procès. Guitry était entouré d'une ruche qui bourdonnait doucement, pour ne pas le déranger. Parmi les abeilles, une secrétaire qui venait s'assurer régulièrement que nous respecterions au mot près le texte du Maître. Trop malade pour se déplacer seul, Sacha Guitry ne quittait sa caravane que porté par deux assistants. Il venait ainsi sur le plateau et avait un mot (toujours un bon) pour chacun.

— Messieurs, quand vous serez prêts, faites-le-moi savoir. Je suis à votre disposition, c'est vous qui commandez, je ne suis que l'auteur...

Il s'adressait au chef opérateur, mort de trouille comme nous tous :

— Vous allez faire une image splendide, et je vous en suis déjà infiniment reconnaissant...

Au décorateur :

— Ah monsieur, quel admirable décor ! Je vous remercie et je vous embrasse.

Il repartait dans sa caravane, porté par les deux assistants. Lorsqu'il était de retour sur le plateau pour la prise, la secrétaire avait déjà veillé au grain :

— Le Maître tient à ce que vous disiez exactement le texte.

On le disait, le texte... Et encore plus ce premier jour de tournage, où nous vîmes les techniciens installer deux caméras pour le dialogue de la scène d'ouverture. Une caméra sur Jean, une sur moi. C'était inhabituel, mais nous comprenions bien le souci de Guitry de tourner la scène dans sa continuité théâtrale, et, comme lui, nous savions que le film gagnerait en vérité et en conviction si on nous laissait jouer la scène d'une seule traite. Nous étions quand même humides de trac. Nous fîmes la scène une fois, deux fois, trois fois...

— Merci, messieurs, vous avez été magnifiques.

Et Guitry regagna sa loge porté comme le pape place Saint-Pierre. Le surlendemain, à la porte de Versailles, l'ambiance était curieuse. Personne ne nous dit bonjour. Les regards se détournaient. La panique s'empara de nous.

— Ils ont vu les rushes, me dit Jean, ça doit être une catastrophe...

— Il va falloir la refaire, grognai-je.

— La refaire, la refaire... Ils vont prendre d'autres acteurs, oui !

C'est alors que la secrétaire quitta la ruche et vint à notre rencontre :

— Bonjour, messieurs.

Ce « bonjour, messieurs » fit un bruit de couperet. Le silence qui suivit me sembla interminable. Mais à notre grande surprise, et surtout à notre immense soulagement, l'abeille-secrétaire nous expliqua qu'il y avait eu un problème technique l'avant-veille, et que le Maître nous proposait tout simplement d'attendre que tout soit tourné pour refaire cette scène. Nous respirions. Ce qui s'était passé était imputable au trac général qui avait saisi toute l'équipe, techniciens compris, face à l'impressionnant Sacha Guitry. Les responsables des deux caméras n'avaient pas osé dire à Guitry qu'il y avait un problème d'axe. Tremblants et intimidés, ils avaient consciencieusement répondu « Prêts, Maître » lorsque Sacha avait lancé dans un silence tendu : « Est-on prêts ? » Résultat : les axes de nos regards étaient faux, on avait l'impression que Jean et moi parlions à un troisième personnage. La séquence étant de ce fait inmontable, il n'y avait plus qu'à recommencer... Mais nous nous étions organisé une belle frayeur.

S'il était obligatoire que le texte fût respecté à la virgule près (Sacha Guitry pouvait se permettre cette sorte d'intransigeance), le Maître, avec son art consommé de l'efficacité, son sens aigu du spectacle et sa parfaite connaissance des comédiens, avait tenu à Darry Cowl, inventeur prodige, un autre langage :

— Monsieur Darry Cowl, vous êtes admirable et je vous aime pour cela. Voici votre texte, faites avec comme bon vous semblera.

Guitry avait compris le parti à tirer de la manière bien particulière que Darry avait de s'exprimer, avec son faux bégaiement, ses bafouillis, et même son vocabulaire truffé de mots qu'il était le seul à employer. La scène de Darry ne dure que quelques minutes (il témoigne à la barre du tribunal), et il est désopilant. Prodigieux de drôlerie et d'invention. Je donne souvent cet exemple à des metteurs en scène et auteurs dont le talent n'est pas toujours proportionnel aux exigences. « Faites confiance aux comédiens. À notre respiration. Et parfois à nos mots, qui valent bien les vôtres. »

168

Le tournage d'*Assassins et voleurs* fut, hormis cette première journée, une suite de beaux moments. Ce qui nous assombrissait, c'était de voir Sacha Guitry à bout de forces, de plus en plus rongé par la maladie, prisonnier de la souffrance. On lui faisait jusqu'à trois ou quatre piqûres de morphine par jour, il se nourrissait comme un oiseau, d'un peu de riz à l'eau et de quelques grains de raisin. Mais il tenait. Superbe. Volontaire. Il nous impressionnait aussi pour cela : cette manière suprêmement élégante d'affirmer qu'il serait jusqu'au bout serviteur du spectacle et du public. Le film sortit au début de l'année 1957 et reçut un accueil triomphal. La prestation de Jean fut très justement remarquée, jusqu'à François Truffaut, alors critique redoutable et redouté, qui loua sa performance. Il est peut-être permis de regretter que le même Truffaut ait attendu près de vingt-cinq ans pour confier à Jean dans *Le Dernier Métro* le rôle de l'écrivain qui ressemble à Guitry. Parenthèse en forme de soupir : je dirai que, pour Jean Poiret comme pour moi, la Nouvelle Vague a pris son temps.

Nous étions en tournée d'été quand fut connue la nouvelle de la mort de Sacha Guitry, le 24 juillet 1957. Accaparés par le cabaret, le théâtre et les tournées, nous ne l'avions pas revu depuis la fin de notre tournage. Nous lui avions parlé plusieurs fois au téléphone, et je crois qu'il nous aimait sincèrement. Il avait pu, après *Assassins et voleurs,* tourner un dernier film, et il s'était envolé... *Je vous salue, public, et vous fais mes adieux. Les uns diront « déjà », d'autres diront « enfin », mais ils ne seront sincères ni les uns ni les autres.* Un texte pour prendre congé, à sa manière, que sa dernière épouse, Lana Marconi, publia dans un petit livre émouvant quelques années plus tard.

Je veux voir comme un double cadeau de Sacha Guitry ce qui nous arriva par la suite. J'ai un peu le sentiment qu'il a transmis à Jean quelque chose, que s'est effectué comme un passage de témoin. L'esprit français, la finesse, la drôlerie, Jean les dispensera généreusement dans les pièces qu'il écrira. Quant à moi, j'aurai le bonheur de jouer à nouveau Guitry avec *Le Comédien,* adaptation au cinéma d'une de ses pièces les plus gravement drôles.

14

C'est au cours de l'année 1957 que nous avons pris conscience avec un pincement au cœur que l'âge d'or des cabarets parisiens était terminé. Robert Rocca avait été contraint de fermer La Tomate deux ans plus tôt, La Fontaine des Quatre Saisons n'en avait plus que pour quelques mois, et Chez Gilles n'attendra pas trois ans pour devenir La Tête de l'Art, qui elle aussi fermera définitivement ses portes à la fin des années soixante.

Poiret et Serrault n'en continuèrent pas moins, cette année-là (et les suivantes), à créer de nouveaux sketches que nous jouerons au Dix Heures, au Tabou, et un peu plus tard à La Tête de l'Art. Alors que les cabarets qui nous avaient fait connaître fermaient les uns après les autres, en cette année 1957 notre ami de la première heure André Frédérique décidait de partir, tenté par cet ailleurs auquel, pourtant, il ne semblait pas croire. « Il est mort de distance, à force d'être déjà loin. Il est mort du besoin d'être absent, de ne plus faire semblant d'être là », écrira Alexandre Vialatte.

Un spécialiste de la deuxième phalange

Au Dix Heures, la signature de nos contrats était toujours un moment compliqué. Le directeur, Raoul Arnaud, était plutôt ombrageux et un tantinet jaloux. Lorsque nous abordions la question des dates de rentrée ou d'interruption, Jean, qui détestait les conflits et voulait en finir au plus vite, répondait sans même respirer :

— Le 12 septembre, mais c'est parfait, Raoul, c'est parfait.

Il me regardait alors, la mine candide :

— Hein, Michel, c'est très bien, le 12 ?

Jean savait parfaitement que nous avions accepté une tournée du 7 au 28, mais il estimait que nous avions autre chose à faire que de nous lancer dans un affrontement avec Raoul Arnaud. Le problème se réglerait autrement, sans nous, quand nous serions loin... En vérité, dans un métier où on ne dit jamais non, Jean était plus à l'aise que quiconque, car il détestait dire non.

Parmi les nouveaux sketches qui connaissaient un beau succès, et qui marquaient notre évolution par rapport aux parodies d'interviews, il y avait *Le Voyage en Corrèze,* satire d'un déplacement d'intellectuels français dans l'URSS d'alors, où l'on alignait platitudes et banalités présentées comme révélations extraordinaires ; *La Circulation,* où nous campions des fonctionnaires qui établissent le plan de circulation de Paris en fonction de ce qui les arrange, eux et leurs familles. Et toujours dans ce registre du décalage ironique sur des sujets dont tout le monde parlait, une petite charge contre l'exercice de la médecine par les spécialistes, lesquels, à l'époque, bénéficiaient d'un engouement qui les faisait s'afficher de plus en plus spécialistes et de moins en moins médecins :

— *Vous avez vu le docteur Carlin ?* attaquait Jean.

— *Oh oui, heureusement...*

— *Très bon médecin généraliste.*

— *Ça c'était avant ! Maintenant il s'est spécialisé. Il ne fait plus que le doigt. C'est un docteur en doigt, si vous voulez...*

— *Première nouvelle !*

— *Et quand je dis le doigt, attention ! Il ne fait que l'auriculaire !*

— *Et vous avez l'auriculaire déficient ?*

— *Oui... Mais il connaît son affaire, Carlin !*

— *Remarquez, c'est mieux, quand ils connaissent...*

— *C'est sûr... Quand je suis arrivé, il m'a*

demandé d'ôter mon gant... Ce que j'ai fait...
On perd toute pudeur devant ces gens-là !

— *Pensez ! Ils ont l'habitude ! Ils voient telle-*
ment de doigts nus ! Ils ne font plus attention !

— *Ça a duré quatre heures, quand même !*

— *C'est bien ! En quatre heures on a le*
temps de faire le tour d'un doigt !

— *Il a bien examiné mon auriculaire... et*
puis il m'a fait une lettre pour un de ses
confrères spécialistes...

— *Encore un ?*

— *Oui... De la deuxième phalange... Parce*
que Carlin, il ne fait que la première !

— *Vous êtes allé consulter un spécialiste de*
la deuxième phalange ?

— *Oui... à Varsovie.*

— *À Varsovie ? !*

— *Il est polonais. Sauf que Varsovie, ce n'est*
pas la porte à côté...

— *Mais la Sécurité sociale ne vous a rien*
remboursé ?

— *Si. Vingt-sept kilomètres en troisième*
classe !

Quarante enfants et un petit prodige

En cette année 1957, Clément Duhour nous
rappela pour un autre film qu'il allait produire
(sans Guitry, celui-là). Il s'agissait d'une adap-

tation du roman de Paul Guth, *Le Naïf aux quarante enfants* où, figure inverse d'*Assassins et voleurs,* je jouerais le personnage principal et Jean un second rôle. Le film était réalisé par Philippe Agostini, qui ne parvenait pas à quitter les habits du grand chef opérateur qu'il avait été. J'incarnais un prof sympathique et touchant et tombais amoureux de Silva Koscina, la mère d'un de mes élèves. Jean jouait le président de l'association des parents d'élèves qui n'apprécie pas mes méthodes pédagogiques. L'ami Darry Cowl était de la distribution. J'ai essayé de faire de ce prof un personnage un peu émouvant, tendrement lunaire. Il faut dire que j'avais le modèle sous les yeux. Paul Guth venait tout le temps nous voir sur le plateau, et, de sa voix d'une douceur cahotante, nous inondait de gentillesse. Il était probablement sincère mais sa conversation produisait sur moi un effet émollient. Il m'évoquait cette phrase de Jules Renard que je disais tous les soirs à La Tomate six ans plus tôt : *Il est tombé sur moi à coups de compliments. Le Naïf aux quarante enfants* sortira quelques mois plus tard, en 1958, et je ne crois pas me souvenir qu'il ait bouleversé le cinéma français.

Pour la première fois j'étais la tête d'affiche, mais il n'y eut pas de ces rumeurs qui agitent parfois le monde du spectacle lorsqu'il pense avoir fait une découverte ou lorsqu'une révélation s'impose. Personne ne répéta à personne : « Il n'est pas mauvais comédien, Serrault. Il est bien, même. » Mais il n'est pas impossible que, dès cette époque, l'étiquette d'« amuseurs » qui nous avait été collée dans le dos à Jean et à moi, et qui alors nous convenait parfaitement, ait éclipsé ma prestation. Peut-être aussi n'avais-je pas suffisamment démontré que je pouvais proposer autre chose en me risquant dans la nuance.

Maurice Cloche, qui nous avait dirigés dans *Adorables démons,* nous demanda pour un court métrage qu'il réalisait sur Paris. Jean et moi figurions les deux reporters. Puis Béhars nous assura que notre heure de gloire avait enfin sonné. Dans le film où il nous avait déniché deux rôles de truands, la vedette n'était autre que le prodige du moment auquel nul ne pouvait échapper : Minou Drouet. Sa notoriété et son éclat allaient, selon Béhars, rejaillir sur nous. La gamine elle-même était à la rigueur supportable, et peut-être possédait-elle de réels dons de poète, encore que nous ne l'ayons jamais vue écrire une ligne, mais elle était accompagnée en permanence d'une femme (sa mère ? sa gouvernante ? son agent ?) qui, comme tous les pénibles sous toutes les latitudes, ne s'arrêtait jamais. La pauvre Minou Drouet courait d'un studio de radio à un plateau de télévision pour dire ses poèmes et jouer de la guitare, et, toujours derrière, il y avait cette bonne femme qui s'assurait que l'animal savant allait exécuter correctement son numéro.

Le film s'appelait *Clara et les méchants* et racontait l'histoire d'une petite fille, heureuse d'échapper à son milieu le jour où elle est enlevée par quatre gangsters. Le quatuor de malfrats se composait de Pierre Destailles, Jacques Morel, Jean et moi. Nous étions contents de retrouver Destailles, comédien et chansonnier qui nous précédait dans le spectacle du Dix Heures. Il était notre aîné, mais on s'amusait comme des fous avec lui. Un jour, Jean est allé lui dire qu'on le demandait de toute urgence dans les réserves, à côté du plateau où nous tournions. Destailles s'est précipité, nous l'avons attrapé, déshabillé, et plongé dans un grand baquet d'eau savonneuse que nous avions préparé avec les machinos. Nous avons lavé Pierre Destailles, qui riait aux éclats, en lui répétant :

— On nous a dit de soigner tous les *détails* !

Minou Drouet nous snobait du haut de sa décennie. La gorgone avait dû lui dire de ne pas perdre son précieux temps avec des gens aussi infréquentables que nous. Notre vengeance a été à la hauteur ! Sur le plateau, nous nous sommes mis, Destailles, Jean et moi, à pincer les fesses de l'ignoble bonne femme. Elle se retournait, mais nous nous arrangions pour qu'il y ait toujours un groupe de techniciens à proximité.

Nous entamions alors une discussion avec eux, et il était bien sûr impossible de désigner un coupable. Le metteur en scène, Raoul André, avait tout vu et se marrait en douce. Il retarda même la prise pour voir jusqu'où on irait, et si la mégère allait finir par nous balancer une gifle. Ce qui n'arriva pas. Destailles en conclut qu'elle avait peut-être été satisfaite du traitement et qu'elle s'était retournée uniquement pour nous remercier...

C'était notre premier film avec Raoul André. Cet homme n'avait pas la prétention de réaliser des chefs-d'œuvre. Nous l'aimions pour ça et pour son caractère joyeux. Avec lui les acteurs s'amusaient. Nous étions à peu près certains que nous le retrouverions, et c'est ce qui se produira.

Micheline Presle, ma rieuse

L'année 1957 se termina par un retour au théâtre de la Comédie Caumartin avec une pièce de Louis Verneuil, *Pour avoir Adrienne*. Mon physique me désignait une fois de plus pour jouer le mari trompé, rôle qui avait été créé par Raimu après la Première Guerre, et Jean, plus séducteur que jamais, faisait l'amant. Adrienne était interprétée par la délicieuse Micheline Presle, comédienne de grand talent, que j'aime beaucoup, qui joue de façon piquante, intelligente, avec un raffinement qui est sa marque. Mais Micheline est une rieuse... Sa nature sincère et généreuse lui donne envie d'être aussi du côté du public, et dans *Pour avoir Adrienne,* il lui est arrivé de sortir de scène pour aller rire en coulisses ! Avec la complicité de notre ami Jacques Charon qui mettait en scène (Jacques avec qui je figurais en 1944 dans *Le Soulier de satin* à la Comédie-Française !), Jean et moi étions convenus que la pièce de Verneuil se prêtait à quelques improvisations de notre part, dans l'esprit de nos numéros au cabaret, où le texte est certes le socle, mais où il est possible de garder une certaine liberté de mouvement, c'est-à-dire d'invention. Micheline était terriblement « cliente » de ces moments qui faisaient s'emballer la salle, et où elle-même ne se retenait pas ! Un jour, à la fin d'une scène où Jean et moi avions brodé (et surtout déliré) sur la situation, Micheline a quitté le plateau alors que seul le personnage de l'amant joué par Jean devait sortir. Je me suis retrouvé seul, devant une salle qui s'étranglait de rire. J'entendais Micheline dans la coulisse, les pointes aiguës de son rire qu'elle tentait de maîtriser, je l'imaginais se tapotant les yeux pour éviter que son maquillage ne coule... Moi j'étais seul face au public qui attendait la suite ! Je me suis décidé à aller chercher Micheline Presle ! Pendant trente à quarante secondes (c'est long, au théâtre), le plateau est resté vide !

En coulisses, quand on m'a vu arriver, ce fut la panique ! J'ai entendu quelqu'un bredouiller :

— Il est fou ! Il faut sauver la recette, il faut sauver la recette !

Mais Micheline riait toujours...

— Reviens, Micheline, je t'en supplie ! Comment veux-tu que je joue si tu n'es pas devant moi ?

— C'est ta faute ! Moi je ne peux pas m'empêcher de rire ! Arrête tes bêtises avec Jean sinon je n'y arriverai pas !

Cette bonne comédie de boulevard, *Pour avoir Adrienne,* nous irons la jouer en tournée, et, dix ans plus tard, nous l'enregistrerons pour la télévision dans la série *Au théâtre ce soir.* Henri Jeanson (dont, hélas, il ne m'a jamais été donné de dire un des dialogues) en rendra compte dans son article de *L'Aurore* : « Michel Serrault joue avec un talent qui nous fait penser à Victor Boucher et à François Périer, mais un talent qui n'appartient qu'à lui. »

15

Il y avait beaucoup à faire en ce début d'année 1958. D'abord finir de nous installer dans notre nouvel appartement. Nous avions quitté la rue de Penthièvre pour une petite voie calme du 16e, la rue Alfred-Bruneau. Et puis il fallait, Nita et moi, préparer notre mariage. Eh oui ! Cela faisait presque douze ans que j'avais rencontré la femme de ma vie. J'avais connu avec elle la vie de saltimbanque, les joies et angoisses des premiers succès, il était bien temps, comme on nous le répétait alors, de « régulariser ». Je l'ai dit, Nita est d'origine russe et n'avait pas été baptisée. Elle le fut le jour de notre mariage, le 27 janvier 1958. J'étais allé voir le père Van Hamme pour lui exposer la situation. Il avait préféré que je m'en remette à l'aumônier du spectacle, qui était à l'époque le père Carré. Lequel m'avait mis en contact avec un autre dominicain, qui a baptisé Nita et nous a mariés, chez les moines dominicains, près de

Corbeil. Comme témoin à cette cérémonie religieuse, il y avait notre ami Claude Piéplu. Le mariage civil eut lieu à la mairie du 16e arrondissement, notre nouveau quartier, avec Jean et Françoise pour témoins. Contre toute attente, personne ne fut en retard à la cérémonie, Nita était très belle, comme toujours, et moi fier et heureux.

Marx Brothers chez Dario Moreno

Noël-Noël, qui s'apprêtait à tourner au cinéma une nouvelle adaptation de la pièce de Courteline *Messieurs les ronds-de-cuir*, fit savoir qu'il aimerait nous avoir avec lui dans la distribution. Le réalisateur était Henri Diamant-Berger, qui donna à Jean le rôle de Lahrier, l'employé de bureau tire-au-flanc qui devient ministre. À moi revint le conservateur du musée de Vanne-en-Bresse qui vient réclamer le règlement d'un legs. Noël-Noël jouait La Hourmerie, le chef de bureau qui tente en vain de mettre au travail les ronds-de-cuir de son service en intervenant auprès du directeur incarné par... Pierre Brasseur. Je fus tellement intimidé par Brasseur (que je rencontrais pour la première fois) que je me contentai de tourner les rares scènes que j'avais avec lui sans chercher à établir d'autres relations. Je regardais et admirais la prodigieuse présence de cet immense comédien. Le hasard, heureusement, me permettra de le retrouver lorsqu'il deviendra un assidu de Poiret et Serrault au cabaret et au théâtre, et lorsque je tournerai avec lui *Le Roi de cœur. Messieurs les ronds-de-cuir* n'atteignit pas, au cinéma, le succès universel de la pièce.

Le film suivant fut une nouvelle trouvaille de Béhars, qui nous refit le coup de Minou Drouet. Cette fois, c'était sûr, avec une vedette de la chanson comme Dario Moreno en tête d'affiche, on ne parlerait plus que de nous! Le film s'appelait *Oh! Qué Mambo!* et était mis en scène par l'Américain John Berry, que la chasse aux sorcières d'Hollywood avait contraint à s'établir en France, où il avait réalisé plusieurs films avec Eddie Constantine, dont le fameux *Ça va barder.* John Berry connaissait son métier. Le scénario était celui d'un divertissement d'honnête qualité, et le film n'avait que cette ambition. Lorsque la couleur est aussi franchement annoncée, de quoi se plaindrait-on? Quand on va dans une guinguette au bord de l'eau manger de la friture, on demande simplement que la friture soit bonne, on n'exige pas nappe blanche, ambiance feutrée et cuisine sophistiquée. Jean et moi jouions deux policiers qui ressemblaient beaucoup aux Dupont-Dupond des *Aventures de Tintin.* Comme nous étions tout le temps en tandem pour mener l'enquête, nous avons proposé à John Berry de faire de nos personnages des proches parents de ceux que nous jouions au cabaret, avec une dose d'absurde, de burlesque, et quelques excentricités.

— Vous voulez faire les Marx Brothers ? nous dit John Berry, OK !

C'est dans cet état d'esprit que nous avons campé ces deux policiers. Le tournage se déroula à Nice. Carmet était de l'aventure, dans le rôle du truand Joe le Bègue qui fait accuser Dario Moreno. Autant dire que ce qui caractérisa ces quelques semaines ne s'appelle pas mélancolie.

Les Galas Karsenty me demandèrent cette année-là de reprendre, en vue d'une tournée en France, en Belgique, en Suisse et au Luxembourg, une inusable pièce de boulevard, *Monsieur Masure,* de Claude Magnier. Je n'allais pas refuser, puisque Carmet faisait encore partie de l'expédition. À Bruxelles, confrontés aux problèmes de chambres que connaissent toutes les tournées théâtrales au monde, nous n'avons trouvé à nous loger que dans un lupanar... vide. Les pensionnaires l'avaient momentanément déserté pour la campagne (comme chez Maupassant). À Bruxelles toujours, nous avons profité d'un après-midi pour aller écouter les chansonniers belges qui se produisaient dans cet étonnant music-hall qu'était L'Ancienne Belgique. Le lendemain nous jouions à Anvers, et c'est là que j'appris la naissance à Paris de ma petite Caroline, ma première fille.

Des films... et encore un mariage

De retour à Paris, deux nouveaux films m'attendaient. D'abord un court métrage de Jacques Demy sur le musée Grévin, puis une adaptation de la pièce d'André Roussin, *Nina,* que réalisait Jean Boyer, avec Jean Poiret et Sophie Desmarets. Il y a plusieurs bonnes scènes dans ce film, et je trouve particulièrement réussie celle où Sophie et Jean soupent en amoureux devant le lit où je suis couché tout fiévreux. Les consciences appointées, les censeurs autoproclamés ont décidé une fois pour toutes que ces situations vaudevillesques n'ont aucun intérêt, sont même franchement indignes. Le public s'ingénie à contredire ces arbitres, et il ne fit pas exception pour *Nina.* Quant à Jean et moi, une fois encore nous nous étions amusés. Car, il est quand même temps de l'avouer, rien ne nous rendait plus heureux que de jouer. Quarante-cinq ans après, je persiste et signe. La chose que j'aime par-dessus tout ne porte que ce nom : jouer.

L'année 1958 se termina comme elle avait commencé. Par un mariage. Celui de Jean Poiret et Françoise Dorin qui, eux aussi, régularisaient. Nous avions cette fois interverti les emplois : Jean et Françoise étaient très convaincants dans le rôle des mariés, Nita et moi pas trop mal dans celui des témoins. Ça se passait en octobre, et à toute vitesse, à la mairie du 9e arrondissement. Pas le temps de prendre son temps. L'année 1959 qui allait commencer affichait un calendrier serré. D'abord un nouveau film, cette fois-ci mis en scène par notre ami Clément Duhour, *Vous n'avez rien à déclarer ?*, une histoire compliquée avec un quiproquo invraisemblable toutes les cinq minutes. Jean et moi retrouvions la bande : Darry Cowl, Jean Richard, Pierre Mondy, Jacqueline Maillan, et un de ces acteurs magiques du cinéma français, qui, tout comme Saturnin Fabre ou Jules Berry, sauva des films par sa seule présence : Jean Tissier.

Ce fut à nouveau au tandem Poiret-Serrault qu'échouèrent les rôles de deux avocats dans un des volets du film *La Française et l'Amour*. Nous jouions avec le couple Annie Girardot-François Périer devant le juge Francis Blanche dans le sketch « Le divorce » réalisé par Christian-Jaque. Le troisième film de 1959 vit le retour de Duhour recoiffé de sa casquette de producteur. Il se lançait dans une adaptation moderne du *Candide* de Voltaire. Norbert Carbonnaux derrière la caméra, Albert Simonin aux dialogues, et une distribution que seul Duhour pouvait oser. Pierre Brasseur en Pangloss, Michel Simon dans le rôle d'un colonel, Jean Richard en trafiquant, de Funès en gestapiste, Dario Moreno et Luis Mariano en dictateurs, Jean Tissier en inspecteur des camps, Jean Poiret et moi en policiers. C'est Jean-Pierre Cassel qui jouait Candide. Le résultat de ce patchwork, je ne l'ai jamais vu. Pas plus que je n'ai vu le film suivant, *Ma femme est une panthère,* produit par le roi de l'opérette exotique façon Châtelet, Francis Lopez. Jean Richard tenait le rôle principal, et il y avait une vraie panthère. Nous avions échoué dans ce film en raison même de la méthode Béhars, qui ne lâchait pas prise avant d'avoir casé coûte que coûte les artistes dont il s'occupait. Avec son accent des Balkans, d'Afrique du Nord et du Caucase réunis, il étalait comme un jeu de cartes les photos de ses acteurs dans tous les bureaux de production, rentrant par la fenêtre si on le flanquait à la porte :

— Vous avoirrrr besoin de quoi ? Béhars a tout !

— Il me faudrait deux gendarmes, disait un assistant.

— J'ai ! J'ai ! Poirrrret-Serrrrrault !

Des films pour faire ses gammes

En l'occurrence, dans *Ma femme est une panthère,* Jean jouait un psychiatre et moi je faisais un boucher. Si j'avoue sans honte n'avoir jamais vu certains des films dans lesquels j'ai tourné, on aura compris qu'il y avait à cela une raison toute simple, et sans doute bonne : je n'avais pas le temps de les voir. Ajoutons que l'obligation ne s'en faisait pas sentir, puisque ce qui est connu aujourd'hui sous les appellations « promo » ou « service après-vente » (expression popularisée par Simone Signoret) n'existait pas. Les vedettes, et elles seules, donnaient une ou deux interviews (et encore !) lorsqu'un film s'annonçait, et c'était tout. Pour ces petites comédies qu'on enchaînait sans avoir toujours lu les scénarios, et qui sortaient à une cadence soutenue sur les écrans, la publicité n'était même pas nécessaire. Le public allait, de toute façon, au cinéma. Le reproche qu'on pourrait me faire aujourd'hui est peut-être de n'avoir jamais cherché à voir ces films par la suite. J'en ai découvert pas mal lors de leurs diffusions à la télévision, mais il doit en rester encore six ou sept dont j'ignore jusqu'à la première image. Ce qui ne m'empêche pas de les défendre. Avec Jean Poiret, nous avons toujours eu la même position à ce sujet : pas question de cracher dans la soupe.

J'ai deux sortes de réponses à l'intention de ceux qui viennent aujourd'hui ricaner de choix artistiques réputés douteux. Lorsque c'est mon ami Claude Chabrol qui me demande : « Comment tu as fait pour tourner autant de conneries ? », je peux lui répondre : « Ça ne serait pas arrivé si tu m'avais donné plus tôt les grands rôles que j'attendais ! » Mais si quelqu'un me dit d'un air navré et condescendant : « Ce n'étaient pas des films... C'étaient des navets », je réplique : « Ça, je l'ai su avant vous. Mais j'ai fait mon métier. Ces gaudrioles m'ont aidé à faire mes gammes, et ils ont, plus souvent que vous ne le pensez, donné du plaisir aux spectateurs. » Ce dernier argument est en fait le plus important. Car il y avait, dans ces petits films tournés à la va-vite, quelques-uns de ces bons moments qui ravissent les acteurs et enchantent le public. Il est bien rare, dans la vie, que tout soit parfait et excellent du début à la fin, n'est-ce pas ? Pareil pour les films. Lorsque, avec tous les copains qui tournaient avec nous, en s'amusant, ces séries B, C ou D, nous avions été sincères, et que nous savions avoir réussi une ou deux bonnes scènes, souvent dans l'improvisation, le rouge de la honte ne nous montait pas au visage. Il ne monte toujours pas au mien. J'ai toujours préféré cinq minutes sublimes dans un prétendu navet à quatre-vingt-dix minutes banales, sans éclat, dans un film réputé « bien ». Je défendrai toujours le moment de génie d'un Francis Blanche, d'un Fernandel, d'un Jules Berry dans un film classé « alimentaire » (par ceux qui pensent manger raffiné tous les jours, je suppose) à une de ces œuvres intouchables qui suintent l'ennui et la fausse sincérité. Il est vrai que, maintenant, certaines de ces pantalonnades sont devenues des raretés, des objets de culte convoités par les amateurs de troisième ou quatrième degré !

Un lapin pour Jean-Jacques Gautier

L'année 1959 vit aussi, à L'Alhambra, avec la complicité de Pierre Tchernia, le succès de *La Revue de Poiret et Serrault* qui comportait plusieurs sketches inédits, et à nouveau le théâtre, avec une autre pièce de Louis Verneuil, *Le Train pour Venise,* au théâtre Michel. Je jouais le mari, Jean incarnait l'amant dans une histoire où, encore une fois, le légitime a recours à un subterfuge pour reconquérir sa femme. Cette fois, c'est au critique théâtral le plus redouté, celui qui remplissait ou vidait les salles d'un seul article dans *Le Figaro,* Jean-Jacques Gautier, que je fis songer à Victor Boucher. Gautier me décrivit « retroussant la lèvre supérieure, mangeant la lèvre inférieure, jetant des regards torves, me rongeant les ongles, mimant comme personne le type embêté, criant avec des sautes de voix, finissant dans de petits cris de lapin... ». Je dois avouer que si la critique excellente de Jean-Jacques Gautier me fit un grand plaisir, je m'interrogeai pendant plusieurs jours sur ces fameux « petits cris de lapin », qui, comme chacun sait, s'appellent des glapissements. J'en déduis qu'il s'agissait des petits rires réprimés, étouffés dans l'aigu, sans doute proches du couinement, dont je ponctuais certaines répliques pour marquer l'extrême embarras du personnage ou sa stupéfaction, ou encore pour souligner le dérisoire d'une situation. Quant à savoir si j'avais emprunté cela aux lapins, je n'en sais toujours rien. Tout comme j'ignorerai jusqu'au bout qui de Jean-Jacques Gautier ou de moi avait le plus observé ces petites bêtes... En tout état de cause, je n'en avais pas fini de glapir pour lui, comme la suite le prouvera.

16

— Michel... Je pense que cette scène, je ne la garderai pas...

— Oui, tu as raison, le film serait trop long.

— Ce n'est pas cela. Mais là, ton clochard, il est trop émouvant. On n'a plus envie de rire.

Cet échange, je l'ai eu avec Robert Dhéry à la fin du tournage de *La Belle américaine,* le film qu'il avait écrit et coréalisé avec Pierre Tchernia. Je jouais effectivement un clochard qui, à deux ou trois reprises, retrouve dans la rue son ancien copain au volant d'une interminable voiture américaine, symbole du rêve des années cinquante. Les premières rencontres avec le clochard se déroulaient sur le mode burlesque, bon enfant, mais, malgré moi, au fil de ses apparitions, j'avais fait évoluer mon personnage pour que le gag du clochard, même récurrent, ne soit pas répétitif. J'avais humanisé ce type habillé de vêtements troués, moitié civils moitié militaires, mais j'étais allé trop loin dans l'émotion. C'est d'ailleurs une frontière mouvante et fragile, que celle qui sépare le rire des larmes. Vouloir la franchir quand on joue un même personnage exige de l'acteur une grande attention, une sincérité profonde, et surtout aucun effet à l'avance. Pour le clochard, je n'avais pas « anticipé », mais le pathétique qu'il dégageait dans cette ultime séquence, qui fut donc supprimée, gênait la tonalité du film. *La Belle américaine* reçut un accueil triomphal. Une bonne partie de la troupe branquignolesque jouait dans le film : de Funès, Rollis, Legras, Pierre Dac, entourés de Carmet, Roger Pierre et Jean-Marc Thibault, et d'autres encore.

Monsieur Blot, c'est moi

En même temps que je tournais *La Belle américaine,* je jouais au théâtre Gramont un personnage inventé par Pierre Daninos, dont Robert Rocca avait tiré une adaptation pour la scène, *Un certain monsieur Blot.* Comme l'avait fait remarquer André Frédérique, « avec une tête d'anonyme » comme la mienne, un type comme Blot devait me revenir. Blot a gagné le concours d'un journal, mais, comme il est sans envergure, il retourne à sa petite vie médiocre après avoir connu une éphémère notoriété. Notre metteur en scène, René Dupuy, avait réuni toute une bande de comédiens qui ne portaient pas à la mélancolie : Jean Yanne, Robert Destain, André Thorent, Georges Audoubert, un formidable débutant qui s'appelait Daniel Prévost, et, du côté des rigolotes, Claude Larue, ainsi que notre copine de toujours à Nita et à moi, Danielle Rocca. *Monsieur Blot* fut un succès, mais surtout, pour nous tous, trois cents occasions de s'amuser. Jean Yanne jouait le cardinal, et, conformément à son habitude, se foutait du texte comme de sa première récitation. Ayant le rôle principal, je ne pouvais me laisser trop aller à l'improvisation, mais Yanne, lui, improvisait son texte quasiment tous les soirs ! Il fallait suivre ! Mais c'est un tel bonheur de jouer avec Jean Yanne ! Ce faux ours, ce vrai pudique, avec qui j'ai partagé tant de rigolades depuis nos débuts, et qui n'a jamais cessé d'être un ami chaleureux, m'a toujours épaté par son talent original et percutant. Jean Yanne est un mélange à cinquante-cinquante de discrétion et d'audace, et depuis près d'un demi-siècle maintenant, il est un de mes repères — je n'en ai pas beaucoup — d'amitié, de talent, d'esprit et de chaleur humaine. Dans sa robe de cardinal (il me répétait souvent « Avoue qu'elle te fait envie ! »), il jouait la pièce avec ses mots à lui, dans l'ordre qu'il voulait, mais sans trahir l'auteur... Tout le monde n'y arrive pas.

Dans *Monsieur Blot,* il y avait aussi mon

vieux pote Robert Destain, que j'avais connu chez Dhéry en jouant *Dugudu*. Son vrai nom, c'est Madoulet. Il est originaire d'une jolie petite ville de l'Aveyron, Estaing, d'où son pseudonyme, le G en moins et sans particule pour éviter toute confusion... Robert est un merveilleux artiste. Il chante l'opérette et joue la comédie aujourd'hui, à quatre-vingts ans, comme jadis, quand il sortait de la classe de chant du Conservatoire. Il fait partie de ces gens sur lesquels la vie semble n'avoir pas eu de prise. Une grâce et une légèreté qui donnent des ailes. Dans sa tête et dans son cœur, il n'arrête pas d'avoir vingt ans... Dans *Monsieur Blot*, Robert Destain jouait un directeur de banque qui se mettait à pousser un ou deux airs, dont le premier commençait par cette phrase impérissable : « Vous m'entendez bien... » Je n'étais pas sur scène à ce moment-là et restais donc en coulisses. Je peux certifier que trois cents soirs de suite j'ai fait la même plaisanterie. Robert attaquait de sa voix de ténor : « Vous m'entendez bien... », et moi je beuglais dans la coulisse : « Hélas ! » Il perdait aussitôt son sérieux, se mettait à rigoler, et toute la salle suivait ! Et ainsi pendant trois cents représentations ! Nous avons encore évoqué ce souvenir il y a quelque temps, quand Robert est venu passer la soirée avec Nita et moi, et qu'il nous a ramené, comme il le fait régulièrement, du pâté et du saucisson sec d'Espalion, dont je me régale. *Un certain monsieur Blot* me valut des critiques louangeuses. Jean-Jacques Gautier me compara à Chaplin et ajouta : « J'ai observé sa silhouette humble, presque minable, et qui fait qu'il incarne inimitablement *Monsieur Blot,* ses mimiques irrésistibles, la façon dont il mâchonne la bouche et la moustache, ses yeux ronds, sa tête penchée, un sourcil qui se hausse, son expression ahurie, son effarement, une épaule qui se dérobe... Il sourit comme un lapin... » La bestiole était de retour ! Je proposai à Nita que le soir même, nous allions nous installer dans un clapier ! Jean-Jacques Gautier concluait en affirmant qu'après mon interprétation de Blot, il me voyait jouer aussi bien *Les Vignes du Seigneur* que *La Résistible Ascension d'Arturo Ui* de Brecht. Cela ne se produira pas. Heureusement, ma carrière de comédien me permettra de passer du comique au dramatique, et j'aurai la chance de pouvoir, pour certains rôles, jouer sur les deux modes, avec de meilleurs résultats que mon clochard dans *La Belle américaine* !

Madame Arletty

Pendant que je jouais *Un certain monsieur Blot* au théâtre Gramont, Jean Poiret créait *La*

Coquine, d'André Roussin, au Palais-Royal. Après nos représentations respectives, nous nous retrouvions au Dix Heures, où nous donnions notre numéro à la fin de la revue intitulée *Charles XI...* Étape à La Cloche d'Or après le spectacle, où, plus d'une fois, nous vîmes débarquer Pierre Brasseur, gestes larges et voix profonde, qui n'en était pas, à cette heure-là, à l'infusion de camomille. Il buvait mais restait grand seigneur, racontant volontiers ce que sa consommation acharnée d'anisette lui avait fait commettre comme exploits. Il évoquait ainsi les concierges du théâtre de la Renaissance qui l'avaient vu un soir grimper en courant l'escalier aux environs de neuf heures moins le quart...

— Tiens ! Brasseur ! C'est bizarre...

Cinq minutes plus tard ils l'avaient vu redescendre encore plus précipitamment, et dans un grand désordre de gestes et de vociférations, tenter d'arrêter un taxi. Sous l'empire des petits blancs de comptoir, Pierre Brasseur s'était trompé de théâtre... Au lieu d'aller au Gymnase, il était revenu à la Renaissance où il avait joué la saison précédente !

La machine à faire des films n'était pas tombée en panne. Au contraire. Elle allait même s'emballer dès la fin de l'année 1961. Je retrouvai Jean dans un film de Norbert Carbonnaux, *La Gamberge,* écrit par François Billetdoux.

L'histoire est une satire (gentille) de la presse à scandales avec le portrait tout juste déguisé du grand patron de presse de l'époque, Pierre Lazareff, que j'incarnais sous le nom de Pétrarque. *La Gamberge* m'a surtout offert une belle rencontre. Pour la première et la seule fois de ma vie, j'ai joué avec Arletty. Je fus impressionné par sa présence, par cette façon d'être, de dire, de rire, singulière et parfois déroutante. Tout échappe à l'analyse quand on a affaire à des personnalités comme celles-là. Arletty était de la trempe des Michel Simon ou des Fernandel. On trouvera certainement des comédiennes parlant plus juste, on n'en trouvera guère ayant plus de vérité. Voilà encore un des mystères du spectacle. Je me souviens que la productrice du film était Mag Bodard. Elle m'abreuva de superlatifs à chaque jour du tournage, me promit, alors que je ne demandais rien, de faire de moi un acteur très important, et commença à m'exposer tous les projets qu'elle imaginait. Je ne l'ai jamais revue. Même pour une tasse de thé. Le film qui suivit s'appelait *Comment réussir en amour,* une petite comédie de Michel Boisrond avec Poiret et Serrault, la toute mignonne Dany Saval, et notre Jacqueline (Maillan). C'était aussi la première fois que je retrouvais Noël Roquevert après *Les Diaboliques.* Roquevert était un gai luron, mais s'il y avait une chose sur laquelle il ne plaisantait pas, c'était le calendrier des projets. Dès le deuxième jour de tournage, il nous avait interrogés, Jean et moi, sur notre avenir immédiat, d'une façon grave et directe, héritée par déformation ou mimétisme des innombrables militaires rouspéteurs qu'il avait joués :

— Alors ? Qu'est-ce que vous faites à la rentrée ?

— À la rentrée ? Peut-être du théâtre, un film mais ce n'est pas encore sûr, et on va voir pour le cabaret...

— Comment ?? s'était-il étranglé, pète-sec, en juin vous ne savez pas ce que vous faites à la rentrée ??!

De tempérament inquiet, lui avait besoin de savoir au moins trois mois à l'avance. Jean et moi devions lui apparaître comme de dangereux imprévoyants et de futurs impécunieux. Quant à l'acteur Noël Roquevert, je dirais qu'il jouait toujours à la pointe de l'impossible. Il effleurait la caricature sans jamais y basculer. Il pouvait passer pour bizarre, mais son grand talent, c'est qu'au bout de cette bizarrerie, on l'écoutait encore. On comprend, dans ces cas-là, que son seul nom à un générique suffisait à faire émettre un gloussement de satisfaction à des salles entières, qui étaient restées de marbre en lisant le nom des acteurs de premier plan, dits « sérieux ».

Un petit bonhomme immense :
Louis de Funès

Jean devait jouer le rôle d'un banquier dans un film qui s'appellerait *Les Vierges,* mis en scène par un certain Jean-Pierre Mocky, dont c'était le quatrième opus, et qui traînait déjà derrière lui une odeur de sourire. Jean me demanda un après-midi de l'accompagner, car *Les Vierges* avaient besoin de figurants que la production ne pouvait pas payer. Mais Jean m'assurait que Mocky était un déglingué sympathique comme nous les aimions. Dans ce film je ne fis donc que passer, mais je passai de toute ma conscience professionnelle, et il est donc temps de révéler que la première fois que je vis Mocky, il était déjà d'un grand sérieux et moi figurant !

En cette année 1962, je tournai également un film de Francis Rigaud produit par Ray Ventura, *Nous irons à Deauville.* J'y retrouvais mes copains de Funès, Galabru, Jean Richard, Roger et Jean-Marc, et même Carmet qui faisait le porteur de bagages. Je jouais un brave type, Français moyen vraiment moyen, dont les vacances vont être une suite d'ennuis, de catastrophes et de bévues. Mon épouse était jouée par Colette Castel, qui était dans la vie celle de mon ami José Artur.

En 1962, de Funès n'était pas encore

l'immense star qu'il allait devenir deux ans plus tard en tournant *Le Gendarme de Saint-Tropez*. Mais il incarnait déjà, et depuis longtemps, ce personnage délirant qu'il avait su inventer, mines chafouines et grognements modulés, petit bonhomme gesticulant, trépignant, grimaçant. Louis était à la fois Guignol et Polichinelle. Un immense comique, acteur physique stupéfiant, acteur du rythme et des changements de vitesse. On aurait dit un bolide. Il montait à 150 à l'heure, redescendait à 80, repassait à 100... Mais ses excentricités étaient toujours sous-tendues par une sincérité qui ramenait les choses à la dimension du personnage, et surtout à la vérité du spectacle. Tout le mécanisme de Funès était humain, Louis n'était pas un truqueur. Je l'ai vu jouer au théâtre *Oscar,* la pièce de Claude Magnier. J'ai vu là un acteur comique au sommet de son art. Sa présence et ses inventions étaient magnifiques. Il avait un tel respect du public que, s'il arrivait que la soirée soit moins réussie, il disait aux autres acteurs qui avaient tendance à en rendre responsables les spectateurs : « C'est nous qui n'avons pas été assez bons, pas eux. » De Funès mouillait sa chemise. Au sens propre, je peux l'assurer. Et dans *Oscar,* ce n'était pas que la chemise qui dégoulinait, c'était aussi son pantalon qui lui collait aux jambes. Dans cette scène célèbre où il tire sur son nez pour en faire un violon imaginaire sur lequel il joue, devant un public qui hurle de rire, il faut voir la dépense physique et bien comprendre que l'énergie à mettre en œuvre et à faire passer est de même nature et de même intensité que celle que déployait Marie Bell dans *Phèdre,* quand la salle, bouleversée, pleurait d'émotion, et que Marie Bell elle-même sortait de scène en larmes.

J'ai eu l'occasion de parler avec Louis de l'énorme difficulté que rencontrent les comiques au cinéma. Louis estimait impossible, tout comme moi, de jouer pour la caméra seule. Une passivité, une atonie du metteur en scène lui étaient insupportables. À cet égard, le tournage d'*Oscar* au cinéma ne lui avait pas laissé un excellent souvenir. Je l'ai dit, ma méthode personnelle consiste, lorsque le metteur en scène ne se confond pas avec le public, à me trouver un complice, quelqu'un pour qui jouer. De Funès puisait, lui, dans son expérience du théâtre, et plus encore du cabaret, pour s'imposer face à un plateau où les rires sont absents. Cette façon de procéder permet au comédien, par un phénomène qui combine la mémoire et le don de « humer », de savoir jusqu'où aller pour que ça percute.

Louis de Funès était un très grand clown. Et un camarade formidable, avec lequel je me suis toujours très bien entendu, dès nos débuts à La Tomate. C'était dans la vie un homme discret, qui s'éloignera peu à peu du tourbillon délétère de ce métier, ce que je ferai aussi un peu plus tard. Mais déjà, en cette année 1962, avec la naissance de Nathalie, ma seconde fille, la famille Serrault s'apprêtait à modifier ses habitudes et à déménager une nouvelle fois. Adieu Paris, bonjour Neuilly et sa paisible rue de Longchamp.

17

Je fis, en 1962, une telle tournée des studios de cinéma que j'ai parfois du mal à me retrouver dans ma filmographie! Poiret et Serrault jouèrent ainsi un sketch du film *Les Quatre Vérités,* inspiré de La Fontaine, où un nommé Renard (Jean) séduit la femme d'un nommé Corbeau (moi). J'incarnai aussi un huissier dans *Clémentine chérie,* transposition cinématographique du personnage créé par le dessinateur Bellus, et je me transformais en animateur d'une émission de musique religieuse dans *Un clair de lune à Maubeuge,* dont la rengaine du même titre eut plus de succès que le film.

La beauté de Brigitte Bardot

Cette année-là, j'acceptai deux ou trois jours de tournage dans *Le Repos du guerrier,* le film de mon copain du cours Dullin, Roger Vadim.

Je retrouvais là celui qui avait tenu la main au novice maladroit que j'étais huit ans plus tôt dans *Les Diaboliques,* le chef opérateur Armand Thirard...

— Alors, Michel, vous vous sentez mieux, à présent, non ?

Le métier m'avait bien sûr rendu plus à l'aise, mais ce qui se passe dans le cœur et la tête du comédien, cette chimie inexplicable qui donne à la fois le trac et l'envie de jouer, cela, non, n'avait pas changé. La vedette (et, en 1962, quelle vedette !) du *Repos du guerrier* était Brigitte Bardot. Nous tournions aux studios de Billancourt, dont j'ai une profonde nostalgie. Les plateaux, la cour, la cantine constituaient un monde à part, baigné par une atmosphère de travail très chaleureuse. Je n'avais que deux scènes (je jouais un notaire) et le tournage de la première se passa très bien. Brigitte était aussi belle que drôle, et tout le monde était ravi. Le surlendemain était prévue ma seconde scène. Vadim vint à ma rencontre à la porte du studio.

— Écoute, Michel, on ne peut pas tourner. Brigitte est fatiguée, on remet ça à la semaine prochaine.

Vadim modifia son plan de travail et je me repointai la semaine suivante.

— Michel, Brigitte ne se sent pas bien, on ne peut toujours pas tourner. Dans huit jours, tu es libre ?

Je retournai à Billancourt à la date convenue et trouvai un Vadim désespéré.

— Ça fait trois jours qu'elle ne sort pas de sa chambre. On va tourner quand même ! Vous êtes tous les deux au restaurant, le décor est prêt, je vais jouer la scène avec toi. Je filmerai tes répliques, et quand Brigitte reviendra, je ferai les contrechamps sur elle... Ça ne t'ennuie pas ?

Ça ne m'ennuyait pas, encore qu'il fût plus agréable de regarder Brigitte que Vadim ! J'ai revu Brigitte Bardot par la suite, et je me souviens en particulier de l'heure entière qu'elle vint passer dans ma loge quand je jouais *La Cage aux folles*. J'ai toujours beaucoup aimé cette femme. Sa gentillesse et son intelligence m'avaient touché, et ne parlons pas de sa beauté. Elle jouait de façon vraie et spontanée, contrairement à ce qui a été répandu par des aigris et des ratés professionnels. Je peux, il me semble, juger de la qualité d'une actrice aussi bien, et sans doute mieux qu'eux. Et j'affirme que Brigitte Bardot a été une grande comédienne. Humainement, elle est une femme formidable, et il lui a fallu une sérieuse carapace de courage pour résister à la méchanceté et à l'injustice qui l'ont accablée. Brigitte, je vous fais un petit salut amical et vous demande comment je dois faire pour marquer mon autorité auprès du briard de ma petite-fille, car c'est moi qui vais le promener...

Une soirée de délire

Depuis la rentrée de 1959, François Périer et Jacqueline Maillan faisaient un triomphe au théâtre de la Michodière dans *Gog et Magog* de Gabriel Arout. François Périer était un inconditionnel de Poiret et Serrault. Il était venu souvent nous voir jouer Chez Gilles et même au Tabou. Son idée pour fêter le succès de la pièce qui marchait sur la millième représentation nous combla d'aise. Il voulait une grande fête, et, sur scène, un impromptu où Jean et moi, entourés des comédiens de la pièce, pourrions nous livrer à tout ce qui nous passait par la tête. C'était le genre de proposition qu'il ne fallait pas nous faire deux fois ! Nous avons donc pris certaines scènes de *Gog et Magog* et les avons jouées « à la manière de ». C'est-à-dire en imaginant le résultat dans une mise en scène de Jean-Louis Barrault à la Comédie-Française, de Jean Vilar au TNP, de Raymond Rouleau à l'Opéra, et au cinéma par un metteur en scène de la Nouvelle Vague... Nous avons foncé tête la première dans le délire, devant le Tout-Paris et les grands acteurs que nous aimions : Meurisse, Fresnay, Brasseur, Blier, tout le monde était là.

Dans la parodie de Barrault, j'étais seul sur le plateau et Jean réglait la mise en scène.

— *Bon alors, quelle heure est-il ?*
— *Dix heures moins le quart,* répondais-je.

— Non, coco, non ! Le théâtre, c'est pas des mots ! Je parle à ton corps, c'est ton corps qui doit me répondre ! C'est ça, le théâtre : un homme nu sur une scène nue ! On recommence : quelle heure est-il ?...

J'entamais alors un déshabillage pendant que les machinos faisaient disparaître tout le décor. Je finissais en slip, les bras en mouvement de balancier, mimant une horloge comtoise.

— Ah voilà ! Là c'est bien ! Tout le monde comprend ! Ton corps, coco, rien que ton corps ! Un homme nu sur une scène nue ! Tu es sublime ! Faudra quand même me travailler la petite aiguille ! Elle retarde !

Pour Vilar, je jouais le rôle du metteur en scène, avec un immense chapeau de feutre comme les affectionnait le patron du TNP. J'exigeais du noir partout. De la lumière noire, encore de la lumière noire. À la fin, le plateau était complètement éteint, on ne voyait plus rien, et, torturé par ma souffrance créatrice, je lançais :

— Tu ne peux pas faire plus noir ?

La parodie de Raymond Rouleau s'inspirait de sa mise en scène de *Carmen* à l'Opéra. Le plateau était tellement encombré (décors envahissants, chevaux, musiciens...) que les spectateurs avaient un mal fou à distinguer quelque chose et à entendre les chanteurs. Cette fois dans la peau du metteur en scène, Jean avait disposé les acteurs de *Gog et Magog* au milieu d'un fatras de plantes vertes géantes qui cachaient tout. On ne les voyait pas, on ne les entendait pas non plus, puisque quelqu'un jouait du tambourin comme un forcené et que le metteur en scène lui demandait de jouer de plus en plus fort ! Comme avec Rouleau il fallait des animaux, je rentrais sur scène en tenant en laisse une chèvre et en criant (pour mieux couvrir les acteurs) : « Chabichou ! Chabichou ! Qui veut mes bons Chabichou ?! » La salle explosait de rire. Mais le sommet fut atteint avec la version Nouvelle Vague de *Gog et Magog*. Je faisais le cameraman et Jean le réalisateur, qui me demandait de tout filmer sauf les acteurs... Je promenais la caméra comme un aspirateur dans les tiroirs, sous les sièges, dans les pots de fleurs ! Les spectateurs étaient aux anges ! Le premier à rire fut Jean-Louis Barrault, qui vint me voir à la fin...

— Vous me connaissez bien !

Je lui répondis qu'il m'avait mis en scène... comme figurant dans *Le Soulier de satin* et *Antoine et Cléopâtre* à la Comédie-Française, et ce souvenir l'amusa beaucoup. Mais ce qui se produisit ce soir-là s'avéra plus important encore. Car des encouragements enthousiastes qui nous tombèrent de toutes parts vint le déclic qui nous manquait...

— Jean ! Michel ! Vous ne pouvez pas en rester là ! Montez un vrai spectacle à partir de ce que vous avez fait ce soir ! C'est gagné d'avance !

Et le délire continue...

Cela faisait dix ans maintenant que Jean et moi avions commencé au cabaret. Nous avions créé et joué des dizaines de sketches, et, sans ressentir aucune lassitude, mais en revanche une certaine fatigue physique, nous éprouvions le besoin, non exprimé jusqu'à cette soirée de *Gog et Magog,* de nous renouveler et d'explorer davantage la voie du théâtre. Deux raisons supplémentaires nous poussaient dans cette direction : la première était l'envie, encore diffuse mais bien réelle de Jean, de se confronter à l'écriture théâtrale, la seconde plus terre à terre : les cabarets avaient, pour la plupart, fermé leurs portes (nous jouions, pour quelques mois encore, la revue au Dix Heures), et ils ne les rouvriraient sous le nom de cafés-théâtres qu'au début de la décennie suivante.

Armés de ces seules réflexions, nous nous sommes donc lancés, en reprenant la même méthode que pour nos sketches, dans l'écriture de *Sacré Léonard,* que nous créerons au théâtre Fontaine. Nous racontions l'histoire d'une pièce injouable, et de toutes les situations envisagées pour la sauver de la catastrophe. Nous reprenions les pastiches de Barrault (en slip sur le plateau nu pour mimer une cheminée Louis XV...), Vilar, Rouleau, auxquels nous ajoutions, dans un défilé insensé, Jean Anouilh, de Gaulle, Marcel Achard (caricaturé avec ses grosses lunettes, toujours en train de faire de la pub pour ses pièces, indiquant le prix des places et l'ouverture des guichets). Jacqueline, Roger Carel, Michel Roux jouaient avec nous, et, là encore, que d'intenses rigolades! Nous avons dû donner *Sacré Léonard* environ quatre cents fois, jamais avec la même durée! Nous avions conservé le sketch de la mise en scène Nouvelle Vague, mais avec du sexe... Carel devait lutiner Jacqueline sur un canapé, puis, après avoir renversé le canapé, entamer des galipettes à l'abri des regards... mais pas de ma caméra! Dans la peau du metteur en scène, Jean tonitruait :

— *Arrache-lui son corsage! La jupe, à présent!* Il se tournait vers moi : *toi, gros plan sur la fermeture Éclair!*

Au bout de trois semaines de représentations, la scène avait pris des proportions inquiétantes! Jean hurlait ses ordres de déshabillage :

— *Les bas! La culotte! Elle vient, cette culotte???!*

La culotte de Maillan passait par-dessus le divan!

— *Toi, filme le pied gauche du canapé! Et ton slip ??!* commandait-il à Carel.

Le slip suivait! Jacqueline et Roger, je peux l'assurer, ont fini plus d'une fois à poil derrière le divan!

Un soir, gagnés par l'ambiance de délire, nous leur avons fait l'inévitable blague... Nous avons retiré le canapé et tout le monde a pu admirer leurs anatomies...

Dans la parodie de Raymond Rouleau, j'avais toujours ma chèvre!

— *Chabichou, Chabichou! Qui veut de mes bons fromages ?...*

— *Sortez, merde!!* me gueulaient les acteurs.

Évidemment, il y eut des impondérables. Ma biquette plus d'une fois inonda le plateau... Et à chaque fois qu'elle satisfaisait ce besoin naturel, le public l'applaudissait. On n'avait plus qu'à saluer, il n'y avait plus d'acteurs, plus de théâtre, il n'y avait que des gens émerveillés de voir une chèvre pisser!

Jean et moi avions pourtant déjà eu à méditer ce genre de situation au cabaret, dans le sketch *Clément Laprade explorateur*. Il y avait un passage où j'annonçais que j'avais ramené de mon expédition la plus rarissime espèce de tigre qui soit. On faisait entrer une immense cage sur scène et, dans la cage... c'était un chat. Le public : « Oh le beau petit chat!... Qu'est-ce qu'il est mignon!... », et le sketch n'existait plus. Nous avions renvoyé le chat à sa gouttière au bout de trois soirées. Le juste précepte énoncé par Michel Simon se vérifiait : « Ne jouez jamais avec un enfant ou un animal, sinon vous êtes foutu. Les gens ne regarderont que lui. »

Et vint Michel Audiard...

L'année 1963 me réserva encore un beau marathon sur les plateaux de cinéma. Je jouais un inspecteur du ministère des Transports dans *Bébert et l'omnibus* d'Yves Robert en compagnie de mes potes Pierre Mondy et Jean Richard. Bébert était joué par Petit Gibus, le môme qui avait fait le succès de *La Guerre des boutons,* et son grand frère par un jeune acteur qui, quelques années plus tard, fera souffler une brise rafraîchissante sur la chanson française : Jacques Higelin...

Je jouais aussi le mari de Jacqueline Maillan et nous avions bien des soucis avec les histoires de cœur de notre fille France Anglade dans *Comment trouvez-vous ma sœur ?* que réalisait Michel Boisrond. Notre copain Jacques Charon avait une ou deux scènes dans lesquelles il s'empiffrait de chocolats. Je tournai avec Jean et Roger Pierre dans *Les Durs à cuire* de Jack Pinoteau où j'incarnais un détective confronté à une série de meurtres (je me souviens du rôle mais pas du film, que je n'ai pas vu).

Et puis vinrent deux films, qui auraient pu être deux titres de plus sur une liste déjà longue s'ils ne m'avaient mis en présence d'un homme qui deviendra mon ami, et plus encore quand le destin décidera de douloureusement nous rapprocher : Michel Audiard. Le premier de ces films était mis en scène par Marcel Bluwal et s'appelait *Carambolages*. Tchernia avait tiré un très bon scénario d'un roman de la série noire. L'histoire gentiment cynique d'un jeune type sans scrupules, prêt à tout pour assouvir ses ambitions. Le rôle était tenu par Jean-Claude Brialy. Il cherchait à assassiner le patron de sa boîte (Louis de Funès) pour prendre sa place. Je faisais le commissaire Baudu, qui mène l'enquête. Ce qu'il y avait de formidable et d'original, c'était d'avoir fait de ce flic un personnage au lourd passé de collabo. Sous la plume d'Audiard, cette situation m'offrait des répliques de ce style : *Vous avez volé une bicyclette. Il n'y a pas eu plainte parce que vos parents sont allés pleurnicher au commissariat ! Avec moi vous étiez mûr pour le troisième degré ! La lampe dans les yeux. La règle en fer, enfin les moyens du bord, quoi !... Puisqu'on n'a plus de baignoire !... Vous êtes trop jeune, vous n'avez pas connu la rue Lauriston ? Une époque ! Et puis il y a eu 45, la canaille dans la rue, la pagaille... Dans un pays, quand on s'attaque au sanitaire, c'est forcément la pagaille!...*

Il est bien évident que lorsqu'un acteur tombe sur ce genre de partition, ses yeux s'allument et sa langue claque.

— Viens, je vais te présenter à Audiard... D'ailleurs il a très envie de te connaître, me dit Tchernia.

Michel Audiard ressemblait à un jockey en vacances venu renifler l'air du champ de courses. Casquette à carreaux, petit col roulé, cigarette sur cigarette, il me plut d'emblée. Et je sais que la réciproque fut vraie. Le deuxième dialogue de lui que j'eus à dire arriva la même année, avec le film de Georges Lautner *Des pissenlits par la racine* où je retrouvais une bande de complices de premier choix : de Funès, Francis Blanche, Darry Cowl, et un comédien que j'ai beaucoup aimé, grand fantaisiste et roi du calembour... Maurice Biraud, notre Bibi ! Maurice était, à l'époque, une star du micro. Il tenait la matinée entière sur Europe 1 dans une émission qui s'appelait *De 9 heures à Bibi...* Dans les *Pissenlits,* je jouais un contrebassiste obligé de prêter l'étui de son instrument pour transporter un cadavre. Parodie de film noir qui nous amusa énormément. Audiard m'avait mis à infuser quelques reparties du meilleur tonneau. Ce n'était que le début d'une grande aventure avec Michel. J'ai senti, dès ces deux premiers films, que j'avais avec lui une espèce de parenté. Des affinités humaines qui faisaient que je voulais être son porte-parole. Dans la drôlerie comme dans la gravité. À quatre-vingt-dix-neuf pour cent, je sentais ce qu'il voulait exprimer, et quand un comédien renifle qu'« il y a à faire avec ce qu'il a à dire », il fonce.

La manivelle de Jean-Pierre Darras

En 1963, après le succès de *Sacré Léonard,* je retournai au théâtre pour jouer une pièce... que j'aurais mieux fait de refuser. Les théâtres parisiens ont de tout temps été contraints de fonctionner sur une espèce de trinité à laquelle peu d'entre eux réussissent à échapper. Le premier spectacle qu'on monte dans la saison commence en septembre-octobre. On espère qu'il va faire un triomphe, naturellement. On prie pour atteindre la 500e. Si ça ne marche pas, on prépare une deuxième fournée avec un autre spectacle pour janvier. On prie deux fois plus et on fait des offrandes à tous les saints qui se présentent. Et puis la catastrophe peut arriver, et ce deuxième spectacle s'écrase à Pâques avec les œufs. Là, le directeur du théâtre va, désespéré et hagard...

— On ne peut pas fermer le 15 avril ! Il faut

aller jusqu'en juin ! Trouvez-moi une connerie à jouer pendant deux mois !

La connerie à jouer pendant deux mois, puisque nous étions dans le cas de figure toujours délicat de cette dernière roue de secours, s'appelait *Quand épousez-vous ma femme ?* J'avais accepté sur l'insistance du directeur de L'Européen, qui voulait donner un nouveau départ à son établissement, rebaptisée du coup théâtre du Vaudeville. La distribution réunissait Jean-Pierre Darras, Micheline Dax et Jane Sourza. Chacun lut le texte de son côté et on commença à se téléphoner les uns les autres...

— Tu as lu cette connerie ? Qu'est-ce qu'on va faire avec ça ?...

— Commençons à répéter, on verra bien...

Les répétitions commencèrent, qui nous permirent de mesurer l'ampleur du désastre qui s'annonçait si le texte restait en l'état.

— Mais on a signé, les gars, il va falloir jouer ! disait Darras, qui ajoutait aussitôt... Et pourtant c'est injouable !

On demanda à Jean-Bernard Luc, ami de l'auteur, de retaper l'ensemble de la pièce. Il apporta plusieurs modifications, mais le remède fut insuffisant. C'était toujours sinistre. On se rendit compte alors que la seule chose qui nous amusait aux répétitions était le décalage de plus en plus grand qu'on introduisait dans les intentions, montrant un troisième ou quatrième degré qui pouvait se révéler efficace. Nous avons donc pris le parti d'être des comédiens qui auraient fait une erreur de lecture, qui se seraient presque trompés de pièce, et qui prenaient celle-là comme prétexte pour faire rire... Ce fut vertigineux. Tous les soirs nous inventions une bonne moitié du texte, nous arrêtant de jouer pour faire des commentaires, improvisant des sketches, délirant sur quelque chose d'anodin dans le décor ou les costumes... Je descendais dans la salle, je demandais aux spectateurs la suite de mon texte, Darras restait en scène au lieu de sortir, etc. Le public riait aux éclats. Un soir après le spectacle et le Dix Heures, nous étions à La Cloche d'Or avec Jean, et un camarade comédien vint à notre table. Il me demanda si la pièce marchait (nous avions commencé trois semaines auparavant) et je le rassurai. C'était un comédien qui avait beaucoup joué avec Darras, et il me dit :

— Jean-Pierre t'a fait la manivelle ?

— Quelle manivelle ?

— Tu vas voir, il va te faire la manivelle ! Avec son bras droit replié et la main gauche qu'il tourne au-dessous, il va te faire la manivelle ! Comme s'il remontait un store !

— Ah bon ? Je ne vois pas très bien, dans le contexte, où remonter un store, mais pourquoi pas ? C'est différent tous les soirs, alors !

J'oubliai l'histoire de la manivelle. Quinze jours plus tard, je rencontrai ce même camarade au restaurant. C'est moi qui me précipitai vers lui...

— Ça y est ! Il me l'a fait !

— Le store ?

— Oui ! !

Effectivement Jean-Pierre avait fait le coup de la manivelle trois fois dans la soirée. Au milieu d'une réplique, comme ça, sans raison apparente... C'était un de ces jeux de scène, appuis personnels, repères dont les acteurs ont besoin dans les cas difficiles. Et Dieu sait que là, c'en était un !

Darras remonta régulièrement le store à la plus grande joie des spectateurs, et je continuai à descendre dans la salle chercher mon texte. Francis Blanche, qui vint un soir nous voir, me dit :

— J'ai vu des gens en faire beaucoup, mais comme toi jamais ! C'est la première fois que je vois un acteur comique en faire autant !

— Qu'est-ce que tu aurais fait à ma place ?

— Pareil !

Eh oui ! Un acteur qui fait vraiment son métier doit tout entreprendre pour éviter le naufrage. Un acteur ne doit pas couler. Si ce qu'il joue est défaillant, c'est à lui de suppléer. De toutes ses forces, de tout son cœur. On ne m'a jamais vu demander le rideau parce que c'était l'impasse. *Quand épousez-vous ma femme ?* en était une, d'impasse ! Nous en avons fait une avenue.

18

1964 fut la dernière année de Poiret et Serrault au Dix Heures, après une brouille avec le directeur. Raoul Arnaud exigeait en effet qu'on lui lise tous nos textes au motif d'éviter les doublons avec les chansonniers, mais on voyait bien qu'il faisait la grimace dès qu'on sortait de la satire politique. Nous, ce qui nous amusait toujours, c'étaient les situations du quotidien poussées jusqu'à l'absurde, et lui, en bon directeur d'un théâtre de chansonniers, voulait la mise en boîte du Général à toutes les sauces. Jean eut avec Raoul Arnaud quelques échanges aigres-doux par journaux interposés, et nous pliâmes bagage avant même la fin de la saison. Le cinéma et le théâtre nous occupaient de plus en plus, mais, dans l'esprit de Jean comme dans le mien, il n'était pas question de nous séparer. Je peux d'ailleurs énoncer comme je le ferais d'un théorème ce qui n'a pas été toujours bien compris : *Poiret et Serrault ne se sont jamais séparés*. Pas plus en 1964 où, à partir de cette date, notre activité au cabaret allait se ralentir que dix ans plus tard après le triomphe de *La Cage aux folles* ! Le seul changement dans notre existence est d'avoir un jour totalement abandonné notre numéro de duettistes. Mais nous avons continué à jouer ensemble, au théâtre ou au cinéma, et surtout nous n'avons jamais cessé de nous voir, de nous amuser, de nous conseiller l'un l'autre, en un mot de nous aimer de toute la force de notre exceptionnelle amitié. Au milieu des années soixante, avec nos adieux au cabaret, nous changions aussi de mode de vie, nous éloignant peu à peu de La Cloche d'Or à trois heures du matin (souvent avec Nita et Françoise), des tablées avec les copains, des interminables fous rires... Jean adorait manger, et moi aussi. Mais il était plus connaisseur et ne détestait pas quelques sophistications culinaires. J'étais plus terrien, et le petit salé aux lentilles me convenait davantage. Nous aurions pu ne pas aller dormir et boucler nos vingt-quatre heures au restaurant. Cela s'est d'ailleurs produit. Avec Nita, qui jouait fréquemment avec nous au cabaret, nous sommes parfois rentrés à la maison juste à temps pour voir nos filles partir à l'école. Il nous arrivait heureusement, avec Jean, si nous avions un tournage dans la journée, de demander au premier assistant de nous trouver un coin

224

de loge, de plateau ou de magasin d'accessoires, où dormir une petite heure...

On prend les mêmes et on recommence

Cette année-là, notre pote Darry Cowl décida de se lancer dans la mise en scène de cinéma. Je crois qu'on aura compris à quel point j'aime Darry, qui fait vraiment partie de la famille. Il est un être à part, descendu d'une planète inconnue. Son extrême sensibilité le fait se débattre avec l'impossible, et cela donne des choses farfelues, émouvantes, hors normes, mais qui font du bien. Le scénario racontait l'histoire abracadabrante d'un type, jaloux pathologique, qui essaye, pour se guérir, de rendre sa femme jalouse à son tour. Il avait fallu battre le rappel. Jean Poiret, Jean Yanne, Francis Blanche, Jean Richard et moi avions répondu présents pour ce film où Darry faisait tout : le metteur en scène, le scénariste, le dialoguiste, l'acteur, le compositeur. Quand je dis le metteur en scène, j'exagère un tantinet. Et tu ne m'en voudras pas, Darry, si je te dis que bien souvent, en voyant Audiard réalisateur tenter de se dépatouiller de la caméra, j'ai pensé à toi ! *Jaloux comme un tigre* nous laissa néanmoins de très beaux souvenirs de copains.

Audiard justement, je le retrouvai cette même

année pour *La Chasse à l'homme* que réalisait Édouard Molinaro. Une très bonne comédie sur la ruse des femmes pour attirer l'homme dans leurs filets. Tout le monde était là, si je puis dire : Brialy, Belmondo, Blier, Claude Rich, Francis Blanche, et, du côté des comédiennes, Marie Laforêt, Catherine Deneuve, et sa sœur Françoise Dorléac, éblouissante de talent. C'est ma rieuse préférée, Micheline Presle, qui jouait le rôle de mon épouse dans ce film où j'incarnais un professeur de médecine trompé par sa femme.

J'enchaînai avec *Les Baratineurs,* où je jouais les escrocs. Le bon moment, c'est quand Francis Blanche, Jean et moi sommes dans une benne, suspendue dans les airs. Moyennement rassurés... Avec *Moi et les hommes de quarante ans,* de Jack Pinoteau, je retrouvais Dany Saval, Paul Meurisse et Galabru, puis je tournai *La Bonne Occase,* film à sketches de Michel Drach où Jean et moi jouions encore deux escrocs qui volent une voiture. Je restais truand tourmentant Jean-Claude Brialy pour *Cent briques et des tuiles* de Pierre Grimblat, et ne me convertissais pas franchement à l'honnêteté dans le sketch intitulé « Le monsieur de passage » du film *Le Lit à deux places.*

Vint ensuite un film que j'aime beaucoup, *La Tête du client,* que mit en scène Jacques Poitrenaud. Une comédie loufoque pimentée par Jean-

Loup Dabadie, où je jouais un type aux apparences d'honnête homme, vendant des chapeaux le jour (mon premier rôle de chapelier avant celui des *Fantômes* de Chabrol), et tenant un tripot clandestin la nuit en association avec son beau-frère, interprété par Jean. Nous étions les victimes d'un maître chanteur que jouait Francis Blanche. Sophie Desmarets faisait ma femme, et ma fille était jouée par une jeune comédienne, jolie et piquante, Caroline Cellier. La suite prouva que Jean Poiret n'y fut pas insensible.

Quant au *Petit monstre*, un film où Jean et moi avions été embarqués, je n'ai aucun mérite à ne pas l'avoir vu, puisqu'il n'est jamais sorti sur les écrans. Je crois me souvenir qu'il était produit par un industriel qui fabriquait des extenseurs et des bretelles... ce qui me semble normal pour une pantalonnade.

Quand passent les faisans était un de ces pastiches de film noir imaginé par Albert Simonin et dialogué par Audiard. Le titre lui-même était une parodie d'un film russe sérieux et pathétique, *Quand passent les cigognes,* qui avait ému le Festival de Cannes quelques années auparavant. J'y retrouvais Bernard Blier et Paul Meurisse. Nous tournions à Deauville, et j'étais heureux de me balader avec Meurisse, dont la distinction, entre l'Hôtel Royal et le Normandy, trouvait là comme un écrin. Il cultivait cette distance sur toute chose, et ne détestait pas, même pour rire, d'en imposer face à Blier...

— Tu vas voir, il va perdre pied, je vais le faire disparaître !... me murmurait-il à l'oreille avant les prises.

Je tournai *Les Combinards* (un rôle de député) en compagnie de Noël Roquevert et son agenda, et *Le Caïd de Champignol* avec Jean Richard, où j'enfilais à nouveau mes haillons de clochard. *Les Enquiquineurs* fut un des premiers films que je tournai en 1966. Il ne se distinguait guère des autres, mais je ne jugerai pas du résultat, ne l'ayant pas vu. La marrante de service était Marthe Mercadier. Comédienne d'envergure, Marthe. Aucun risque avec elle de s'ennuyer, surtout si on aime le grand air. Je m'en apercevrai quelques années plus tard quand je jouerai avec elle *Les Bonshommes* en tournée.

Double face

En 1966 je conclus avec le théâtre des Variétés un retour sur les planches pour une adaptation par Jean Cosmos d'une pièce anglaise d'Arthur Watkyn, *Monsieur Dodd*. Mon copain Carel était de la fête, mais on s'amusa moins que dans *Sacré Léonard*. C'est vrai que nous n'étions pas chez nous. Je veux dire par là que

Monsieur Dodd était la pièce d'un autre, et même en prenant un peu d'aise avec des mots à soi, on était quand même en visite chez les voisins. Ce que j'ai aimé dans cette pièce, c'est qu'elle reposait sur une base très ancienne mais dramaturgiquement solide : le double. Ici, un innocent professeur se trouvait être le sosie d'un Américain, sombre trafiquant de dangereuses formules. En fait, soit parce qu'ils ont un sosie qui leur cause toutes sortes d'ennuis, soit à cause d'une activité cachée plus ou moins avouable, les personnages à double visage m'ont toujours intéressé. Jouer un bonhomme qui a une autre histoire que celle qu'on voit est exaltant. Pour un comédien, c'est du bon grain à moudre. Dans la drôlerie, je m'étais déjà amusé à travailler l'ambiguïté du marchand de chapeaux — tenancier de tripot de *La Tête du client* tourné l'année précédente. En viendraient d'autres, comme *La Gueule de l'autre* ou *Vieille canaille*. Dans le registre dramatique, je ne savais pas encore que m'attendaient *Les Fantômes du Chapelier* ou le *Docteur Petiot*.

Le roi Pierre Brasseur

Deux films vinrent compléter mon année 1966. Tout d'abord *Le Roi de cœur,* que Philippe de Broca tourna à Senlis. Daniel Boulanger avait écrit une histoire de fous, au sens premier du terme, puisque le film raconte les aventures d'un soldat anglais à la fin de la guerre de 1914-1918 dans une petite ville française minée par les Allemands, et désertée par ses habitants qui, avant de partir, ont ouvert les portes de l'asile. Une fantaisie tendre et ironique, de la loufoquerie tout le temps. De Broca a un univers qui lui ressemble, et j'ai beaucoup aimé ce film, qui, hélas, n'a pas très bien marché. Je jouais M. Marcel, coiffeur de son état, gentiment efféminé et élégamment précieux. Ce n'était pas encore la Zaza Napoli de *La Cage aux folles,* mais les manières raffinées de M. Marcel se rapprochaient de celles des antiquaires de notre sketch avec Jean. Pierre Brasseur incarnait le général Géranium. Il avait à l'époque une soixantaine d'années, n'était plus un tout jeune homme, et avait du mal à tenir la route après ses visites dans les bars. Tout le monde le savait, et de Broca avait pris des dispositions en conséquence. À l'heure de la cantine, les assistants et les acteurs étaient priés d'entraîner Brasseur à une table spéciale... sur laquelle il n'y avait pas de vin. Il n'a pas fallu trois jours à Brasseur pour comprendre la manœuvre.

— Michel, je n'ai jamais vu cantine plus dégueulasse ! Viens avec moi, mon petit ! Puisque ce soir on tourne de nuit, je t'invite à dîner dans Senlis !

Refuser à Pierre Brasseur ? Je n'aurais jamais osé. Au restaurant, il vida deux bouteilles de vin à lui seul après quelques « perroquets » (anis et sirop de menthe verte). Au retour sur le plateau, le résultat fut celui qu'on imagine. Il ne put tourner. De Broca vint m'engueuler :

— À quoi ça sert qu'on prenne des précautions si tu le fais boire ? !

Accusé d'encourager Brasseur dans son vice, je me révoltai face aux acteurs qui venaient me faire les gros yeux :

— Revenez me faire la leçon quand vous aurez la moitié du quart d'un demi-pouce du talent de Pierre Brasseur !

Le lendemain, Brasseur vint me voir, triste et penaud :

— Michel... plus personne ne me parle... Il paraît que je n'ai pas pu tourner, hier ?

— Non, Pierre, tu t'es effondré sur le plateau...

— Je n'ai plus que toi, Michel... Viens, on va aller prendre l'air... faire une petite promenade... Qu'est-ce que tu dirais d'un petit perroquet ? !

L'autre film de l'année 1966 marqua les débuts de ma véritable collaboration avec Jean-Pierre Mocky. Dans *Les Compagnons de la*

Marguerite, je faisais l'inspecteur Papin, de la Brigade des Us et Coutumes, en tandem avec l'inspecteur Leloup, même brigade, joué par Francis Blanche. Avec Mocky, nous étions encore, à cette époque, dans des films fabriqués à peu près normalement, avec des scénarios tapés sur du papier machine, et des lieux de tournage où on n'attrapait pas toutes les maladies possibles et imaginables. Les choses ne manqueraient pas d'évoluer... sans que Mocky perde de son talent. *Les Compagnons de la Marguerite* rassemblait naturellement quelques trognes dont Mocky a le secret, et, au milieu d'elles, des acteurs « à la Mocky » qui le suivaient de film en film, comme R.J. Chauffard ou Jean-Claude Remoleux.

Cette année-là, je jouai aussi pour la télévision dans *L'Habit vert,* l'inusable pièce de Flers et Caillavet, avec Lucien Baroux et Pierre Larquey, dans une mise en scène de Marcel Cravenne. J'avais accepté en pensant rendre un modeste hommage à Victor Boucher, à André Lefaur, à Jules Berry, à Elvire Popesco, inoubliables dans le film de Richebé, mais, était-ce par manque de temps, je ne crois pas avoir bien joué cet *Habit vert.*

De Lagrelèche à Francis Blanche

J'aimais les personnages à double visage? J'allais être servi. Le succès de *Sacré Léonard* nous avait incités, Jean et moi, à la récidive. Nous avions écrit un nouveau spectacle à mi-chemin entre la comédie et la revue, qui était l'histoire d'un Français banal, Lagrelèche, sosie d'un acteur américain idole des femmes. L'acteur américain disparaissait en plein tournage, et son producteur cherchait à le remplacer sans que personne s'en aperçoive. Le producteur, c'était Jean, et je faisais Lagrelèche. Avec nous, l'indispensable Carel et Jacques Jouanneau. Nous brocardions les mœurs cinématographiques, l'Amérique, de Gaulle et l'OTAN, les interviews télévisées, le Vatican, tout y passait. C'était vraiment du Poiret et Serrault pur sucre, une suite d'énormités, mais qui gardaient un côté plausible. Nous avons créé cette *Opération Lagrelèche* au théâtre Fontaine et le succès fut au rendez-vous. Jean-Jacques Gautier, cette fois, ne m'entendit point glapir, mais assura dans sa chronique du *Figaro* que « les auteurs Poiret et Serrault, débordants de drôlerie, étaient merveilleusement servis par leurs désopilants interprètes Poiret et Serrault ».

Gai, léger, parisien !

J'ai tourné au total quatre films mis en scène par Raoul André. De *Clara et les méchants* à *Ces messieurs de la gâchette,* on ne peut pas parler de grand renouvellement des situations, et encore moins d'effort intellectuel à fournir de la part des spectateurs. Côté acteurs, nous savions que nous n'étions pas en train de jouer Brecht ou Claudel, et que notre paradis dans les cinémathèques ne se gagnerait pas de cette façon. Ça tombait bien : nous n'étions pas là pour ça ! En cette année 1967, nous tournions avec Raoul André *Le Grand Bidule.* Faux agents secrets, quiproquos, femme jalouse, quiproquos, portes qui claquent, quiproquos, la recette du sandwich était depuis longtemps éprouvée. Sur le plateau, Raoul André ne se posait pas franchement de problème métaphysique. On tournait toujours dans une grande villa des environs de Paris, avec un parc assez vaste pour pouvoir accueillir tous les extérieurs du film. Quant aux intérieurs, là encore, pas de souci. Raoul André faisait éclairer une fois pour toutes la plus grande des pièces, et on y tournait quasiment tout ce qui devait se passer dans la salle à manger, le salon, la chambre, le grenier, les dépendances, la cave et le bureau !

— Qu'est-ce qu'on a à tourner, maintenant ?

— La scène où il lui fout des gifles dans la baignoire !

— Parfait, disait Raoul. Installez une baignoire, mettez-moi un panneau avec des petites fleurs derrière, des sels de bain sur un tabouret, rajoutez-moi un porte-serviettes en amorce, et ça ira ! Allez les gars, on y va ! Gai, léger, parisien !

Il disait « moteur » en se marrant, et nous adorions cette ambiance où on ne se prenait pas la tronche... Technicien hors pair, Raoul André pouvait se permettre de travailler dans ces conditions. Avant tout, il aimait s'amuser, comme ses acteurs, qui étaient à quatre-vingts pour cent toujours les mêmes. Francis Blanche, Darry Cowl, Jean Yanne, Michel Galabru, Micheline Dax, Annie Cordy, Jean et moi... C'est au cours du tournage du *Grand Bidule* que Raoul André sut faire preuve d'une infinie patience. Car il fallait venir à bout de la tyrannie d'amitié qu'imposait Francis Blanche.

Pour commencer la journée, Francis demandait à son chauffeur, qui conduisait une superbe américaine décapotable, de s'arrêter chez trois boulangers de Paris, distants de plusieurs arrondissements : celui qui faisait les meilleurs croissants, puis celui qui faisait les plus fines brioches, et enfin celui qui faisait la baguette la plus croustillante. Arrivé sur le tournage, il s'installait dans sa caravane et préparait le petit déjeuner pour tout le monde.

— Francis, il est déjà neuf heures...

— On mange !

À la pause du déjeuner, même scénario. Il exigeait que Jean et moi l'accompagnions dans une auberge vers Montfort-L'Amaury à vingt-cinq kilomètres de là...

— Mais Francis, on a à peine une heure pour la cantine...

— Je m'en fous ! J'ai dit Montfort ! Chauffeur !

Nous revenions deux heures après l'horaire prévu pour le tournage d'après-midi. Raoul André nous accueillait comme si de rien n'était.

— Ah ! Je suis content de vous revoir, les gars ! Allez, on va tourner ! Gai, léger, parisien !

Aujourd'hui, les conditions économiques du cinéma sont devenues tellement strictes qu'un tournage est organisé comme une caserne de sapeurs-pompiers. Mais à l'époque... Peut-être aussi que personne n'avait envie de se faire casser la gueule par Francis !

C'était un homme incroyable. Doué pour la poésie, la musique, la cuisine, la comédie, la farce. Tout, pourvu que ce soit énorme. Tout, pourvu que sa démesure dégénère en panique ! Francis Blanche était un ami de Poiret et Serrault depuis nos premières tournées sur la Côte d'Azur, où il avait une maison. C'est lui qui, après avoir ri à nos antiquaires, nous avait proposé de rebaptiser le sketch *Sodome et Commode*!! À Paris, on le voyait souvent, et pas uniquement pendant les tournages. Lorsqu'il nous baladait dans sa voiture américaine, il inventait des chansons qu'il entonnait à tue-tête, il improvisait des textes poignants de poésie, ou alors il cherchait (et trouvait dans la seconde) des slogans dont il se servait par la suite sur scène ou à la radio. Il a créé devant Jean et moi le fameux *Pour que l'école dure, amis donnez!* Un jour il s'est arrêté pour demander aux passants de signer une pétition intitulée *La chasse à la baleine, c'est assez!* Nous l'avons vu sur le boulevard des Capucines, debout au volant de son américaine en marche, affoler les gens en criant : « Comment ça s'arrête ?! Comment ça s'arrête ?! » Francis était un enfant. Surdoué. Un charme fou et un esprit vache à faire peur. Il faisait partie, je crois, de ces gens qui nous ont été prêtés et qui nous sont repris un jour, peut-être parce que nous n'avons pas su les aimer assez...

19

Je bouclai l'année 1967 par deux films, *Du mou dans la gâchette,* réalisé par Louis Grospierre et joué par les habitués, et *Le Fou du labo 4,* de Jacques Besnard, où je retrouvai Pierre Brasseur, ainsi qu'un comédien que j'aimais beaucoup, Henri Virlogeux, qui me rappelait, par son étonnante ressemblance physique, sa voix et sa diction, le grand André Lefaur. Je tournai aussi, pour la télévision, *Le Bourgeois gentilhomme.* Bon metteur en scène, Pierre Badel dut composer avec des conditions de travail épouvantables. Nous n'avions pu lire le texte qu'une seule fois... et il avait fallu tourner, sans réelle répétition, sans réflexion sur les intentions. La télévision avait décidé de monter ce *Bourgeois* dans son intégralité, c'est-à-dire avec les ballets de Lulli. Badel était sans cesse accaparé par les danseurs, les musiciens, les chorégraphes... et harcelé par un directeur de production qui surgissait à tout bout de champ :

« Je vous préviens que si le deuxième ballet n'est pas entièrement tourné cette nuit, il sautera. Pas question de déborder. » Heureusement que la troupe était composée de comédiens qui assurent, comme on dit ! Darras, Carel, Ceccaldi... Mais nous aurions aimé ne pas être les simples instruments du rendement. Une scène de comédie comme celle du Mamamouchi n'a peut-être que l'apparence du divertissement et du rire, mais il faut y trouver une vérité, et ce tournage à vive allure ne s'y prêtait pas.

Johnny chef de bande

Pour un certain nombre de personnes, l'année 1968 semble se résumer au mois de mai. Pour ma part, j'ai eu pas mal à faire les onze mois restants ! D'abord mon Raoul André réglementaire, *Ces messieurs de la famille,* avec toute la troupe, puis un film dont je doute que le scénario soit un jour étudié dans les écoles (on ne sait jamais, en fait, il faut se méfier), *À tout casser.* C'était un film de John Berry avec Eddie Constantine, qui avait bien des malheurs à cause de l'ignoble truand que j'étais, lequel empêchait une bande de jeunes d'ouvrir la boîte de leurs rêves. Le chef de la bande était... Johnny Hallyday. Une gentillesse et une conscience professionnelle rares. Il devait avoir quelque chose comme vingt-cinq ans, et le premier jour de tournage, je l'ai vu venir à moi, souriant et un peu timide.

— C'est le deuxième film que je fais avec vous, monsieur Serrault...

— Le deuxième?

— Oui... Je jouais un des gosses du pensionnat dans *Les Diaboliques*...

Le premier film de Johnny était donc aussi le mien. Je n'ai pas retravaillé avec lui, mais si jamais il a besoin d'un petit solo de trompette dans un de ses concerts, qu'il n'hésite pas!

Négociation avec Pierre Fresnay

Après avoir mis à profit les événements du printemps pour déménager une nouvelle fois et installer la famille Serrault, toujours à Neuilly, mais dans une maison aux allures anglaises avec un petit bout de jardin, je me consacrai à ma grande affaire de l'année, la création en septembre à la Michodière de la pièce de Marcel Achard, *Gugusse*. Achard m'avait connu chez Dhéry, dont il était très proche. Il était venu souvent nous voir jouer avec Jean, et nous nous étions gentiment moqués de son côté mondain et parisien dans *Sacré Léonard*. Il tenait absolument à ce que je joue le rôle d'Éloi, surnommé *Gugusse*, le brave mari qui, en 1944, découvre que sa très jolie femme l'a trompé pendant quatre ans avec un officier allemand. Au moment où les choses se gâtent pour l'occupant, elle a décidé de fuir avec son amant, laissant le pauvre Éloi au désespoir. Notre cher François Périer, qui avait son mot à dire au théâtre de la Michodière, m'avait lui aussi chaleureusement recommandé à la direction, à savoir... Pierre Fresnay et Yvonne Printemps.

La directrice en titre était l'inoubliable Yvonne, mais c'était bien Fresnay qui faisait tourner la maison. Je me suis retrouvé devant lui dans le bureau directorial pour signer mon contrat (je n'avais alors pas d'agent pour le théâtre, seul Béhars s'occupait de mes engagements au cinéma). C'est peu dire que j'étais impressionné. Pierre Fresnay faisait partie de mes acteurs de prédilection, et je l'avais vu, dans ce même théâtre, jouer avec Julien Bertheau *Le Neveu de Rameau,* puis *L'Idée fixe* quelques saisons auparavant. Dans ce bureau, Fresnay semblait plus intimidé que moi ! Il se racla la gorge et attaqua, de sa voix qui fit le bonheur de quelques imitateurs, mais qui n'était pas tout à fait la même sur scène et dans la vie.

— Eh bien, voilà mon cher ami... Il faut bien que nous parlions un peu... Puisque vous allez jouer chez nous... Vous savez combien je vous admire... Je suis sûr que nous allons nous entendre... Voyons... Avec Yvonne nous avons

242

pensé... Et vous me direz bien sûr comment vous voyez ça... Si vous êtes d'accord, ou si vous croyez qu'on peut... Enfin voilà la proposition qu'Yvonne et moi avons imaginée...

Il m'avança un chiffre très convenable, mais, au comble de l'émotion, je ne répondis pas, me contentant d'un furtif hochement de tête en signe d'approbation. Fresnay ne le comprit pas comme ça ! Et mon silence l'obligea à meubler, à poursuivre son discours !...

— Évidemment, me dit-il en se raclant à nouveau la gorge, on pourrait... Je veux dire qu'avec Yvonne nous pouvons envisager une somme plus élevée...

Il me donna un nouveau chiffre, sensiblement supérieur au premier. Je restai toujours muet, mais avec un mouvement du chef tout semblable. Même méprise.

— Bien sûr, soliloqua Fresnay, bien sûr... Ne nous tracassons pas. Yvonne tient à vous avoir, nous pouvons faire un effort supplémentaire...

Il augmenta encore. J'entendis alors sortir d'un gosier desséché (le mien) un son qui évoquait l'ouverture d'une vieille armoire.

— C'est très bien, monsieur Fresnay...

Bien plus tard, Pierre Fresnay m'avoua en riant :

— Jamais de ma vie j'ai souffert comme vous m'avez fait souffrir le jour de votre contrat ! Faire monter les enchères sans dire un mot, je n'avais jamais vu ça !

La voilette d'Yvonne Printemps

Fresnay m'avait demandé d'inviter Nita, qu'il avait également vue sur scène et qu'il aimait beaucoup, pour fêter la signature du contrat. Rendez-vous au Bar de la Michodière où nous attendait Yvonne Printemps. Elle approchait alors des soixante-quinze ans (Fresnay avait deux ou trois ans de moins qu'elle), et se rendait tous les jours à son théâtre, coiffée, selon l'humeur, d'un chapeau très petit ou très grand, mais toujours prolongé d'une voilette qui lui descendait jusqu'au menton. Dans ses bras, je devrais dire dans sa main, un chien dont la taille était inversement proportionnelle à la hargne. Au Bar de la Michodière, Fresnay me présenta à Yvonne Printemps.

— Yvonne, voici Michel Serrault, que vous aimez tant. Vous vous souvenez comme il vous a fait rire, avec Jean Poiret...

Elle s'approcha de moi et, la bouche plus en cœur que jamais, me fixa de ses yeux perçants. Elle tendit la main droite comme si elle allait me griffer le visage, tandis que dans la gauche le méchant petit chien montrait les dents...

— Oh vous !... fit Yvonne, prête à m'écorcher. Vous... Vous... répétait-elle en montant de plus en plus dans l'aigu et en mâchonnant sa voilette, vous...

Et soudain elle se mit à chanter !

— *Je vous ai-ai-ai-me...*

À ces dernières paroles de *Parlez-moi d'amour,* tout le bistrot s'était retourné, mais personne n'avait l'air surpris ! Car c'était une habitude d'Yvonne Printemps de ne jamais faire une phrase sans que les mots de la fin ne la fassent entonner une chanson. Je m'y habituai à mon tour.

— Oh vous ! J'ai envie de vous tordre le cou ! soufflait-elle dans la voilette, pendant que le chien minuscule tentait de me mordre la main...

— Ah bon ? Mais qu'est-ce que je vous ai fait, Yvonne ?

— Ce matin, j'ai pensé à vous... *Je pense à vous quand je m'évei-lle-eu... Et de loin je vous suis des yeu-eu-eux...*

— C'est pas bien grave, Yvonne !

Le chien, fou de rage de ne pouvoir m'attraper la main, postillonnait de tous ses jappements. Yvonne aussi semblait vouloir me dévorer :

— Oh toi, toi, je t'ai tout donné !... *Je-eu t'ai doonné mon cœur...*

Nita et moi pensions que la célébration du

contrat allait s'arrêter au Bar de la Michodière. Illusion.

— On vous emmène dîner, bien sûr, annonça Pierre Fresnay.

Et nous voilà dans la voiture américaine de Fresnay, qu'il conduisait de manière particulière. Il n'arrivait jamais à démarrer en marche avant. Il reculait systématiquement de deux ou trois mètres avant de partir. Au Louis XIV place des Victoires, dès qu'on voyait arriver Pierre Fresnay et Yvonne Printemps, c'était le branle-bas de combat. Maître d'hôtel, serveurs, jusqu'au directeur se précipitaient. En cuisine, il paraît que c'était la panique, de crainte de mécontenter Yvonne. Le maître d'hôtel se courbait jusqu'à faire angle droit de son corps. Et la scène commençait, immuable :

— Que pouvons-nous faire pour vous être agréable, mademoiselle Printemps ?

— Je ne sais pas. Non, je ne sais pas... *Je ne sais pas ce que nous sommes... nous sommes...* se mettait à chanter Yvonne au nez du maître d'hôtel blasé, *mais mon Dieu que c'est bête un ho-o-o-m-me...*

Fresnay tentait de l'interrompre :

— Qu'est-ce que vous voulez prendre, Mamoune ?

C'est alors qu'elle s'emportait :

— Rien ! Vous êtes un con !

246

— Merci, Mamoune, moi aussi je vous aime...

Ce soir-là, Yvonne souleva sa voilette et fit honneur à la table... et plus encore à la cave. Fresnay n'y alla pas non plus avec un dé à coudre. Il y avait un petit tonneau disposé près de la table pour pouvoir se servir directement. Avec Nita, nous avons vu Fresnay et Yvonne remplir leurs verres toute la soirée. Au moment de repartir, nous avions quelques craintes à monter dans la voiture. À juste titre. Après un bond de trois mètres en arrière qui enfonça le pare-chocs d'une autre voiture, Fresnay démarra sur les chapeaux de roues en prenant un sens interdit. Soudain Yvonne lança :

— On ne va pas laisser les enfants comme ça, minou !

— Non, Mamoune, non... Un peu de champagne à la maison ?

À l'arrière, Nita et moi, qui ne nous sentions pas très bien après les trois ou quatre apéritifs et les généreuses rasades servies par Fresnay, en étions à balbutier : « Oh non, pitié... Pas de champagne... » Nous avons débarqué dans leur magnifique hôtel particulier du quartier Saint James à Neuilly. Nita tanguait au milieu du grand salon. J'aperçus ma tête dans un miroir : vert pâle.

— J'arrive, Mamoune ! fit Fresnay du premier étage, à Yvonne qui s'impatientait.

On entendit un grand bruit, quelque chose qui dégringolait l'escalier... C'était le seau à champagne qui arrivait le premier au bas des marches. Fresnay suivait, en s'efforçant de rester droit, la bouteille à la main. Yvonne avait rabaissé sa voilette, qu'elle aspirait et refoulait à chacune de ses phrases.

Nous les avons quittés à plus de deux heures du matin. Eux tranquillement pafs, mais Nita et moi livides, exténués, malades. À huit heures le téléphone sonna. J'avais toujours une bassine à sangria à la place de la tête, Nita gémissait au fond de son lit. Au bout du fil, c'était Fresnay, la voix claire et charmeuse.

— Michel, je voulais vous remercier. Yvonne et moi avons passé une merveilleuse soirée. On vous adore, Nita et vous. Alors à très bientôt au théâtre...

Je n'ai pas eu la possibilité d'aller me recoucher, mais ce n'était ni l'envie ni le besoin qui me manquaient.

Je reste fasciné par la personnalité de Pierre Fresnay et Yvonne Printemps. Comme je n'ai pas dit mon dernier mot dans le domaine de la comédie, j'espère pouvoir rendre hommage à Yvonne en jouant le rôle d'une vieille dame ou vieille demoiselle qui porterait une voilette... Sous cette apparence, je donnerais volontiers mon interprétation personnelle de Miss Marple...

Gugusse en liberté

Fresnay était, je l'ai dit, un personnage impressionnant. Et un très grand comédien, il va de soi. Il m'a aidé, m'a prodigué des conseils dont je crois avoir tiré profit. Il commençait toujours par les compliments, félicitait pour telle ou telle trouvaille. Au détour des appréciations, il glissait la remarque juste, celle qui prouvait que rien ne lui avait échappé.

— Là, Michel, au lieu d'enchaîner avec la même force, je pense que vous pourriez prendre en dessous, en profitant de ce moment pour mieux respirer...

Il me disait cela avec sa voix et son phrasé d'acteur, un naturel légèrement transformé, qui magnifiait sa présence et donnait une profonde vérité à tout ce qu'il jouait. Tous les soirs où nous avons joué *Gugusse,* il était là (dans certains théâtres où j'ai travaillé, je n'ai vu qu'une seule fois le directeur !). Fresnay venait bavarder avec moi car il adorait parler avec les comédiens. Le théâtre était sa vie, et, comme l'a fait dire Henri Jeanson à Jouvet, c'était aussi son art. Je quittais toujours ma loge bien avant mes entrées en scène pour pouvoir me concentrer en marchant dans les dégagements du plateau pendant quatre ou cinq minutes. Fresnay m'accompagnait ! J'étais obligé de lui dire :

« Excusez-moi, ça va être à moi ! » Un jour en riant il s'est exclamé :

— Qu'est-ce que c'est que ces comédiens qui ont besoin de se concentrer !

La mise en scène de *Gugusse* n'était pas, contrairement à ce qu'on pourrait croire, assurée par Pierre Fresnay, mais par mon copain Michel Roux. Au bout de trois semaines de répétitions, la machine était entrée dans sa phase de rodage, et nous répétions surtout pour nous assurer de la mécanique. Un jour Michel Roux nous annonça qu'il ne serait pas au théâtre l'après-midi, retenu par une synchro en studio. Mais nous pouvions, comme il nous le conseillait, répéter sans sa présence. J'eus l'idée de proposer à mes camarades (Mylène Demongeot, Georges Marchal, Catherine Hiegel, pour ne citer qu'eux) de prendre un peu de liberté.

— Dites... Michel n'est pas là, et personne ne nous regarde ! Amusons-nous ! On répète pour nous, alors autant rigoler !

Et nous sommes partis pour une répétition un peu folle, où tout le monde s'est effectivement amusé. Il y avait des excès bienvenus, d'autres approximatifs, mais la pièce « sortait » magnifiquement. Cette répétition extraordinaire s'acheva. C'est alors que tomba du premier balcon la voix entre toutes reconnaissable de Pierre Fresnay.

— Mes chers amis... Bravo. C'est comme ça qu'il faut jouer cette pièce.

Il est bien évident que si nous avions su que Fresnay nous regardait, nous ne nous serions jamais lancés ! Nous aurions répété les fesses serrées en respectant au millimètre près nos indications de scène ! Seulement voilà... Cette liberté que nous nous étions accordée nous avait fait toucher la vérité, le point d'impact de la pièce. Mystère du théâtre, toujours.

Gugusse fut un triomphe. Le soir du 13 septembre 1968, Marcel Achard, malade d'inquiétude, crut que ses oreilles le trompaient quand il entendit le tonnerre d'applaudissements qui déchaîna la salle. La critique fut excellente. « L'interprétation d'Éloi par Michel Serrault est un grand moment théâtral, écrivit *L'Aurore*. Candide et coléreux, timoré et généreux jusqu'à l'absurde, empêtré dans cet amour trop grand et qui frôle dangereusement le sublime, il témoigne d'une naïveté ingénue, émouvante et bougonne, d'une justesse de ton constante, et d'un effet comique percutant. Il faut l'entendre dire à l'épouse qui l'abandonne pour l'officier allemand : "Laisse-moi au moins une mèche de tes cheveux !" Et comme elle hésite : "Qu'est-ce que ça peut te faire, puisque tu seras tondue !" Pas une nuance qui ne soit restituée à la perfection. »

J'étais content, évidemment. Mais, dans le jardin de mon cœur, *Gugusse* avait fait pousser deux petites fleurs qui me rendaient un peu plus heureux encore : j'avais eu le bonheur de travailler avec Pierre Fresnay, et je jouais dans le théâtre qui avait été celui de Victor Boucher...

20

J'ai raconté que la pièce *Quand épousez-vous ma femme?* faisait partie de ces spectacles de troisième fournée que les directeurs de théâtre montent au moment de Pâques en espérant tenir jusqu'à l'été, et plus si le public y trouve des affinités. C'est dans cette catégorie, mais rayon qualité, qu'il faut ranger *Le Vison voyageur,* que Marie Bell, alors directrice du Gymnase, nous demanda, à Jean et à moi, de venir jouer dans son théâtre au mois de mars 1969. C'est Jean-Loup Dabadie qui avait adapté cette pièce de l'Anglais Ray Cooney. Un vaudeville à tenir sur un tempo d'enfer, avec une énergie monumentale. La toute jeune septuagénaire Marie Bell déambulait dans son théâtre en chemisier vaporeux et jupe quasi mini. Comme elle était frileuse, elle faisait chauffer le bâtiment pour avoir trente degrés en permanence, mais comme on en arrivait vite à l'étuve, elle s'habillait de plus en plus léger...

Les frayeurs de Marie Bell

Au début, Marie Bell fut terriblement inquiète. Lorsque nous répétions, avec Jean, nous prenions simplement nos places, mémorisions nos mouvements, sans indiquer quoi que ce soit de notre jeu. Nous étions un peu des danseurs, exécutant une chorégraphie dont la musique aurait été le marmonnement du texte. On n'allait pas donner toute la puissance de feu devant une salle vide. Personne n'est encore parvenu à faire rire des fauteuils. Cette manière de répéter, « à blanc », qui vaut surtout pour l'horlogerie des pièces comiques, n'était pas nouvelle. Les acteurs qu'on désignait autrefois sous le nom du théâtre où ils se produisaient le plus souvent (ainsi parlait-on de la troupe des Variétés où jouaient les André Lefaur et Saturnin Fabre), ne procédaient jamais autrement. Marie Bell l'avait oublié, et, passant un jour à une de nos répétitions, nous interrompit, affolée :

— Vous n'allez pas la jouer comme ça, quand même !

Nous l'avons rassurée de notre mieux.

Un incident éclata lorsqu'elle vint nous annoncer :

— Mes enfants, demain on joue pour la première fois !

— En quel honneur ? ?

— On est obligés ! Jean-Jacques Gautier ne sera pas à Paris pour la générale, il viendra demain pour la première.

Que faire ? Refuser en s'attirant les foudres d'un critique surpuissant qui nous aimait bien ? Accepter en prenant le risque, toujours démultiplié pour une pièce comique, de se casser la gueule ? L'ami des lapins nous posait un sérieux cas de conscience. Jean trancha radicalement :

— Marie, c'est très simple. Si nous n'avons pas cinq représentations avant la générale pour nous roder, moi demain je ne joue pas. Je n'entrerai pas en scène si Jean-Jacques Gautier est là.

La discussion s'engagea. Marie Bell, aux abois, fit venir son administrateur. Nos arguments ne semblaient pas porter.

— C'est comme si vous nous demandiez de monter dans une voiture neuve dont on n'a pas essayé les freins ! s'exclama Jean.

Le lendemain, Jean-Jacques Gautier était dans la salle et Jean campait sur ses positions. Il n'entrerait pas en scène. Marie Bell paniquait, au bord du malaise. L'administrateur en larmes me suppliait d'intervenir. Je me suis laissé fléchir. Je suis allé trouver Jean.

— Et si on jouait ? L'important est qu'on rigole tous les deux, non ?

Le regard bleu s'alluma. Toute la malicieuse complicité qui nous liait depuis dix-sept ans passa en un éclair dans ses yeux. Nous avons joué. Et très bien. Mieux qu'à la générale quelques jours plus tard ! Jean-Jacques Gautier fit un très bon papier, qui parut en même temps que celui de ses confrères venus la semaine d'après, mais, à mon grand regret, il ne signala aucun glapissement.

Visites à l'Élysée

Ce *Vison voyageur,* nous sommes allés le jouer à l'Élysée, devant Georges Pompidou, puisque le protocole, très strictement observé à l'époque, interdisait au président de la République de mettre les pieds dans un théâtre privé. Il ne pouvait s'autoriser que l'Opéra et la Comédie-Française. Nous avons joué dans la salle des fêtes du palais, sur une estrade. Il y avait un petit côté patronage pas déplaisant. Les comédiens que nous étions se sont vu offrir un souper après le spectacle et, pendant qu'on nous servait le foie gras dans la vaisselle de l'Élysée, le président, qui avait, je crois, passé une bonne soirée avec ses invités, est venu nous remercier chaleureusement. Cette évocation d'une représentation à l'Élysée me remet en mémoire les réceptions que le général de Gaulle offrait aux artistes une ou deux fois par an dans les années soixante. Jean et moi y avons souvent été invités, mais mon grand plaisir était de me coller à Paul Meurisse, qui, me sachant imprévisible, tentait l'impossible pour me dissuader de l'accompagner.

— Ne reste pas près de moi, Michel ! On va serrer la main du général, c'est pas le moment de déconner !

Il s'attendait sans doute que je demande au général des nouvelles du pays, ou que je joue « y a erreur sur la personne », ou encore que j'embrasse Tante Yvonne !

Nous défilions devant de Gaulle et Malraux. Le second soufflait parfois à l'oreille du premier un mot ou deux sur les invités qui avançaient en rang d'oignons. Le général répétait aux quatre ou cinq cents artistes : « J'admire beaucoup ce que vous faites » ou : « Ravi de vous voir, maître ». À moi il me dit un jour, le visage grave mais l'œil rieur : « Nous nous connaissons bien, cher ami. » Je n'ai jamais su interpréter cette présentation inhabituelle. Ce qu'il y avait de très marrant, c'étaient les buffets qui suivaient. Au motif qu'ils étaient devant le général, les artistes, dont certains soutenaient pourtant sans mal une réputation de videurs de bouteilles, étaient tétanisés au moment de boire un verre. Les maîtres d'hôtel les suppliaient d'approcher des tables. Tout juste si quelques extras, qui avaient l'habitude de servir les réceptions mondaines, ne s'adressaient pas à certains en disant :

« N'ayez pas peur, vous avez le droit de boire !
Comme d'habitude... quand vous finissez
saoul ! »

En 1969, je jouai un flic myope dans *Un merveilleux parfum d'oseille,* et participai au film
que réalisait mon ami Pierre Mondy, *Appelez-
moi Mathilde,* qui était tiré d'une pièce à succès
de Francis Veber. Deux comédiens que j'admire
faisaient partie de la distribution : Jacques
Dufilho et Robert Hirsch. Je retrouvais aussi
Jacqueline Maillan, c'est-à-dire la famille. Jouer
avec elle, c'était à coup sûr s'amuser. Autant sur
scène son abattage était extraordinaire, avec un
prodigieux sens du comique, un don pour faire
croire à l'impossible, autant Jacqueline était
dans la vie discrète, jusqu'à paraître parfois
inquiète et effarouchée. Jean Poiret et Françoise
Dorin nous avaient choisis, Jacqueline et moi,
pour être marraine et parrain de leur fille Sylvie.
J'avais si souvent formé un couple sur scène ou
à l'écran avec Jacqueline Maillan qu'il leur avait
semblé tout naturel de nous offrir ces deux jolis
rôles...

Audiard metteur en scène

La décennie qui s'annonçait allait mettre un
terme à la ronde des films des années soixante,

de ceux qu'on enchaînait pour le plaisir de s'amuser avec les copains. Le cinéma faisait toujours appel à moi, mais le goût du public, ses habitudes aussi, allaient changer, et les petits films comiques qui rassemblaient la bande des rigolos français allaient rapidement disparaître. L'année 1970 m'expédia à trois reprises sur les plateaux de cinéma. Pour un film d'Édouard Molinaro, *La Liberté en croupe,* variation sans grand intérêt sur la libération des mœurs post-soixante-huitarde, *Mais qu'est-ce qui fait courir les crocodiles ?,* une comédie de Jacques Poitrenaud où je retrouvais Jean et Francis Blanche, et enfin le nouveau film de Michel Audiard réalisateur, *Le Cri du cormoran le soir au-dessus des jonques,* parodie de film de gangsters comme il les aimait.

Michel avait tâté pour la première fois de la mise en scène deux ans auparavant avec *Faut pas prendre les enfants du bon Dieu pour des canards sauvages,* titre auquel de Gaulle, qui n'était pas franchement l'idole d'Audiard, avait donné un retentissement inattendu en le citant au cours d'une conférence de presse. La devise de Michel Audiard réalisateur était d'une redoutable simplicité : je fais confiance à mes potes acteurs. Le dialoguiste Michel Audiard avait fait du sur-mesure pour Blier, Meurisse, Biraud, Carmet et moi, et le metteur en scène Audiard Michel n'allait tout de même pas perdre son temps à nous expliquer comment dire les répliques ! Il avait bien assez de soucis avec cette caméra qu'il ne savait pas où placer, ce plateau où il s'étonnait qu'il faille réclamer le silence, ce foutu « moteur ! » qu'il négligeait de demander, sans être obligé de faire, en plus, de la direction d'acteurs ! Diriger qui et quoi, d'ailleurs ? Apprendre leur métier à Blier et Meurisse ? Audiard aimait trop les acteurs pour cela. Il les aimait de tout son être, de toutes ses fibres. Les regarder jouer les scènes qu'il leur avait écrites était pour lui un bonheur intarissable. Installé dans son fauteuil de metteur en scène, il nous écoutait balancer ses répliques « aux petits oignons ». Il y avait toujours un petit temps de silence après chaque scène, et on entendait le premier assistant demander gentiment à Audiard :

— On coupe, Michel ?

— Ah oui, merde ! J'oublie toujours ! Coupez !

Dans *Le Cri du cormoran,* je jouais Alfred le paumé, terrible naïf sur lequel pèsent les pires menaces. Un de mes tortionnaires, homme de main de Paul Meurisse, était un jeune comédien avec qui je me suis tout de suite bien entendu : Gérard Depardieu.

Ce vol du cormoran fut de bout en bout une partie d'amitié et de rigolade. Nous nous sentions bien tous ensemble, et pas seulement sur le plateau. La cantine du déjeuner avait tendance à jouer sérieusement les prolongations et le tournage à prendre du retard, parce que c'était difficile, quand on s'appelait Michel Audiard, de quitter les copains.

Les sanglots d'Edwige Feuillère

1970 : année importante pour le théâtre. Jean Poiret avait écrit sa première « vraie pièce », *Douce amère,* qu'il jouait avec Nicole Courcel à la Renaissance dans une mise en scène de Charon. Jean était terriblement inquiet : lui l'amuseur, le fantaisiste, allait-il passer la rampe avec une histoire d'amour où l'ironie et le sourire dissimulent toujours le chagrin, une pièce qui l'installait comme l'héritier de Sacha Guitry ? Je retrouvais Jean certains soirs après nos représentations respectives. Car je jouais, moi, depuis le 17 septembre, au Palais-Royal, une pièce... de Françoise Dorin. L'unique rôle masculin des *Bonshommes* avait pourtant été écrit pour Jean-Claude Brialy, qui avait préféré y renoncer. Jean-Claude ne s'estimait pas correspondre au personnage, et c'est lui qui avait soufflé mon nom à Françoise ! Là aussi, c'était Jacques Charon qui mettait en scène cette histoire d'un type que sa femme a quitté, et qui vient un jour, pour cause de téléphone en panne, sonner chez ses voisines, trois femmes qui ont décidé qu'elles n'avaient plus à plaire aux hommes, et qui vivent comme elles l'entendent en tenant une boutique de mercerie rue Lepic. Chouchouté par ses nouvelles amies, ce voisin va devenir de plus en plus envahissant et capricieux.

Jean-Michel Rouzière, le directeur du théâtre du Palais-Royal, m'appela quinze jours avant le début des représentations.

— Michel, venez voir, le décor est prêt, vous allez être content ! C'est magnifique !

Pour du magnifique, c'en était ! Un luxueux salon du 7ᵉ arrondissement, avec cheminées Louis XV modèle second Empire, boiseries, objets précieux. Je fis part de mon étonnement à Rouzière :

— Mais c'est des bonnes femmes dans un petit trois-pièces rue Lepic ! ! Pas un salon avenue de Breteuil ! !

— D'accord, Michel, mais pour le public c'est tellement plus beau ! !

— Je n'ose pas vous demander comment elles seront habillées...

— Les plus grands couturiers de Paris !

— Jean-Michel, vous vous rendez bien compte qu'on nage en plein contresens !

— Vous avez raison, mais il faut montrer au public ce qu'il veut voir ! ! Des beaux appartements, des fleurs, des robes magnifiques, du parfum !...

Ainsi va la vie du théâtre...

Les trois femmes étaient jouées par Edwige Feuillère, Mony Dalmès et Yvonne Clech. Les scènes où le voisin geint sans cesse, et plus il geint plus elles le cajolent, fonctionnaient bien. Celle où je pleurais, seul face à Edwige Feuillère, était même très réussie. Les représentations débutèrent et le succès fut immédiat. Tous les soirs je faisais un numéro de neurasthénique pleurnichard face à Edwige Feuillère qui tentait de me consoler, et plus je sanglotais, plus elle avait envie de me récupérer. Au bout de trois semaines, voilà que ma partenaire, par une espèce de contagion ou de mimétisme, se met à pleurer aussi. Mais les deux effets s'annulant, la mécanique se mit à patiner, le moteur à tourner à vide, ça ne fonctionnait plus ! Le premier soir, je ne dis rien. Le deuxième non plus. Comme Edwige devait trouver qu'elle réussissait bien dans le sanglot, elle prit l'habitude de pleurnicher de concert avec moi. Ma patience s'usa au bout de dix jours. Excédé, je sortis un soir une réplique non prévue.

— Mais arrêtez de pleurer ! C'est moi, qui dois pleurer, pas vous ! Vous avez lu la pièce ! !

Edwige Feuillère s'arrêta net mais ma colère ne retomba pas pour autant. À peine refermé le rideau qui clôturait l'acte, je profitai d'être seul en scène, et de ce que les comédiennes étaient dans leur loge, pour m'écrier :

— Elle commence à me faire ch..., la vioque ! Merde ! Ça fait dix jours qu'elle fout tout en l'air !

Bon, d'accord, quand j'explose, mon vocabulaire n'est pas le signe suprême du raffinement, j'en conviens... Quoi qu'il en soit, le lendemain, le régisseur vint frapper à ma loge...

— Monsieur Serrault, Mme Feuillère voudrait vous voir...

La grande dame du théâtre me pria de m'asseoir.

— Vous m'avez rappelé hier que je n'avais pas à pleurer dans la scène que nous avons ensemble. Très bien. Vous auriez peut-être pu me le dire autrement. Mais vous ne vous êtes pas arrêté là. Après le rideau, vous m'avez traitée de tous les noms. J'avais des amis au premier rang qui vous ont entendu ! Et je vais vous demander quelque chose... Je sais que j'ai quelques années de plus que vous (NDA : vingt et une !), mais pensez-vous réellement que je suis une « vioque » ?...

— Non, Edwige, bien sûr, non... bredouillai-je, je me suis emporté, c'est tout...

Quelques plates excuses plus tard, l'incident était clos. Edwige Feuillère ne sanglota plus sur scène, mais ne m'appela plus « Michel »... Elle disait « l'affreux jojo ». Elle m'envoya même un petit mot très gentil ainsi rédigé : « Vous êtes un affreux jojo, mais je vous aime bien. »

Marthe Mercadier ou la vie au grand air

Les Bonshommes partirent en tournée, mais sans Edwige Feuillère. Elle fut remplacée par Marthe Mercadier, et c'est Ginette Leclerc qui reprit le rôle de Mony Dalmès. Ginette Leclerc était accompagnée de sa mère, et c'était touchant et extraordinaire de voir tous les soirs cette vieille dame assise dans les coulisses, derrière le décor. Elle attendait que sa fille vienne lui toucher la main à la faveur d'un jeu de scène.

Nos voyages s'effectuaient à bord d'un car confortable de la tournée Karsenty-Herbert, et, comme les personnages de la pièce n'étaient pas nombreux, nous avions de l'espace, dans un car de quarante places ! Marthe Mercadier, que je connaissais bien, qui est une copine et surtout une très bonne comédienne, est ce que j'appelle une respiratoire. Toujours besoin de faire des kilomètres à pied ou du trapèze volant. Par moins dix, ça ne la gêne pas de se balader en maillot de bain ! Nous étions en hiver, et, au bout d'une dizaine de jours, Marthe fit savoir qu'il faisait trop chaud dans le car. D'ailleurs, pour pouvoir prendre l'air, elle faisait arrêter le véhicule toutes les heures pour s'offrir un quart d'heure de marche et des mouvements de gymnastique dans la campagne... Moi aussi je sortais me dégourdir les jambes, mais ça durait trois minutes et je retournais dans le car, où Ginette Leclerc et sa mère étaient calfeutrées. Ce régime aurait pu tenir jusqu'à la fin de la tournée. C'était compter sans le besoin de Marthe de se précipiter dans le premier gymnase venu, de se baigner dans l'eau froide, de boire des quantités de flotte. Bref, entre Ginette Leclerc et sa mère qui voulaient trente-cinq degrés à l'intérieur du car et notre Respiratoire, on s'acheminait vers l'incident diplomatique. C'est alors que je reçus un coup de fil de Georges Herbert auquel Marthe avait proposé, sans me prévenir, sa solution miracle. C'était simple : une voiture particulière que je conduirais, Marthe comme passagère, thermostat à zéro, vitres ouvertes, vent glacial dans le pif.

— Ah non, merde ! Pas question ! m'emportai-je auprès de Georges Herbert. En plus elle me ferait porter les valises !

— Mais franchement, Michel, me dit Herbert, ça doit quand même être possible de voyager à six dans un car de quarante personnes en aérant de temps en temps !

— D'accord, Georges. Dites-le à Marthe !

— J'ai peut-être une solution, remarquez...

La solution de Georges Herbert, c'était de profiter des huit jours où nous jouions à Genève pour faire transformer le car ! C'est ainsi que nous sommes remontés dans un véhicule coupé en deux par une cloison de verre... À l'arrière, où tous les orifices de chauffage avaient été obturés, Marthe Mercadier évoluait en slip et soutien-gorge en avalant du pain complet, de la gelée royale, en buvant des jus de citron qu'il fallait faire tiédir sur un petit réchaud à chacun des arrêts ! De temps en temps, elle tapait à la cloison et me faisait signe de venir la rejoindre, car elle respirait enfin mais s'emmerdait ferme ! Telle était Marthe, que les graines et les vitamines ont conservée aussi éclatante que son talent.

J'ai toujours aimé les tournées. J'ai toujours eu l'impression que je faisais encore plus mon métier de saltimbanque lorsque j'étais sur les routes. Sans doute parce que c'est ainsi que j'avais commencé, avec Jean-Marie Serreau, dans l'Allemagne d'après-guerre. Je n'ose pas imaginer ce qui se serait passé alors si Marthe Mercadier avait été des nôtres ! Les Walkyries n'auraient eu qu'à bien se tenir !

21

L'une de mes grandes joies en 1971 fut de tourner *Le Viager*. Pour de multiples raisons. La première : c'était Tchernia qui réalisait là son premier film au cinéma. Nous nous connaissions depuis les débuts de Poiret, de Serrault, de la télévision... et de Pierre Tchernia lui-même. Nous ne nous étions jamais perdus de vue, nous retrouvant notamment autour de Robert Dhéry chaque fois qu'il était nécessaire.

Un centenaire pour Pierre Tchernia

Sous ses allures de colosse débonnaire, Pierre dissimule un monde bien à lui, mais qu'il est heureux de faire partager aux amis. Ce qu'il aime par-dessus tout, c'est le cocasse. La douce loufoquerie. Élevé comme nous au lait Robert Dhéry, il s'amuse à poser un regard tendre sur tout ce qui est insolitement drôle. Tchernia possède son originalité et une réelle personnalité d'auteur. Pour cela aussi il m'est proche, car c'est devenu rare quelqu'un qui a le courage de ses goûts. La deuxième raison pour laquelle j'ai été heureux de faire *Le Viager,* c'est le rôle, bien sûr. À l'origine, Tchernia avait pensé le confier à Dhéry, mais Robert lui-même avait dit : « Non, ça c'est pour Michel. » Travailler une composition comme celle-là (Louis Martinet, de soixante à cent ans !) me plaisait énormément. Parce que, y compris dans une comédie, le maquillage ne résout pas tout. Il faut, comme toujours, trouver une vérité qui n'est pas confiée avec le costume et les postiches. De ce côté-là précisément, je m'étais limité à un faux nez.

— Ça va m'aider, avais-je dit à Pierre. Au début j'ai soixante ans (j'en avais quarante-trois dans la réalité), et je suis sûr qu'un accessoire m'apportera quelque chose. Après, ça facilitera le maquillage du centenaire. Mais le faux nez va m'aider à trouver la vérité du bonhomme.

C'est ce qui s'est passé. J'y ai ajouté d'autres ingrédients, bien sûr. Je me suis physiquement tassé au fur et à mesure que les années passaient pour le personnage, en faisant toutefois attention à ne pas tomber dans un excès qui aurait été contraire à ce que racontait l'histoire, puisque Martinet rajeunit en prenant des années. Le sexagénaire souffreteux qui consulte le docteur Galipeau au début devient un centenaire pimpant que l'air marin et la vie paisible ont requinqué ! Pour aborder un rôle de composition, le don d'observation est assez indispensable. Et aussi la mémoire... Moi je me suis souvenu de ma grand-mère Léona, morte à quatre-vingt-douze ans ! Je l'ai imitée dans sa façon de hocher la tête pour marquer la bienveillance, de prendre les mains de ses interlocuteurs pour traduire la reconnaissance. J'ai essayé aussi de retrouver ce sourire particulier des vieillards lorsqu'ils considèrent les choses avec distance, et que l'on voit alors combien ils sont malins... C'est de cette manière que j'ai voulu proposer une piste qui enchanta Tchernia : en fait, on ne sait jamais si Martinet est dupe ou non des manigances de la famille Galipeau. Quant à ce moment de 1930 où Martinet boit de l'huile de foie de morue (avec du champagne parce que c'est Noël !), tout en suivant une émission sur son poste à galène, écouteurs sur les oreilles, vous devinez sans peine l'origine de la scène maintenant que j'ai raconté les farces que je faisais à ma grand-mère quand nous lui inventions une fausse radio.

Troisième raison de me réjouir de ce *Viager* : le scénario imaginé par René Goscinny et Pierre Tchernia. Une formidable idée de départ (Martinet enterre les uns après les autres les Galipeau qui pensaient faire une affaire en prenant sa maison en viager), développée avec un bonheur constant dans la drôlerie et le gag. Goscinny y avait apporté tous les réjouissants dérapages qu'on trouve dans la bande dessinée comique, comme ces ponctuations par un chœur angélique chaque fois que quelqu'un disparaissait. Pierre, lui, s'était amusé, dans le clin d'œil aux actualités cinématographiques, à reprendre tous les clichés, lieux communs et phrases ronflantes des commentaires ! Sur les images des forts des Halles venant offrir le muguet au président de la République le 1er Mai, l'expression lancinante qu'on entendait d'année en année était : « ... Et c'est un peu de printemps qui entre à l'Élysée ! » claironnée par Roger Carel.

Quant à la voix d'enfant qu'on entend expliquer ce qu'est un viager, c'est celle... de ma fille Nathalie, onze ans à l'époque ! Sa propre fille, Gwendoline, se tord de rire chaque fois qu'elle revoit le film !

Ultime raison pour laquelle *Le Viager* ne me laisse que d'heureux souvenirs : ce fut encore une fois une bande de copains qui goûtèrent à « l'esprit de troupe ». Tchernia avait déclaré : « Pour mon premier film, je serai plus tranquille avec des amis. Et ça tombe bien : les miens sont de bons acteurs. » Il s'agissait de Galabru, Darras, Rosy Varte et Odette Laure, Yves Robert, Claude Brasseur, et d'un duo de truands minables composé de Jean Richard et Gérard Depardieu. Carmet était de l'aventure, dans un irrésistible numéro d'avocat lamentable. Quant au cher Noël Roquevert, il rangea définitivement son agenda de tournage après ce film, et partit faire rire les anges. Une remarque encore : même si *Le Viager* connut un énorme succès, je ne suis pas sûr qu'on ait bien noté que c'est un des trop rares films où je joue du bugle... J'incarnerai un autre centenaire, qui fut bien réel celui-là, le philosophe Fontenelle, dans *Un Cœur oublié*, quelques années plus tard.

Avec ou sans moustache ?

En 1972, Étienne Périer me proposa de jouer le commissaire dans *Un meurtre est un meurtre*, un polar au climat vénéneux. Pour la première fois depuis très longtemps, j'abordais un rôle qui ne devait rien au comique ou à la fantaisie. Le personnage me plut par l'ambiguïté qu'il recelait, et que je m'efforçai de rendre toujours perceptible. Voilà pourquoi un jeu de physionomie pouvant évoquer une forme de perversité latente me semblait possible. Il était intéressant, je crois, que le type représentant la loi soit tout aussi inquiétant que les autres. À la sortie du film, un critique évoqua Jules Berry en voyant ma prestation. Ce qui me fit grand plaisir, on s'en doute.

Au printemps 1972, je remontai sur scène

pour jouer une pièce de Neil Simon, *Le Tombeur,* adaptée par Jean Marsan. Je préfère dire tout de suite que *Le Tombeur* fait partie de ces deux ou trois pièces que j'aurais mieux fait de refuser. L'argument en était, sinon faible, du moins convenu — le démon de midi chez un homme qui renonce finalement à tromper sa femme. Le metteur en scène italien Emilio Bruzzo avait déjà monté la pièce à Rome. Il connaissait donc, ou croyait connaître, les réactions du public, et, tout au long des premières répétitions, nous interrompait toutes les deux minutes :

— Applause !

Je me retournai vers lui :

— Quoi, « applause » ?

— Les gens vont applaudir, là, tu marqueras le temps...

— Et tu ne veux pas que je leur dise où il faut rire, aussi ??!

En fait, je ne suis pas sûr d'avoir été aussi bien élevé... Une fois encore, j'étais le seul mâle au milieu d'une distribution féminine, où je retrouvais Colette Castel avec laquelle j'avais joué deux ou trois fois au cinéma, et Monique Tarbès. Je me souviens que le soir de la générale, Monique Tarbès était entrée en scène non avec son costume, mais avec une robe (si on peut dire...) à elle, sans perruque, ébouriffée comme une sorcière... On avait frôlé le scandale ! Un soir, un fou rire involontaire faillit partir du public pour une raison qui n'avait rien à voir avec la pièce : quelques semaines après le démarrage du *Tombeur,* je commençai, dans la journée, le tournage d'un film pour les besoins duquel j'avais été obligé de me raser la moustache. Mais la pièce, elle, ayant démarré avec moustache, il fallait, dans l'un et l'autre cas, « être raccord », comme on dit dans notre tribu. Plutôt que de m'affubler sur scène d'une fausse moustache qui se serait sans doute décollée avant la fin du spectacle, j'avais opté pour une moustache maquillée. Sans songer qu'il me fallait donner un baiser fougueux à une de mes partenaires... Laquelle ne s'est pas aperçue que j'avais, sous le nez, un joli dessin au crayon gras... Résultat : elle aussi eut une moustache ! Mais je ne pouvais pas interrompre le spectacle pour l'envoyer se démaquiller ! Je crois que seuls les premiers rangs de spectateurs s'en sont aperçus, et j'ai toujours dans l'oreille les gloussements intempestifs qui s'en échappèrent ce soir-là.

Moi y'en a vouloir Jean Yanne...

Le film qui m'avait valu ce rasage de moustache était le deuxième de mon ami Jean Yanne *Moi y'en a vouloir des sous.* L'année précédente, Jean avait réalisé un premier long métrage qui mettait en pièces, et allégrement, le monde des médias qu'il connaissait bien. C'était *Tout le monde il est beau tout le monde il est gentil.* Je faisais déjà partie de cette expédition-là dans le rôle du directeur du Théâtre interurbain populaire, qui se révèle un traître de la plus belle eau.

— Un cultureux et un faux-cul, m'avait dit Yanne. Tu excuseras le pléonasme !

Nous avions bien rigolé avec ce premier film de Jean qui rassemblait Blier, Jacques François, et un comédien que j'adore, Daniel Prévost. Dans *Moi y'en a vouloir des sous,* un film plein de moments épatants, j'étais un curé progressiste... non moustachu, donc. Enfin un rôle d'ecclésiastique !

Avec Jean Yanne, tout est question de vibrations. Je crois que ce qu'il aime en moi, c'est le courant, l'onde que je peux lui adresser, qu'il reçoit, et qu'il me renvoie. Je veux dire par là que ce ne sont pas des discours. Jean Yanne n'est pas prompt à s'embarquer dans des explications. Il réceptionne les qualités et les défauts des êtres et, si ça colle avec lui, on le sait tout de suite. Sans déclaration, sans tirade. Jean est un homme de résonance. Et quand il dirige un film, c'est la même chose qui se produit. Attentionné, exigeant, peu bavard. Mais pour évoquer nos rapports, jamais l'expression n'aura été plus juste : « Sur la même longueur d'onde. » La vie, heureusement, place sur votre chemin ces frères en clownerie et en amitié qui sont aussi des êtres exceptionnels.

22

L'extraordinaire aventure de *La Cage aux folles* n'a pas commencé quelques mois avant sa création, le 1er février 1973, au théâtre du Palais-Royal, mais un soir de novembre 1967. Jean Poiret et moi étions allés ensemble à la première d'une pièce de Charles Dyer, *L'Escalier,* que Paul Meurisse et Daniel Ivernel jouaient à la Comédie des Champs-Élysées. C'était notre jour de relâche, et nous étions heureux d'aller applaudir des amis. Après le spectacle, qui nous avait beaucoup plu, nous nous sommes retrouvés à table et Jean m'a dit :

— C'est formidable, cette histoire de deux vieux homos qui s'envoient des vacheries en pleine gueule toute une soirée !

— Ils sont malheureux. Aigris. Mais en même temps c'est drôle.

— Un thème semblable traité en franche comédie, tu ne penses pas que ça serait plus marrant ?

— Tu veux dire... à la manière de notre sketch des *Antiquaires* ?

— J'ai envie d'écrire ça, Michel. Une pièce pour toi et moi.

Nous étions, je le répète, à la fin de 1967... Et nous ne savions pas où donner de la tête (de l'Art, naturellement...). Jean avait bien sûr envie d'écrire pour le théâtre, et il testait les sujets possibles sans pour autant arrêter son choix. Les années passèrent, et je crois me souvenir que ce n'est que trois ans plus tard, lorsque Jean créa sa première pièce, *Douce-Amère,* qu'il me souffla :

— Ne crois pas t'en tirer comme ça ! Je les écrirai, nos folles !

En attendant, il avait imaginé un fabuleux spectacle sur l'opérette, et, depuis le mois de mars 1971, il triomphait tous les soirs en jouant une des meilleures comédies qui soient, *Le Canard à l'orange.* Ce qui précipita l'arrivée de *La Cage,* ce fut la promesse faite par Jean à Jean-Michel Rouzière, le directeur du Palais-Royal, de lui donner une pièce qui puisse être jouée à la rentrée de 1972. Mais il faudra attendre le début de 1973, Jean ne se décidant à abandonner son *Canard* qu'à la fin de l'année 1972.

Une cage en construction

L'argument de *La Cage* me semble connu, y
compris de ceux qui ne l'ont pas vue ! Georges
et Albin forment un ménage et tiennent une
boîte de travestis à Saint-Tropez, *La Cage aux
folles*. Albin est, sous le pseudonyme de Zaza
Napoli, la vedette du spectacle. Comme toutes
les stars, elle est capricieuse, un peu jalouse,
excentrique... Lorsque surgit le fils que Georges
a eu jadis dans un moment d'égarement, et que
celui-ci s'apprête à épouser la fille d'un politicien qui ne rigole pas avec l'idée qu'il se fait
des bonnes mœurs, les ennuis commencent... La
pièce de Jean était, au départ, un « monstre »
d'une durée à faire pâlir le recordman Paul
Claudel. Il faut dire que l'ellipse n'était pas ce
que Jean préférait, tant il redoutait qu'on laisse
passer de bonnes scènes en n'exploitant pas
toutes les situations qui pouvaient se présenter.
Mais le travail habituel d'élagage inquiétait
moins Jean-Michel Rouzière que le titre même
de la pièce, qui faisait déjà des dégâts dans
Paris. Poiret et Serrault montaient un spectacle
pour se foutre de la gueule des homosexuels.
Des amis de Jean et moi, que nous savions
homos, nous battaient froid, ou allaient jusqu'à
ne plus nous adresser la parole. Il était temps
que le spectacle démarre. Lui seul pouvait tordre
le cou à la rumeur. En attendant avaient lieu les

ultimes répétitions. Pierre Mondy nous mettait en scène, et André Levasseur avait réalisé des costumes et des décors superbes. Certaines tenues l'étaient même trop, car, le magnifique maquillage aidant, Jean trouvait que l'émotion risquait de prendre le pas sur le comique.

Le 1er février arriva enfin, et le rideau du Palais-Royal s'ouvrit sur *La Cage aux folles*. Malgré les nombreuses coupures, la pièce était encore longue, la revue de la fin (tout le monde en travesti) manquait de fluidité, et la mécanique se grippait à certains moments. À d'autres, elle était déjà magique. La situation de départ (Georges est contraint, pour cause de réception des futurs beaux-parents de son fils, de demander à Albin de partir en voyage, ce qu'il refuse) fonctionnait sans problème.

— *Alors ma place est à l'office, maintenant, c'est ça ?!* s'emportait Albin-Zaza. *Si tu avais épousé une femme qui boit, tu ne ferais pas ça, tout de même !!*

— *Oui, mais ça serait une femme !! Vis-à-vis des gens, une ivrognesse est plus présentable qu'un pédéraste !*

— *Alors là, mon cher ami, il fallait vous en apercevoir avant...* répliquait Zaza, pincée.

Ma chère Zaza

J'avais énormément travaillé mon rôle. Car jouer un homosexuel en complet veston pendant un quart d'heure dans le sketch des *Antiquaires* était une chose, jouer une folle avec perruque bouclée, colifichets et sautes d'humeur dans *La Cage* en était une autre. En même temps que mes costumes, j'avais essayé plusieurs compositions pour ma voix. J'avais trouvé une assez bonne solution qui consistait en de brusques envolées dans l'aigu, préférables à une voix de fausset en permanence. L'extravagance du personnage Zaza autorisait ces saisissants crescendos qui marquaient la surprise, la colère ou la joie, et soulignaient mieux la démesure que ne l'aurait fait une voix de bout en bout affectée. J'usais aussi d'accents de préciosité déjà éprouvés dans *Les Antiquaires,* ou le personnage du coiffeur dans le film *Le Roi de cœur.*

J'ai fait, pour le personnage d'Albin-Zaza, ce que j'ai fait pour tous ceux qu'il m'a été donné de jouer. Je lui ai cherché une vérité. Il n'était pas question de se vautrer dans une farce épaisse et vulgaire. Qui était-il, cet Albin, homo vieillissant, travesti dont la gloire pâlissait, qui vivait dans le luxe et les belles choses, mais qui attendait anxieusement qu'on l'aime (que Georges continue de l'aimer, s'entend) et que le public lui soit toujours fidèle ?

— Tu me regardes comme un pot-au-feu, plus comme une reine du théâtre ! déclare Albin à Georges, quand il sent que l'amour ne résiste pas au calendrier.

J'avais à nourrir d'humanité ma chère Zaza, et à la jouer suivant les plus nobles principes des grands clowns. Et il est vrai que je me suis souvenu d'Albert Fratellini qui m'avait dit, en frappant son cœur :

— Ça doit venir de là. Pas de la perruque et du nez rouge.

Atteindre le délicat point d'équilibre entre le rire et l'émotion permettait de soulever le voile : ce qui se cachait sous le rire, c'était bien le début de la détresse d'un couple. *La Cage* me comblait à cet égard, puisque, par le truchement du divertissement, de la gratuité, c'est-à-dire du rire pour le rire, la pièce prouvait qu'on pouvait être profond et grave, et surtout que l'ennui au théâtre n'était pas un mal nécessaire. Mais il fallait être vigilant, rester dans la comédie et la drôlerie, ne pas figer le rire par un arrière-goût de drame. Zaza était avant tout inconséquente. Quant au couple, c'était un couple comme un autre (sauf que la dame était « folle »), et c'était bien la preuve qu'on ne riait pas des homosexuels. Mais, j'y reviens, il fallut un certain temps pour faire admettre cette idée. Quelqu'un comme Jacques Charon par exemple, copain de longue date pourtant, a refusé pendant trois ou quatre mois de venir nous voir jouer, au motif qu'il s'agissait pour lui d'une pièce antihomos. Par la suite, bien sûr, Jacques changea d'avis, et même nous remercia. Je me souviens aussi de certains spectateurs qui venaient me voir dans ma loge à la fin du spectacle, m'avouaient qu'ils étaient homosexuels, et me disaient n'avoir jamais autant ri.

Au fur et à mesure des représentations, les défauts du début disparaissaient. Nous avions encore raccourci, allégé, mis au point ce moteur exceptionnel avec toute la minutie dont nous étions capables.

Spectacle à durée indéterminée

La Cage constitua aussi, on s'en doute, une exceptionnelle plate-forme pour l'improvisation. Toutefois, et même si cette mesure a pu sembler désobligeante pour les autres acteurs, il était expressément convenu que seuls Jean et moi pouvions y recourir. Pourquoi ? Parce que de même qu'on ne peut plaisanter avec tout le monde, on ne peut pas improviser avec n'importe qui. L'improvisation est un mélange détonnant de liberté et de rigueur qui ne se manipule pas sans risque. Il faut bien connaître son partenaire, être dans la même tonalité, et, comme pour les musiciens de jazz qui

« prennent un solo », avoir toujours à l'esprit le thème, sentir où on peut fermer la boucle. Je réclame souvent ce droit à l'invention, mais en même temps je mets en garde : le grand comédien est celui qui perçoit instinctivement les barrières du danger, qui sait où s'arrêter et comment retomber sur ses pieds. C'est, en même temps, celui qui laisse le spectateur dans le plus merveilleux des doutes : ce qu'il nous raconte, ce type sur la scène, c'est le texte ou il improvise ? Réponse : *Le grand acteur donne l'impression d'improviser,* car ce qu'il nous dit vient d'abord de lui-même. Mystère et bonheur du théâtre, art suprême du clown, qui m'ont amené à me forger comme une devise : *Ce qu'on fait le mieux, c'est ce qui vous échappe.*

La Cage est célèbre pour bien des raisons, et notamment pour celle-ci, liée à notre envie d'improviser, c'est-à-dire de prolonger certaines situations : le spectacle a connu des variations de l'ordre de moins dix minutes à plus cinquante-cinq, voire à l'heure entière. Il nous est arrivé de surprendre certains de nos camarades habitués à une régularité et un horaire pour leurs entrées en scène. Tapis dans leur loge à regarder la télé jusqu'à vingt et une heures cinquante, ils se pointaient pour leur entrée prévue à cinquante-cinq. Plus d'une fois, le régisseur a dit à certains d'entre eux :

— Qu'est-ce que vous foutez là ?

— Arrête, tu sais bien que j'entre en scène dans cinq minutes !

— Pas la peine, ils ont pris de l'avance ! Il y a dix minutes, ils ont ouvert la porte, vous n'étiez pas derrière, ils ont enchaîné !

— Mais qu'est-ce qu'ils vont faire, les malheureux ??? !

— Inventer !

Il est bien évident que ni Jean ni moi ne sommes jamais rentrés en scène en nous disant : « Ce soir, on va leur en mettre un peu plus ! » Nous n'avions en tête qu'une seule chose : peu importe qu'on joue pour la centième, cinq centième ou millième fois. Le public qui est là ce soir vient pour la première. Alors... quand ce public unique nous envoyait ce courant magique qui galvanise l'acteur, le charge de toute l'énergie qu'il va renvoyer au centuple, si s'établissait ce lien sensible qui pousse le comédien à donner et donner encore... oui, bien sûr, nous ne répondions pas de l'heure de fin...

C'est ainsi que le moment où Georges apprend à Albin à tenir une cuillère de façon virile (puisque la seule solution vis-à-vis de la future belle-famille est de faire passer Albin pour ce qu'il est à l'état civil, c'est-à-dire un homme) pouvait être joué dans sa durée initiale — texte et jeux de scène — de quatre à cinq minutes ou dépasser le quart d'heure... Jean et moi savions qu'il y aurait, au terme de notre escapade, un carrefour où nous retrouver.

L'honnêteté m'oblige toutefois à dire que, tout au long de notre carrière, ça n'avait pas toujours été le cas! Je me souviens qu'au tout début des années soixante, quand nous jouions notre sketch *M. Poton indépendant* (un type qui, au moment de l'indépendance de l'Algérie, vient voir un haut fonctionnaire pour lui demander l'indépendance de Milly-La-Forêt), il nous est arrivé de tellement broder et inventer qu'on ne savait plus comment finir! Un soir, Jean, qui faisait le haut fonctionnaire derrière son bureau, a rangé tout le bureau et m'a lancé : « Revenez demain! » Et je suis sorti par la salle!! Dans *La Cage,* l'expérience nous avait mis à l'abri de ce genre d'incident, mais il nous est arrivé d'être contraints à l'improvisation alors que la nécessité ne s'en faisait pas sentir dix secondes auparavant. Ce fut le cas le jour où, dans une scène de colère et de jalousie, je levai trop haut la jambe, et ma chaussure partit dans la salle! Un éclair d'un centième de seconde entre Jean et moi suffit à nous comprendre pour la suite. Je suis descendu dans la salle récupérer ma chaussure en prenant à témoin les spectateurs des vexations que me faisait endurer mon compagnon. Sur scène, Jean me faisait remarquer que je n'étais pas obligé de faire partager mes caprices à des gens certes charmants, mais qui ne m'avaient rien demandé! Pour une soucieuse du qu'en-dira-t-on comme moi, c'était réussi!

— *Faites quelque chose messieurs-dames, ce n'est pas vous qui allez la supporter, après! Elle a quarante-sept paires d'escarpins dans son placard, mais je vous parie que c'est celle-ci qu'elle ne voudra jamais lâcher!*

Les spectateurs hurlaient de rire en se renvoyant la chaussure! J'allais d'une rangée à l'autre en criant *Mon talon! Mon talon!* comme Harpagon *Ma cassette!* Un délire hallucinant. Le temps aboli. Poiret et Serrault venaient, poussés par une circonstance imprévue, de renouer, l'espace d'un moment, avec leurs folies de cabaret.

J'ai joué *La Cage*
près de mille cinq cents fois

Le succès l'a fait oublier, mais la critique ne fut pas unanime, pour *La Cage aux folles*. Au tout début, Pierre Marcabru fut un des rares à pronostiquer le triomphe : « C'est le triomphe du burlesque. On glisse de fou rire en fou rire en un mouvement qui s'accélère. » Jean-Jacques Gautier tordit le nez et ne m'entendit pas glapir. Mauvaise soirée pour les lapins? Pas tout à fait, puisque le critique de *La Croix* parla de mes « colères glapissantes »! François Chalais assura que mon numéro « appartenait à l'histoire du théâtre ». Quant à Jean Poiret, tout le monde applaudit l'acteur, mais l'auteur fut, au départ, accusé d'homophobie rampante et d'antiparlementarisme ouvert, à cause du personnage du beau-père, politicien adepte de la morale, que jouait Marco Perrin. Mais qu'importe... Le public se rua sur le Palais-Royal. Le théâtre affichait complet des semaines à l'avance, et cela dura le temps de... deux mille cinq cents représentations à Paris, pour près de deux millions de spectateurs. Jean ne fut rassuré que vers la fin mars sur le succès de sa pièce. Lorsque nous allions casser une petite graine après le spectacle, on se regardait comme des Martiens.

— C'est incroyable, tout de même...

Et Jean attendait que quelqu'un passe à notre portée pour me déclarer :

— Pourquoi incroyable ? Tu étais très belle, ce soir.

Il reprit d'ailleurs bien vite ce thème favori en répondant à sa manière aux interviews :

— *La Cage aux folles* est l'histoire de ma vie avec Michel Serrault. J'ai longtemps vécu avec lui, et j'ai voulu écrire notre histoire...

Il ne fallait donc pas s'étonner des réflexions de certains spectateurs. Combien de fois ai-je entendu, à l'entrée des artistes, parmi les personnes qui attendaient que nous leur dédicacions le programme :

— Si, si, je vous assure, ils sont ensemble ! Jean Poiret le dit bien, d'ailleurs... Oh ben maintenant, ça ne les gêne plus !

Ce qui nous ramenait à notre Michel Simon, venu nous voir jouer au Dix Heures en 1962 ou 1963, et que nous avions retrouvé pour boire un verre après le spectacle. Jean et moi avions assisté alors à quelque chose d'inoubliable : le grand Michel Simon, la larme à l'œil, nous considérant avec une tendresse infinie et murmurant :

— C'est beau, deux hommes qui s'aiment comme vous...

Mais la plus inattendue des réactions, je l'ai entendue un soir que nous étions allés boire une bière après le spectacle dans un bistrot du quartier. Des spectateurs attablés nous firent un petit signe amical, mais j'entendis nettement la réflexion d'une dame qui, pourtant, avait baissé la voix :

— Enfin, on ne me fera pas croire qu'il n'y avait pas à Paris une actrice pour jouer le rôle de M. Serrault !

J'en ai conclu ce jour-là que la naïveté du public était parfois plus forte que notre imagination.

Jean Poiret déclara quelques années plus tard que s'il reconnaissait que *La Cage* avait été un succès planétaire, qui avait notamment très bien marché sur Mars, force était de constater que ça n'avait pas été le cas sur Vénus.

Qui aurait pu prévoir en effet que cette *Cage* allait devenir un des plus grands triomphes qu'ait connus la scène française ? « La pièce du siècle », iront jusqu'à dire certains. Parmi ceux qui l'ont vue, il en est encore qui trouvent des accents héroïques pour en parler : « J'y étais ! »

J'ai joué *La Cage* pendant cinq ans, soit près de mille cinq cents fois. Sans aucune lassitude. Jamais. Parce que chaque jour je commençais quelque chose de nouveau, et que c'est un peu ma philosophie dans l'existence. Demain je recommence. Jean, lui, a cédé sa place à la millième, et le rôle a été repris successivement par Henri Garcin, Michel Roux et Pierre Mondy. Lorsque j'ai arrêté, c'est Jean Jacques qui m'a succédé dans le rôle d'Albin.

Quelle aventure... et quelle coïncidence : en février 1953, Poiret et Serrault débutaient au Tabou. Vingt ans plus tard, en février 1973, leur apogée s'appelait *La Cage aux folles*. Il était prévu qu'on ne s'arrête pas là. Jean tenait à ce qu'en 1993, nous fêtions nos quarante ans de carrière, et les « vingt tantes » de *La Cage*, disait-il. Nous devions reprendre la pièce pour cent représentations exceptionnelles, qui auraient permis — enfin — d'enregistrer le spectacle, ce que la télévision n'avait jamais fait.

Dieu en décida autrement.

Jean fut rappelé à Lui au mois de mars 1992.

23

Je jouais *La Cage aux folles* quand le malheur absolu me frappa. La pire douleur pour un père. Un soir de 1977, tout près de chez nous à Neuilly, ma fille Caroline fut victime d'un accident de voiture et perdit la vie. Elle avait dix-neuf ans. C'était une belle jeune fille, vive, sensible, douée. Tous les parents qui ont connu ce drame comprendront ce que je veux dire en affirmant qu'on ne sait pas ce qui arrive dans ces moments-là. On ne sait pas. Un gouffre s'ouvre sous vos pieds, tout bascule, tout se dérobe.

J'ai songé que Dieu m'envoyait un châtiment. Mais quelle dette était assez élevée pour justifier pareille souffrance ? J'avais fait le métier dont j'avais rêvé. J'avais réussi. Était-ce cela ? J'aurais tout donné de moi, et ma vie en premier lieu, mais Dieu ne pouvait exiger que ce soit ma petite Caroline qui s'en aille. Il ne pouvait me punir ainsi, moi qui croyais en Lui. Question

terrible et naïve que je me répétais à l'infini :
pourquoi moi ? Pourquoi notre famille ? Nita,
Nathalie... Oui, question naïve, car que peut-on
comprendre ?

Le désespoir était prêt à m'accueillir et je
trouvai la force de le refuser. Précisément parce
que je crois en Dieu. Il venait de placer sur mon
chemin la plus grande épreuve qui soit pour un
père. Mais si je croyais en Lui, je devais poursuivre ce chemin. Je me suis rapproché d'autres
parents qui avaient connu le même malheur, et
je me suis vu, infiniment petit, parmi ces millions de gens dont la peine était aussi forte que
la mienne. Non, je ne désespérerais pas. Parce
que la vie éternelle, quand l'Amour de Dieu
nous aura rachetés de notre misère, est ce que
j'attends. J'ai eu, il n'y a pas très longtemps,
l'occasion de rencontrer un prêtre orthodoxe, un
homme remarquable d'intelligence et de bonté.
Nous avons parlé de ma fille, et il m'a dit qu'il
prierait pour elle. Il m'a demandé quand Caroline était « née au ciel ». Au-delà de la grande et
simple beauté de cette expression, il y a cette
vérité de la vie éternelle, de Dieu qui nous aime.
Voilà ce qui me fait espérer, et chaque jour
avancer un peu plus. Je ne sais si ma réaction et
ma réflexion ont été une forme de courage et de
dignité. Le courage, je l'ai vu chez Nita. C'est
elle qui m'a tenu la main. Son chagrin ne
s'estompera jamais, mais quelle force, mon

Dieu, quelle admirable force Vous lui avez donnée. La plus émouvante dignité, je l'ai vue chez ma fille Nathalie, si jeune pourtant, sortant de l'adolescence, mais qui faisait face.

Je ne me suis pas arrêté de travailler. Un homme de la terre serait allé cultiver son champ, soigner ses bêtes. Je suis allé jouer. Une pièce comme *La Cage*. J'entendais des salles que mes extravagances faisaient rire, mais, à chaque sortie de scène, je m'effondrais dans les bras d'un régisseur ami pour pleurer. Et je rentrais à nouveau sous les lumières. Les après-midi, j'étais Offenbach pour la télévision. Peu après le drame, la première scène à tourner fut une scène d'enterrement. Je passais des heures derrière un cercueil. Très gentiment, Michel Boisrond me proposa de renoncer, peut-être de tourner autre chose. Je le remerciai, en lui disant que ce n'était pas moi qui étais là, mais un personnage, et ne pas le jouer, quoi que fasse ce personnage, n'enlèverait rien à ma peine. C'était même en faisant mon travail que je respecterais mon chagrin.

Michel Audiard avait perdu son fils François deux ans plus tôt, également dans un accident de voiture. Il m'a téléphoné après la mort de Caroline et nous n'avons échangé que des silences. La douleur avait cimenté une fraternité trop forte pour les mots. Notre partage passait par un regard, une main sur une épaule, quelque chose d'imperceptible à d'autres que nous. Ce que la profonde pudeur d'Audiard exprimait en ces instants, je le savais. Tu souffres comme moi, tu ne t'en remettras jamais, comme moi. Alors on ne va pas en parler. Mais mon cœur, ma présence, mon regard, mon âme te disent que je vis avec toi.

Je trace ces lignes pour la première fois. Je n'étais pas sûr de pouvoir évoquer mon malheur. Je le fais aujourd'hui pour que Caroline sache que je ne la quitte pas.

Que je suis là.

Et que demain nous attend.

24

Entre la création de *La Cage aux folles* au théâtre et son adaptation au cinéma cinq ans plus tard, je tournai une douzaine de films. Trois dirigés par Jacques Besnard, spécialiste du comique tel que le cinéma français en avait produit à la tonne, et que je ne renie pas. *La Belle Affaire, C'est pas parce qu'on a rien à dire qu'il faut fermer sa gueule* et *La situation est grave mais pas désespérée* ne font pas, on le devine, l'objet de tous les soins de la Cinémathèque. Mais, outre que les deux derniers cités tentaient de bénéficier de la vogue des films au titre long telle que Jean Yanne l'avait lancée, il est amusant de noter que le scénario de *C'est pas parce qu'on a rien à dire* partait d'une idée d'un groupe de jeunes auteurs et comédiens qui feront parler d'eux : Gérard Jugnot, Thierry Lhermitte et Christian Clavier. Dans ce film, celle qui avait été leur professeur, Tsilla Chelton, jouait une dame pipi découvrant les joies de la malhonnêteté. Je tournai également avec les Charlots dans *Le Grand Bazar* de Claude Zidi, puis Robert Lamoureux fit appel à moi pour *Opération Lady Marlène.* Dans tous ces films, mes personnages étaient des petits patrons, des fonctionnaires, des truands minables, des Français débrouillards.

Gaspards et Chinois

Je fus heureux de retrouver mon ami Tchernia pour un film que j'aime vraiment beaucoup, parce qu'il réussit à merveille ce mélange de cocasserie et de poésie tendre : *Les Gaspards.* À nouveau une belle idée de départ du tandem Tchernia-Goscinny : des gens vivent heureux en une communauté insolite et organisée dans le sous-sol de Paris, profitant de ces champignonnières qui font de la capitale un gruyère. Je jouais le libraire Rondin, intrigué que des gens disparaissent en surface, et qui découvre le monde souterrain des Gaspards dont le chef est Philippe Noiret. Carmet faisait un marchand de vins plus vrai que nature, et je retrouvais pour la troisième fois mon jeune pote Gérard Depardieu, qui jouait un facteur. Pour *Les Gaspards,* je convoquai à nouveau mes souvenirs familiaux. Après ma grand-mère Léona dans *Le Viager,* je me souvins de l'accoutrement de mon père au moment de la mobilisation de 1940, son calot trop grand et ses bandes molletières enroulées par-dessus son pantalon, et c'est dans une tenue à peu près semblable mais plus orientée « poilu de 1914 » que je partais en expédition dans les catacombes !

Je tournai également dans *Les Chinois à Paris* de Jean Yanne, qui n'y allait pas avec le dos de la cuillère pour dénoncer les vices et les lâchetés d'une population occupée. Féroce. Peut-être trop. Le film n'eut pas le succès des deux précédents.

Je retrouvai aussi Étienne Périer, qui me confia un rôle de salaud dans *La Main à couper.* J'étais un maître chanteur qui harcelait Léa Massari. On commençait à penser à moi pour jouer autre chose que des personnages de fantaisie.

Je m'amusai bien avec mes copains Carmet, Darry Cowl, Jacques Legras dans *La Gueule de l'emploi,* que réalisait mon ami Jacques Rouland. Il avait imaginé des prolongements inattendus pour les comédiens de sa fameuse « caméra invisible ». Je traversais tout le film sous les déguisements les plus insensés, seul subterfuge possible pour le policier que j'incarnais, qui veut mener à bien ses enquêtes.

Et Mocky refit son entrée dans mon existence...

Les folies Mocky

Trois films se présentèrent, dont le moins qu'on puisse dire est qu'ils s'annonçaient comme du Mocky pur jus. D'abord *Un linceul n'a pas de poches*. J'y tenais un rôle secondaire, mais plaisant, de politicien corrompu. Mocky, doux anar, m'avait laissé jouer les pourris avec un costume à rayures et un collier de barbe. Francis Blanche, Jean Carmet et Michel Galabru faisaient partie de la distribution, avec Mocky lui-même. Je commençais à me faire au monde particulier de ce cinéaste qui ne l'était pas moins : cantine immonde, scénario qu'on cherche partout, etc. Avec *L'Ibis rouge,* on franchit quelques degrés. La cantine était toujours immonde, les exemplaires de scénario toujours introuvables, mais des difficultés financières surgissaient tous les jours, rendant le tournage à chaque seconde plus précaire. Mocky était sur le plateau à six heures du matin et installait lui-même le décor avec tout ce qu'il avait pu trouver dans des brocantes. Il y avait des tableaux bizarres, des meubles bancals. Mais Mocky déniche des choses invraisemblables, qu'il garde dans un garage, au motif qu'elles peuvent resservir de film en film. C'est son côté forain. Pour *L'Ibis rouge,* il avait trouvé un piano. Je m'étais machinalement amusé à taper sur les touches de l'instrument pendant qu'on préparait le plan que je devais tourner avec Michel Galabru. Mocky se planta devant moi en mâchonnant son cigarillo.

— Michel, vous allez jouer du piano, dans cette scène !

— Mais je ne sais pas jouer de piano ! C'est des conneries, là, je fais ça pour m'amuser en attendant !

— Non, c'est très bien. Vous allez jouer pendant la scène, et tout en jouant vous parlerez à Galabru.

— Mais je ne sais pas jouer !

— Ça sera très beau quand même ! Allez, on la tourne comme ça ! Dites... Vous n'auriez pas un scénario que je jette un coup d'œil sur le texte ?

J'ai donc pianoté dans *L'Ibis rouge*. N'importe quoi, forcément. C'est resté dans le film. Le seul dont le générique aurait pu mentionner « Musique originale pour piano solo de Michel Serrault » !

Quand j'évoque les conditions de tournage chez Mocky, il faut bien comprendre que l'intelligence du bonhomme, son sens aigu de la débrouillardise lui permettent de continuer quand tous les autres auraient été contraints de jeter l'éponge. Les films qu'on fait avec lui n'ont en général ni les moyens d'être tournés en studio, ni ceux d'une location de lieux de tournage. Mocky fait donc le tour des gardiens d'immeubles, se renseigne auprès des syndics, et parvient toujours à dégotter des endroits où il n'y a rien à payer puisqu'on va les démolir le lendemain... Nous tournons le plus souvent dans les courants d'air, dans des lieux humides, avec des plafonds qui nous tombent dessus par petits morceaux. Pour *L'Ibis rouge,* il avait repéré une ancienne clinique, qui devait être abattue dans les quinze jours.

— Michel, on va faire l'arrivée de l'ascenseur, quand vous débarquez avec Galabru, me dit Mocky.

Je regardai autour de moi. Il n'y avait pas d'ascenseur, mais seulement le monte-charge de la clinique. Je voyais mal comment une plate-forme rouillée allait se transformer en ascenseur d'immeuble bourgeois haussmannien où nous étions supposés nous trouver. D'autant qu'il n'y avait plus d'électricité. N'importe quel autre metteur en scène aurait renoncé, fait un scandale, convoqué la presse, sombré dans la déprime. Pas Mocky. Avec Galabru, nous avons vu arriver une épave de camionnette, et deux potes, plus ou moins clodos, de notre metteur en scène, en sortir.

— Salut, les gars ! Vous avez la grille ? leur a demandé Mocky.

— La v'là !

Ils ont sorti une très belle grille en fer forgé (d'où venait-elle ? Mystère) que Mocky a placée

Sacré Léonard au théâtre Fontaine. Le délire de la parodie avec Jacqueline Maillan, Roger Carel, Michel Roux... et ma biquette !

Le manoir du Perche... qui m'a valu le Mérite agricole ! ▲

◄ À la maison avec Nita et nos filles Caroline et Nathalie à la fin des années 60.

Un de mes rares moments d'autorité sur le briard de ma petite-fille Gwendoline... ▶

1973. *La Cage aux folles* au théâtre du Palais-Royal.

◄ La longue séance de maquillage.

Scène d'anthologie... Jean m'apprend à tartiner virilement une biscotte.

▼

Nita a l'air de trouver que c'est réussi !

La Cage aux folles,
au cinéma avec
Ugo Tognazzi.

▲ Michel Audiard.
Mon pote.

▲ Dans *Offenbach*
pour la télévision.

Pour fêter mon deuxième César, ▲
Claude Chabrol et moi en empereurs
romains pendant le tournage des
Fantômes du Chapelier.

Tournage de *Garde à vue*, en 1981, avec Lino Ventura.
Au milieu, Claude Miller. ▼

▲ Empereur efféminé dans *Deux heures moins le quart avant Jésus-Christ* de Jean Yanne.

Gérard Depardieu et le couteau dans mon ventre... *Buffet froid*, en 1979. ▼

Avec Isabelle Adjani dans *Mortelle Randonnée.* ▼

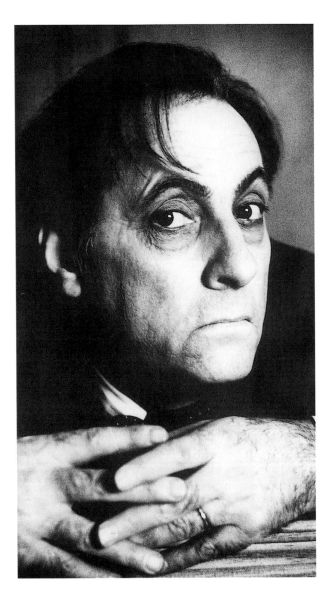

◀ Harpagon dans *L'Avare*, au théâtre, en 1986.

◀ *Docteur Petiot* de Christian de Chalonge. Un de mes films préférés.

Sur le tournage de *Joyeux Noël, bonne année*, avec Luigi Comencini.
▼

Dans *Vieille canaille*, encore un personnage bizarre. Un humour noir ▲
qui me plaît bien.

Le vrai muet et le faux paralytique...
Le Miraculé de Jean-Pierre Mocky. Mon dernier film avec Jean.
▼

▲ Dernière version de *Tu t'laisses aller*, en duo avec Charles Aznavour, dans une émission de télévision.

Monsieur Arnaud et Nelly... Emmanuelle Béart. ▼

▲ Une récompense pour Pierre Tchernia ! C'est moi qui la lui remet.

Sous les traits de Fontenelle et ▲ sous les yeux de l'auteur, Jacques Santamaria, pendant le tournage d'*Un Cœur oublié*.

Avec Sophie Marceau, que je poursuis dans *Belphégor*. ▼

▲ Devant le président de la République, je me suis bien tenu, mais lequel fait rire l'autre?

Avec Daniel Auteuil, dans *Vajont*. ▼

Album
de famille...

◀ ... avec ma fille
Nathalie...

... et ma
petite-fille
Gwendoline.
▼

... sur les bords de Seine... ▲

devant le monte-charge immobile. La caméra derrière la grille. Il a demandé à Marcel Weiss, le chef opérateur, un vieux monsieur charmant qui avait éclairé de grands films dans les années trente et quarante, de créer une lumière mobile qui donnerait l'illusion d'un ascenseur en mouvement. Quant à Michel Galabru et moi, il nous fit nous accroupir et nous relever lentement, de façon à nous faire apparaître progressivement derrière la grille de cet ascenseur qui arrivait à l'étage... Soufflés par le culot de Mocky, Galabru et moi nous sommes appliqués à faire craquer nos articulations un nombre incalculable de fois, car nous n'étions jamais synchrones ! Et plus on se baissait et relevait, plus on riait, et Mocky rouspétait après notre manque de sérieux ! Il n'empêche : en bricolant comme il le faisait, Mocky retrouvait les vieilles recettes du cinéma balbutiant et fauché, et je défie quiconque de s'apercevoir que l'ascenseur de *L'Ibis rouge* est un artifice.

Le coffre de Michel Simon

Je ne suis jamais allé tourner avec Mocky pour de l'argent, on s'en doute. D'abord les cachets qu'il annonce ne sont jamais ceux que l'on reçoit. Et dès qu'on lui fait remarquer, six mois après le tournage, qu'on n'a toujours pas été payés, on se fait engueuler ! Il faut d'autres raisons pour aller chez Mocky. Pour moi, c'est le plaisir. Le plaisir de travailler avec quelqu'un d'encore plus extravagant que moi, dont je sais que la folie sera tout entière dans le film. Avec plus ou moins de bonheur et de résultats, il va de soi, mais avec une sincérité et un goût de la liberté qui me conviennent. J'ai pu, avec Mocky, travailler « en respirant ». Rien d'étroit. Il pousse à l'invention, laisse ses acteurs se comporter en chiens truffiers du rôle : on cherche, on explore le personnage, on se libère.

Mais la raison supplémentaire qui me fit accepter *L'Ibis rouge* s'appelait... Michel Simon. C'est le comédien que j'ai le plus admiré. Pour moi le sommet. Je n'avais en fait quasiment pas de scènes à jouer avec lui, mais, parce qu'il était là tout le temps, je passais des heures en sa compagnie, pendant que Mocky cherchait son scénario. Michel Simon aimait beaucoup Poiret et Serrault, et il était souvent venu nous voir au cabaret. Nous avions à cette époque reçu de lui une belle boîte de chocolats, avec ce petit mot : « De la part de votre acteur préféré. » Nous allions parfois souper avec lui, et avions même imaginé, Jean et moi, un film où nous jouerions ses deux grands garçons. L'idée avait emballé Michel Simon, mais, comme quatre-vingt-dix-neuf pour cent des idées au cinéma, l'affaire n'avait pas pu se monter. Je le voyais aussi lorsque nous n'enchaînions pas un autre cabaret après le Dix Heures. En face du théâtre, il y avait un bistrot qui s'appelait Le Palmier, et c'est là, des nuits entières, que Michel Simon me racontait — et me récitait, car, tout comme Brasseur, il les connaissait par cœur — les plus grands poètes. J'ai eu ce privilège, ce bonheur fou, d'avoir, pour moi seul (et parfois Nita en profitait) un récital Baudelaire, Cendrars, Apollinaire, Nerval, Verlaine... Entendre Michel Simon, au zinc d'un bistrot de Montmartre, murmurer à trois heures du matin, et de façon sublime, ces vers si poignants de René-Guy Cadou, me collait la chair de poule...

Je venais de si loin derrière ton visage
Que je ne savais plus à chaque battement
Si mon cœur durerait jusqu'au temps de
[toi-même
Où tu serais en moi plus forte que mon sang.

Il avait à cette époque l'habitude curieuse de laisser sa vieille voiture américaine quai de la Rapée et de prendre un taxi pour venir à Montmartre. Il m'arrivait donc de le raccompagner (dans ma Chevrolet !) quai de la Rapée. Nous croisions les camions de légumes qui se rendaient aux Halles, c'est-à-dire, à ce moment-là, au cœur de Paris. Une nuit, alors que nous étions arrivés à destination, Michel Simon, fortement imbibé, la bouche de travers et la chevelure en bataille, me demanda :

— Est-ce que vous connaissez le coffre de ma voiture ?

— Non... Je dois dire que non... lui répondis-je, pas très frais non plus.

— Venez visiter.

Il alla ouvrir le coffre de sa bagnole et me fit l'article.

— Vous voyez... Il est assez grand pour contenir quatre grosses valises... à plat. Mais on peut les mettre debout ! Dans ce cas, il en tient sept !

La démonstration dura dix bonnes minutes. Il me raccompagna ensuite à ma Chevrolet et me dit :

— Je ne voudrais pas vous ennuyer avec ça, puisque je viens déjà de vous présenter mon coffre, mais... le vôtre ? Ça ne vous retarde pas de me le montrer ?

— Non, bien sûr... Ça me fait même très plaisir de pouvoir comparer.

J'ouvris mon coffre et me lançai dans des explications approximatives sur le volume, la capacité d'accueil. Il hocha son invraisemblable trogne, et m'assena, sur le même ton, et avec le même phrasé que son célèbre *Je vous assure, mon cher cousin, que vous avez dit bizarre,* de *Drôle de drame* :

— Je vous assure, Michel, que vous pouvez faire tenir au moins six valises !

Lorsqu'il jouait au théâtre *Du vent dans les branches de sassafras,* nous étions allés le retrouver, après le cabaret, pour fêter la centième de la pièce. Jean et moi étions avec nos épouses respectives, et Michel Simon s'était incliné galamment devant ces dames. Puis il nous avait pris à part avec Jean, et de sa voix unique, son célèbre rictus aux lèvres, nous avait soufflé :

— Moi aussi, il faut que je vous présente ma femme. Venez.

Il fit venir une créature au maquillage solidement épais, vêtue d'une espèce de minijupe.

— C'est Juliette ! beugla-t-il, fier de lui. Elle est belle, non ?

Nous avons poliment hoché la tête.

— Vous savez où je l'ai trouvée ? ! continua Michel Simon.

Il se tourna vers la fille.

— Dis à mes amis où je t'ai trouvée !

Comme elle hésitait, il répondit à sa place.

— Dans une poubelle ! !

— Enchantés, madame... avons-nous fait, Jean et moi, sans oser aller jusqu'au baisemain...

L'Ibis rouge fut le dernier film de Michel Simon. Il avait quatre-vingts ans et mourut peu après dans un hôpital. Mais pendant le tournage de Mocky, cet acteur d'exception qui avait joué pour les plus grands metteurs en scène, montra une application étonnante. Attentif, presque humble, il proposait toujours de refaire la scène où il estimait n'avoir pas été à la hauteur.

Si je place Michel Simon au premier rang de mon panthéon d'acteurs, c'est qu'il possédait à mes yeux les trois as. La trilogie magique qui fait le comédien de génie : la présence, la vérité, l'invention. Avec sa bouille et sa tignasse, il a fait croire à des personnages aussi opposés que des clochards ou des juges. Il a été grandiose dans la comédie et magnifique dans le drame. Le public a toujours compris que Michel Simon ne trichait pas. Il n'est pas un rôle qu'il n'ait habité de son cœur immense, de son être tout entier, généreux et sublime.

Mocky la Bricole

Le troisième Mocky de ces années-là fut *Le Roi des bricoleurs*. Nous partîmes tourner à Saint-Amand-les-Eaux, dans le Nord. Comme je jouais *La Cage* tous les soirs, je devais quitter le plateau en fin d'après-midi. Mais, avec Mocky, aucune précaution n'étant inutile, pour être sûr d'être à l'heure et éviter les encombrements, je regagnais Paris... en ambulance. Cette fois-ci, Jean-Pierre Mocky étant seul producteur du film, il fallait s'attendre à des surprises. On ne fut pas déçu. Le tracteur que je devais conduire se changea à la dernière minute en cheval.

— Finalement, vous arriverez à cheval, Michel. J'en ai trouvé un dans un manège voisin, parce que le tracteur, c'était pas possible ! Vous savez monter ?

— Oui, enfin... un peu.

— Amenez le cheval ! Merde ! Il s'est barré !

On rattrapa la bête.

Un jour, Mocky arriva sur le plateau accompagné d'un inconnu.

— Michel, ce monsieur va être votre partenaire dans la scène qui se passe à la cave.

Le type n'était pas antipathique, mais il n'était pas non plus acteur. Mocky l'avait rencontré la veille dans un restaurant, et, trouvant qu'il avait une tête digne d'un film de Mocky, l'avait engagé.

— Monsieur a aussi un chien, fit Mocky. On va voir si on peut le faire jouer !

— Vous voulez que je parle à un chien ??

— Oui, et puis on le doublera !! C'est un chien horrible, vous savez, je n'ai jamais vu un chien aussi affreux !

À l'heure du déjeuner (de la gamelle serait plus juste), Mocky insista pour que je me retrouve en face du nouvel acteur. Sans malice aucune, je me laissai aller à lui confier que le film ne serait pas terrible. Mocky me prit à part :

— Dites donc, Michel, faites attention à ce

311

que vous dites ! Ce monsieur est coproducteur, quand même !

— Ah ?? Première nouvelle !

— Hier soir, il a mis trente mille francs dans le film !

Mocky avait réussi à soutirer du fric à un type rencontré la veille dans un bistrot !

Je jouais dans *Le Roi des bricoleurs* un élu vénal et corrompu, comme dans *Un linceul n'a pas de poches.* J'ai beaucoup aimé composer ce personnage d'humour noir, fou et cupide à la fois, attifé de façon extraordinaire. Je n'ai d'ailleurs guère eu l'occasion, chez Mocky, de me confronter à autre chose que des salopards. Mais existe-t-il dans son cinéma d'autres personnages que des affreux, des sales et des méchants ?

25

Il n'y avait pas que la télévision qui avait raté *La Cage aux folles* en ne l'enregistrant pas. Les producteurs français de cinéma aussi loupèrent le coche. Pour des raisons qui m'échappent encore aujourd'hui. Il faut croire qu'une pièce qui s'est jouée sept ans de suite à guichets fermés n'était pas digne de leur attention. Quoi qu'il en soit, c'est un producteur italien, Marcello Danon, qui en racheta les droits en 1977 (quatre ans après la création, preuve que le cinéma français avait pris le temps de la réflexion), et qui voulut légitimement en faire un film franco-italien. Autrement dit, il fallait une vedette italienne dans la distribution. Jean céda sa place à Ugo Tognazzi.

— Ça me convient très bien ! me dit Jean, qui me voyait triste pour lui. Je t'assure que je n'ai pas de regrets ! Et alors... en gros plan... tu vas être encore plus ravissante !

Le metteur en scène était Édouard Molinaro,

avec qui j'avais déjà tourné, qui m'assura qu'il était heureux de faire ce film avec moi, même si ses préférences n'allaient pas à ce genre-là. Sa franchise l'honorait.

On tourne *La Cage*

Avec Ugo Tognazzi, l'entente fut parfaite. Ugo avait bien vu, dès le départ, que le rôle que tenait Jean dans la pièce (Georges, devenu Renato dans le film) n'était pas le plus excentrique. Le personnage qui allait faire de l'effet restait Zaza Napoli, ses crises de jalousie et ses colliers de perles. Ugo Tognazzi avait compris que ça ne marcherait jamais si son personnage voulait rivaliser avec le mien. Il était trop grand acteur pour tomber dans un piège pareil. J'ai joué avec des comédiens dont la mauvaise humeur était visible, des gens dont la jalousie se lisait sur le visage : « Merde, pourquoi c'est lui qui fait rire et pas moi ? » Avec Tognazzi, rien de tout cela. Ugo avait, en plus, un désir de s'amuser, un plaisir de jouer magnifiques, et il fit de Renato un très beau « meneur de jeu ».

La pièce avait été remaniée et aérée pour être plus proche du cinéma, et aux répliques de Jean était venu s'ajouter le dialogue de Francis Veber. J'avais demandé que notre ami Galabru joue le rôle du beau-père, le politicien intransigeant sur la morale. L'ambiance fut excellente, mais j'avais pris mes précautions. J'ai déjà dit que l'interprétation de Zaza exige une énergie considérable. Au théâtre, on peut libérer d'un coup cette énergie qui, parce qu'elle n'est pas interrompue, se régénère elle-même, comme une batterie de voiture se recharge quand le véhicule roule. Au cinéma, il faut faire attention, car on travaille « à froid », en dépit de toute la concentration dont on est capable. C'est là que je me dois de jouer pour quelqu'un. Je me trouvai un complice merveilleux en la personne du chef opérateur Armando Nannuzi. Je jouais pour cet homme dont, à la fin des prises, j'apercevais les yeux plissés par le rire silencieux, avec parfois une petite larme de jubilation. Lorsque je n'étais pas satisfait de mon jeu, Armando le comprenait immédiatement et c'est lui-même qui me disait :

— Tou vo pas le réfaire ? Pour moi...

Vocalement, j'avais conservé mes envolées dans l'aigu, mais je ne donnais pas autant de volume qu'au théâtre, où, tout en gardant un certain naturel, il est nécessaire de se faire entendre du troisième balcon. Au cinéma, en parlant normalement, le personnage gagna en profondeur dans les scènes d'émotion. En particulier au moment où Zaza, maquillée mais sans perruque, dit à Renato qu'elle sait qu'il ne l'aime plus.

La Cage aux folles 2 arriva dix-huit mois plus

tard, dans la foulée du triomphe que connut la première sur les écrans. Jean Poiret et Francis Veber avaient imaginé d'autres situations. Zaza, se méprenant sur la galanterie appuyée d'un homme, était embarquée dans une histoire d'espionnage. C'est bien sûr l'amour, de et pour Renato, qui l'en sauvait. Il y avait de belles trouvailles dans ce film, de bons moments à jouer. J'avais une longue tirade devant ma coiffeuse, où, en pleurs, je faisais un bilan amer de mon existence et de l'ingratitude des mâles.

— *Aucun homme n'a autant travaillé que moi pour se payer ses robes !* sanglotais-je...

Molinaro l'avait tournée en un plan-séquence de plusieurs minutes, qui me permettait de jouer la scène dans toute sa continuité. J'apercevais le buste d'Armando Nannuzi secoué par le rire.

J'apportai au personnage à la fois des traits burlesques (Zaza, penchée à la fenêtre du train, hurle d'arrêter le convoi en faisant « tut tut ! » comme dans une locomotive à vapeur), et des notes émouvantes (face au berger amoureux d'elle : *Où ça nous mènera, tout ça ? Hein ?*). Cette deuxième Zaza me valut le césar du meilleur acteur. Je n'ai jamais couru après les récompenses. Mais pourquoi cacherais-je la principale raison qui me rendit fou de joie de recevoir ce césar ? Il s'agissait d'un rôle comique, et, pour la première fois, on me disait que j'avais été un bon clown.

Il y eut une piqûre de rappel sous la forme d'une *Cage aux folles 3* que Georges Lautner réalisa en 1985. Jean n'eut pas envie d'entrer dans cette cage-là. Le film démarrait bien. La scène de l'aéroport où Zaza déballe ses produits de maquillage était réussie. Après...

Rencontre avec Christian de Chalonge

Un mois avant *La Cage aux folles 1* était sorti le premier film que je fis avec Christian de Chalonge, *L'Argent des autres*. De Chalonge m'avait contacté alors que je jouais *La Cage* au théâtre. Et il y avait là quelque chose d'étonnant, de décalé, qui me plaisait bien. J'avais devant moi un metteur en scène qui venait de me voir — pour la concision du propos je dirai « avec une plume dans le derrière » — et qui me proposait le rôle sérieux d'un financier froid et manipulateur. Je ne connaissais pas encore très bien de Chalonge, mais j'étais comblé. Parce qu'il se produisait là ce que j'ai beaucoup recherché, qui est la conception même que j'ai de mon métier. Je veux pouvoir créer des personnages différents, travailler des compositions, inventer avec le plus de vérité possible à chaque fois. Je ne veux pas me propulser tel que je suis pour jouer des choses où seules les situations changent. Je ne suis pas un spécialiste. Je pour-

317

rais dire que moins je me reconnais, plus je m'amuse. Je suis peut-être en train, ce faisant, de marquer la distinction que je vois entre le comédien et l'acteur, même si, tout au long de ces pages, j'ai employé indifféremment l'un ou l'autre mot. Pour moi le comédien est celui qui aborde toutes sortes de rôles, dans toutes sortes de registres. L'acteur, lui, joue un même type de personnage dans des actions ou des situations différentes. Michel Simon était un grand comédien, Jean Gabin un grand acteur.

J'ai beaucoup aimé *L'Argent des autres,* que je jouai avec Trintignant et Claude Brasseur. Je découvris que Christian de Chalonge m'offrait tout ce que j'attendais d'un metteur en scène, et en premier lieu la confiance. Il y a en lui quelque chose qui me fait songer à Jean-Marie Serreau, et qui est cet encouragement permanent adressé aux acteurs pour qu'ils explorent toutes les pistes de leur rôle. Ajoutons à cela une attention et une intelligence qui m'ont incité à donner le meilleur de moi-même.

Gérard Depardieu, mon ogre préféré

J'avais tourné précédemment, et pour la première fois avec Bertrand Blier, dans *Préparez vos mouchoirs.* Là encore, un univers. La causticité de Blier n'a d'égale que son parfait pessimisme (qu'il partage avec Jean Yanne). Il s'en sert non pour plomber ses films comme le font les mauvais cinéastes, mais pour les alléger, par un humour à froid et une désespérance tonique. Je n'avais qu'un petit rôle dans *Préparez vos mouchoirs,* où Depardieu, qui avait gagné ses galons de vedette depuis *Les Valseuses* du même Blier, prouvait une fois de plus qu'il était un grand comédien, aux côtés du regretté Patrick Dewaere. J'avais, dès *Le Cri du cormoran,* puis avec *Le Viager* et *Les Gaspards,* pressenti que Depardieu allait casser la baraque, comme on dit. J'en avais parlé à Nita :

— J'ai rencontré un mec, je t'assure qu'on va parler de lui. Il s'appelle Depardieu. Une santé pareille, j'ai jamais vu ça !

Dans ses jeunes années, Gérard avait pas mal traîné dans la rue. Cela nous avait rapprochés. Il me demandait des conseils, m'interrogeait avec sérieux sur le métier. Il se déplaçait déjà à moto et m'embarquait à l'arrière. Je n'en menais pas large mais lui, ça l'amusait de me savoir vert de trouille. On déboulait à Neuilly dans un vrombissement inimaginable là-bas, et nous mangions dans ma cuisine comme père et fils. Gérard a un talent explosif. Car chez lui tout explose. Sa personnalité, son physique. Dès ses débuts, il jouait en ogre. Il aurait avalé le monde, il aurait avalé le mec qui lui donnait la réplique. À table en face de lui, on a l'impression qu'il va engloutir l'assiette et les couverts. C'est une espèce de Harry Baur capable de vous émouvoir, de vous tuer, capable de tout. Un monstre prodigieux. Depardieu est à l'opposé de ces acteurs qui s'écoutent jouer. Lui, il donne, donne, donne encore, vous fouille jusqu'aux tripes, prêt à vous avaler. Il vaut mieux avoir du répondant, sinon c'est la disparition assurée. Face à lui, les autres acteurs ont intérêt à sortir des calibres. Gérard oblige ses partenaires à quitter leur coquille, à se mouiller vraiment. Car il est vrai qu'en France les acteurs jouent à l'économie. Attention à ne pas avoir l'air de. Un mot de trop, pas mon genre. Et pourtant... Un mot de trop d'un acteur de génie, c'est bien, non ? Un mot de trop de Jules Berry, de Pierre Brasseur ou de Gérard Depardieu, moi je suis preneur. Je dis donc à tous les comédiens susceptibles de jouer face à Depardieu : attention, les gars, vous risquez d'avoir du talent.

Bertrand Blier, Depardieu... je les retrouverai pour *Buffet froid,* où je ne fais qu'une apparition, celle d'un type avec un couteau dans le ventre au milieu d'un RER désert, à qui Depardieu demande si ça fait mal...

— *Bizarrement, non...* faisais-je. *C'est comme un lavabo qui se vide !*

En fait, c'est un autre acteur qui jouait ce personnage du poignardé, mais Blier n'avait pas été satisfait en voyant les rushes et la scène fut retournée avec moi. Il m'avait appelé pour savoir si j'accepterais un aussi petit rôle qui ne nécessitait que deux nuits de tournage. Sa question était sûrement sincère, mais il savait parfaitement que, pour lui, j'accepterais simplement de traverser la rue, puisque traverser une rue chez Bertrand Blier est une histoire en soi !

Les deux nuits chez Blier me permirent, le jour, de tourner *La Gueule de l'autre,* un film réalisé par Tchernia et écrit par Jean Poiret, qui, reprenant le principe de notre *Opération Lagrelèche* au théâtre, racontait une affaire de sosie (Perrin et Brossard) qui ne pouvait que me réjouir, puisqu'il s'agissait d'un double rôle. Il y avait plein de bons passages dans ce film au délire joyeux où jouait Jean, ainsi que mon ami Robert Destain (qui ne chantait pas), et où Georges Géret incarnait un commissaire du nom de Javert. Le double rôle de Perrin et de Brossard m'avait demandé une concentration extrême. Comme ils apparaissaient rarement ensemble dans le film, je me devais de souligner le caractère de chacun par des attitudes physiques différentes, des jeux de physionomie et quelques artifices vocaux, dont l'articulation, impeccable pour l'un, relâchée pour l'autre.

Marcel Aymé et Nestor Burma

À la télévision, j'avais tourné l'année précédente la grande série en six épisodes des *Folies Offenbach* sous la direction de Michel Boisrond, et je récidivai pour le petit écran avec plusieurs adaptations de Marcel Aymé, dont *La Grâce, Le Passe-Muraille, L'Huissier,* et un peu plus tard *Héloïse,* brillamment mises en scène par Pierre Tchernia, si à l'aise dans le monde poétique et fantastique de Marcel Aymé. Cet univers me ravit moi aussi. Il permet de travailler des personnages à la fois quotidiens et hors du commun comme je les aime, avec des postulats formidables. Imaginez : un type possède la grâce. La preuve, une auréole le suit partout...

C'est précisément à la télévision qu'aurait davantage eu sa place la comédie familiale que je tournai au cinéma à la fin des années soixante-dix, *L'Esprit de famille.* Quant à *L'Associé,* le film de René Gainville, j'avais beaucoup aimé cette histoire d'un type banal qui s'invente un associé et, de ce jour, réussit tout ce qu'il entreprend. Le film n'a que moyennement marché en France. En revanche, le remake américain avec Whoopi Goldberg a été un succès.

Je me retrouvai en Italie pour *Le Coucou.* Ce n'est pas un très bon film, et le fait d'avoir fait du coiffeur que je jouais un personnage qui se donne l'apparence d'une « folle » pour séduire la clientèle ne fonctionne pas bien. Cette variante de Zaza Napoli n'apportait rien. Mais ce que j'ai aimé, ce que j'aime toujours, c'est tourner avec les Italiens, qui ne perdent jamais de vue le plaisir de faire un film. À huit heures du matin, un machino vous dit : « Vous prenez un café ? Je suis content de vous voir ! » Le metteur en scène vous serre dans ses bras : « Michel, ça n'a pas l'air d'aller, qu'est-ce qu'on peut faire pour vous ? » Il n'y a pas, en Italie, ce que je reproche parfois à certains tournages français, et que j'appelle « l'ambiance chef-d'œuvre ». Qui peut le savoir, si ce sera un chef-d'œuvre ? Amusons-nous, travaillons agréablement, et on verra !

Bien sûr, il y a, avec les Italiens, des défauts sur lesquels les amoureux comme moi de la latinité ferment les yeux. C'est vrai que c'est souvent le bordel sur le plateau ! Mais avec une telle chaleur humaine et un tel bonheur que ça passe. Et, de toute façon, de ce côté-là, je ne ferai pas une révélation en disant que lorsqu'on a tourné avec Mocky, il ne peut plus rien vous arriver !

Au début des années quatre-vingt, je tournai une adaptation de *M'as-tu vu en cadavre ?*, une des aventures de Nestor Burma. C'était avant que mon ami Guy Marchand, qui d'ailleurs jouait dans ce *Nestor Burma détective de choc,* n'incarne le personnage à la télévision. Je m'étais amusé à donner mon interprétation de ce privé, qui n'avait rien à voir, on s'en doute, avec celui du roman. Comme l'action avait été transposée dans les milieux du rock, le metteur en scène Jean-Luc Miesch ne m'avait pas freiné sur les accoutrements ! Qui ne m'a pas vu en punk n'a rien vu ! Léo Malet, père de Nestor Burma, faillit s'étrangler de colère en voyant le résultat.

— Il fallait prendre Yves Montand ! gueulait-il. Regardez ! *Il fait du Serrault !*

Ce n'était pas la première fois que j'entendais cette expression, sans bien savoir ce qu'elle signifiait. Sans doute avais-je quelques tics, et si on me reprochait la démesure que je pouvais donner à un rôle, on pouvait aussi se demander si elle ne faisait pas exister un personnage qui, sans cela, serait passé inaperçu. Et puis, tant qu'à faire du Serrault, je ne m'estimais pas le plus mal placé pour y parvenir.

Aznavour, Mitchell, Dutronc... comédiens-chanteurs

Mon deuxième film avec Christian de Chalonge fut, à cette époque, *Malevil,* tiré du très beau roman de Robert Merle. C'est un de mes films préférés. Beau et bon cinéma. Il n'est qu'à voir toute cette partie sans dialogue, sans musique, qui suit le cataclysme. Je jouais un cultivateur, maire du petit village de *Malevil*, qui va organiser la vie des rescapés après une déflagration nucléaire. Personnage fort, situations fortes. Film de troupe plus que de numéros d'acteurs. Tournage physiquement éprouvant, car la dépense physique était énorme. J'avais demandé que Robert Dhéry puisse jouer le vieux Peyssou, qui était un rôle important. La production avait refusé. De Chalonge s'était montré intraitable et avait imposé Dhéry. Ce fut pour moi l'occasion de dire merci à cet homme que j'admirais et qui avait tant compté dans ma carrière de pitre. Il y avait aussi dans *Malevil* quelqu'un que j'aime beaucoup : Jacques Dutronc. Un vrai comédien. Comme Eddy Mitchell. Comme Guy Marchand. Comme Charles Aznavour (même si, pour Charles, il faut se souvenir qu'à ses tout débuts, il était acteur). J'ai quelquefois soufflé à des gens dont l'unique métier est de jouer la comédie : « Regardez ces chanteurs comme ils abordent avec finesse leurs personnages, comme ils écoutent, comme ils donnent des choses formidables. »

Cela dit, faut-il vraiment faire ce genre de compliment ? Car personne, à ce jour, ne m'a encore proposé de me lancer dans la chanson...

26

Michel Audiard me faisait visionner une séquence de *La Chasse à l'homme,* un des premiers films écrits par lui dans lequel je jouais.

— Regarde bien, me dit-il. Tout ce que tu feras plus tard, ton style si tu veux, se trouve déjà là.

— Tu crois ? Moi je n'arrive pas à me définir de style.

— C'est pourtant simple. Quand tu regardes quelqu'un, on ne sait jamais si tu vas l'embrasser ou le zigouiller.

Cette remarque fut-elle à l'origine des personnages qu'il me proposa par la suite, et qui appartiennent à son autre registre, à l'Audiard « deuxième manière », pourrait-on dire ?

En tout cas je reçus un jour de Michel un roman américain intitulé en français *Suivez le veuf.* Audiard m'avait glissé un mot : « Lis. Si ça te plaît, on te le taille à tes mesures... » Ça me plut.

Pile ou face avec Noiret

Avec Marcel Jullian et le metteur en scène Robert Enrico, Audiard bâtit une histoire formidable, le face-à-face entre le policier Baroni (Philippe Noiret) et Morlaix (moi) dont la femme a mystérieusement chuté du cinquième étage. Ce fut *Pile ou face,* qu'on tourna à Bordeaux. Je n'avais pas beaucoup joué avec Noiret, et me réjouissais de le retrouver. Philippe est un bon compagnon. Il pose sur toutes choses un regard détaché, va jusqu'à feindre du détachement dans son métier, mais il est en fait bien présent, et très efficace. Le suspense de *Pile ou face* (on ne connaît qu'à la fin les raisons qui ont incité Baroni à soupçonner Morlaix d'avoir poussé sa femme dans le vide) plaçait en fait le personnage du veuf dans la situation du spectateur, car lui aussi doit attendre la conclusion pour savoir. Ce qui m'a amené à faire de ce type banal l'objet d'un va-et-vient entre la certitude et le doute quant à sa culpabilité. Un mec qui a l'air si brave n'a pas pu commettre une chose pareille! Ces rôles qui exigent ce genre de nuances me plaisent énormément. Le film connut un grand succès.

Curieusement, c'est à partir de ce moment-là que des metteurs en scène, des producteurs, des critiques se passèrent une sorte de mot, qu'on me répétait à l'occasion : « Michel Serrault ? Il peut tout jouer. » Je n'allais pas me plaindre de ce traitement de confiance, mais quand même... J'avais une drôle d'impression en considérant les années passées. On me connaissait comme comique, les films que j'avais tournés étaient en grande majorité fondés sur la fantaisie et la drôlerie, et mes quelques rôles dramatiques avaient été gentiment appréciés, sans plus. Mon cas était même assez grave, puisque après *La Cage aux folles*, on avait pu penser que j'étais irrécupérable. Car il existe en France une curieuse loi, jadis dénoncée par Sacha Guitry, une loi non écrite qui a fait bien des ravages : *le rire est chose secondaire*. On n'est pas acteur, quand on fait rire. Pour être reconnu comme comédien, il faut jouer du sérieux. Les exemples pleuvent. Mon ami Michel Galabru fut sacré grand acteur le jour où il tourna *Le Juge et l'Assassin*. Jean Yanne fut déclaré vrai comédien après *Que la bête meure*. Et je ne parle pas de Carmet.

Ce « il peut tout jouer » à mon propos ressemblait donc à un visa qu'on m'accordait pour être à la fois Zaza Napoli et un notable trouble et roué.

Le smoking de *Garde à vue*

Ce notable de province s'appelait Martinaud. Le film, *Garde à vue*. Tout avait commencé, là encore, par un livre dont Audiard avait acheté les droits et qu'il m'envoya. Une série noire intitulée en français *À table !* Où un type assez minable était retenu comme suspect dans un commissariat new-yorkais après la découverte du cadavre d'une adolescente. Il était longuement, subtilement, et presque sadiquement cuisiné par un policier, sorte de monstre froid pour qui il constituait le coupable idéal. Je fus très intéressé par ce curieux tête-à-tête, et bien sûr par la perspective de dire une nouvelle fois un texte d'Audiard. Mais quelque chose me gênait, dont je m'ouvris à Michel.

— On vient de faire *Pile ou face* ensemble. Tu sais le personnage que j'y ai joué, cette espèce de quidam sans relief. J'ai peur qu'avec ce nouveau projet on ne soit répétitifs. Il faut trouver autre chose pour le suspect. Davantage de superbe. Une autre position sociale, peut-être...

Audiard me répondit que « ce n'était pas con », ce que je racontais. On allait se voir rapidement avec Jean Herman, qui travaillait sur le scénario, Michel Audiard voulant réserver son énergie aux dialogues. Le metteur en scène n'était pas encore trouvé. Le producteur, Alexandre Mnouchkine, avait proposé le projet à plusieurs réalisateurs avant d'avoir la très bonne idée de faire appel à un jeune cinéaste qui avait brillamment débuté, Claude Miller. J'avais, pour ma part, beaucoup aimé son *Dites-*

lui que je l'aime où Depardieu était magnifique. Miller et Herman travaillèrent au script après une nouvelle conversation que j'eus avec Audiard, et qui déclencha toute la logique de mon personnage.

— Un notaire du nom de Martinaud, ça t'irait ? m'avait demandé Audiard.

On ne pouvait guère faire plus notable. Mais je voulais aller plus loin, bien marquer entre ce notaire et le policier la différence de milieu social, qui est un peu plus sensible dans une ville de province, là où l'action allait être située. Je m'apercevais en fait que ce que je voulais éviter à tout prix, c'était un costume gris face à un costume gris.

— Ça se passe quand ? demandai-je à Audiard.

— Un 31 décembre en fin de journée.

— Alors il est en smoking, le notable notaire !

J'expliquai à Audiard que ce smoking allait m'aider à construire le personnage de Martinaud. Un peu comme le faux nez du *Viager* m'avait permis de mieux cerner le vieillard. Un smoking l'autoriserait à faire sentir au policier qu'ils ne sont pas du même monde, à prendre un peu les choses de haut, à se montrer retors, arrogant, mariole. Le jeu du chat et de la souris y gagnerait. Audiard fut convaincu.

— Si j'ai bien compris, me fit-il, c'est plus

des bouquins qu'il faut que je t'envoie, c'est des échantillons de tissus !

Je construisis mon notaire Martinaud en prenant comme base un type bourgeoisement installé. Je réfléchis à sa manière d'afficher une supériorité, à sa forme d'insolence, à sa façon de montrer son vernis, qui se craquèle mais ne disparaît pas à l'évocation de l'échec de sa vie intime. Le jeu avec le flic qui ne veut connaître que la loi ne lui déplaît pas. Il lui permet au contraire de se montrer roué, tacticien, avec un sens aigu de l'esquive, doublé d'un goût pour la provocation. Il sous-estime son interlocuteur, dont l'abrupte obstination va pourtant le faire chanceler. Je voulais recourir à un minimum de jeux de physionomie, me limiter à un agaçant petit sourire qui marquerait la distance que Martinaud entend faire respecter. Je voulais que même ses colères soient le reflet de ses origines et de son éducation. Quelque chose de vif et de contenu à la fois.

Pas de pâtes avec Lino

J'appris que Lino Ventura serait le policier. Je ne le connaissais pas personnellement et n'avais jamais joué avec lui. Je ne faisais pas réellement partie de son clan d'acteurs. Il avait plus l'habitude des Gabin, Belmondo, Delon, que de la famille des Jean Poiret et Michel Serrault. Arriva le premier jour de tournage, au studio où avait été construit le décor du commissariat. Décor magnifique, propice au huis clos qui allait s'y dérouler. Le contact avec Lino Ventura fut simplement courtois. « Bonjour, comment allez-vous ? Je suis content de vous voir. À tout à l'heure. » Nous étions chacun dans notre loge, surveillés par la production et par Claude Miller, qui, je peux le dire maintenant, s'est demandé jusqu'à la fin si Ventura et moi n'étions pas des fauves qui allions nous entre-dévorer. Nos rapports furent étranges. Pendant toute une partie du tournage, qui fut long, Lino Ventura, peut-être imprégné de son personnage, avait envers moi l'attitude de quelqu'un qui prolongeait la situation du film. Il me saluait par des :

— Bonjour, monsieur...

Sur le plateau, je le voyais travailler son rôle d'une manière très différente de la mienne. Il avait un cartable, d'où il sortait un cahier où tout était noté. Il avait demandé beaucoup de changements dans le texte, ne voulant que des répliques brèves, plutôt sèches. Ce qui avait chiffonné Audiard, plus prompt à laisser courir sa plume qu'à la freiner. Les raisons de Michel n'étaient d'ailleurs pas mauvaises :

— Ça me plaît, les face-à-face d'acteurs. Alors c'est vrai que j'ai tendance à mesurer au kilomètre...

Il n'était pas question de plaisanter avant ou après une prise, comme il m'arrive de le faire souvent, autant pour m'amuser que pour m'assurer que je tiens bien mon personnage. La concentration était extrême. Lino exigeait un silence qui confinait au recueillement. Je reconnais que je pousse parfois des coups de gueule si une présence ou quelque chose me gêne sur un plateau, mais là, il était presque recommandé de s'abstenir de respirer.

Ventura et moi n'avons jamais partagé un repas. Ni pendant *Garde à vue,* ni après. Je ne peux donc parler de ces sublimes pâtes qu'il confectionnait pour ses amis. J'aurais pourtant bien aimé y goûter. Vers la fin du tournage, nos rapports étaient pourtant devenus plus chaleureux. Nous nous étions découverts. Audiard m'avait averti :

— Je crois que tu l'impressionnes, le Lino. Il se demande ce que tu vas lui sortir de ton chapeau !

Ma réputation d'imprévisible me faisait du tort, mais sans doute étais-je impressionné aussi. Cependant, au fil des jours, entre Lino Ventura et moi s'étaient glissées des conversations sur le théâtre, un art qui le fascinait et lui faisait peur.

— Je ne pourrais pas faire ce que vous faites, me confia-t-il un jour. Monter sur une scène, ça je ne pourrais pas.

Nous avons parlé assez longuement pour en arriver à cette conclusion :

— Vous savez, Lino, si un jour on trouvait une pièce à jouer tous les deux, je vous assure que ça se passerait très bien.

— Vous croyez ? m'avait-il répondu.

Son visage s'était illuminé de ce sourire qui l'avait rendu célèbre, et qui prouvait que l'idée de jouer ensemble au théâtre venait de le séduire.

Romy Schneider tenait dans *Garde à vue* son avant-dernier rôle. Je n'avais pas réellement de scène avec elle, et je le regrette beaucoup. J'ai longtemps cru que la fatalité des scénarios cherchait à éloigner de moi mes partenaires féminines. Ainsi Isabelle Adjani dans *Mortelle randonnée* ou Sophie Marceau dans *Belphégor* ! Je leur cours après mais ne les rencontre presque jamais !

Garde à vue fut un énorme succès et me valut mon deuxième césar. Je n'étais présent à la cérémonie que par duplex, puisque je tournais en Bretagne *Les Fantômes du chapelier* de Claude Chabrol. Lequel avait eu l'idée de fêter ma deuxième sculpture par un dîner local où nous étions, lui et moi, déguisés en empereurs romains, avec des bouts de toge sur les épaules et des lauriers sur la tête.

Avec Isabelle Adjani

Je fis deux autres films grâce à Audiard. *Mortelle randonnée* tout d'abord, encore adapté d'une série noire. À la lecture du roman, je vis assez mal ce que cela pouvait donner, mais j'avais une telle confiance en Audiard pour triturer une histoire, la modifier, la réinstaller sur d'autres rails que j'attendis le scénario sans crainte aucune. Michel travailla avec son fils Jacques, et le résultat fut quelque chose qui mêlait le baroque, le fantastique, le polar, la poésie.

Mon personnage était celui d'un détective privé simplement nommé « l'Œil » qui poursuit à travers l'Europe une criminelle (jouée par Isabelle Adjani), qu'il identifie à sa propre fille morte. Cet aspect de l'histoire me renvoyait à ma situation personnelle, mais Michel savait que je dirais une certaine réplique comme je dirais toutes les autres :

— *Nous traverserons des parcs comme autrefois, Marie, de grands jardins botaniques où je t'apprendrai le nom des roses en latin... Ah bordel de merde ! Qui décide de séparer les filles de leurs pères...*

J'aurais voulu toutefois que des critiques indignes s'abstiennent de faire référence à mon drame personnel pour expliquer ce qui leur

336

apparaissait comme une excellente prestation de ma part.

L'auteur du roman, Marc Behm, avait dit, en parlant de « l'Œil » : *C'est l'histoire de Dieu déguisé en détective privé, à la recherche de sa fille : une quête de la grâce.* Le propos m'incita à travailler un personnage sans aucune aspérité, presque lisse, d'une neutralité totale. Il était nécessaire de le situer dans une sobriété qui devait amener à se poser la question : cet homme est-il réel ? C'était tout aussi nécessaire pour marquer la différence vis-à-vis du comportement bizarre que devait avoir Isabelle Adjani, et qui nous valait ces deux répliques d'Audiard :

— *À quoi je vous reconnaîtrai ?*

— *Les poubelles sont en plastique jaune, moi en plastique bleu.*

Claude Miller, dont j'avais apprécié les qualités dans *Garde à vue,* fut une nouvelle fois un metteur en scène inspiré. Et je fus heureux de retrouver dans la distribution Guy Marchand, le flic odieux de *Garde à vue* qui me tabassait en l'absence de Lino Ventura. *Mortelle randonnée* ne connut pas un grand succès. Film trop abstrait ? Possible. C'est pourtant, là encore, un de mes préférés.

Michel Audiard s'en va

J'ai tourné une douzaine de films écrits ou réalisés par Michel Audiard. Il serait prétentieux de dire que j'étais un peu devenu son double. Pourtant je crois sincèrement qu'il m'a choisi pour dire les choses graves qu'il voulait exprimer. En clair, ce désespoir qui ne le quittait plus.

J'ai été son dernier interprète dans *On ne meurt que deux fois,* qui sortit sur les écrans trois mois après sa mort. Un film qui parle de la mort, justement, au travers d'une enquête policière. Audiard avait encore acheté les droits d'un bouquin (de Robin Cook, cette fois) et me l'avait donné à lire. Il avait écrit le scénario pour que je joue le flic, cet inspecteur Staniland, flic vieillissant, qui porte en lui le trouble et la faiblesse. Il a quelque chose du « looser » et, en même temps, on le sent trop complexe pour être perdant. À moins de considérer qu'il a déjà tout perdu, et au premier chef ses illusions. C'est dans ce sens que j'ai travaillé le personnage, et je pense savoir que c'est ce que recherchait Audiard, dont le dialogue empreint de désespérance était bouleversant. Le beau personnage de femme fatale confié à Charlotte Rampling, avec laquelle j'eus beaucoup de plaisir à jouer, nous offrait des échanges de choix. Ainsi cette balade sur la plage de Deauville :

— *Maintenant je vais te dire une chose importante*, me balançait-elle. *J'ai horreur qu'on me pose des questions, j'ai horreur du bord de mer, et encore plus horreur de me balader avec un flic qui me pose des questions au bord de la mer. Et puis t'es vieux, et puis t'es moche, et puis t'es con.*

Moi j'allais l'arrêter pour le meurtre de son mari :

— *Tu vas en prendre pour cinq ans. Avec des livres et des souvenirs, ça passe vite. Évidemment, avec des remords, c'est plus long...*

Jacques Deray réalisa ce film crépusculaire entre tous, cadeau d'adieu de ce véritable écrivain qui s'appelait Michel Audiard.

On parle aujourd'hui de malentendu, à propos d'Audiard. C'est un peu facile, de pratiquer l'euphémisme après tous les faux procès, les insultes et les calomnies qu'il a dû subir. Les haines suscitées par la jalousie l'amusaient, disait-il. Je n'en suis pas si sûr. Il reste toujours quelque chose des coups que l'on reçoit. J'ai eu — et il n'y a pas très longtemps — une conversation à la limite du houleux avec un journaliste.

— Oui enfin, Audiard, ce ne sont que des mots d'auteur, m'a-t-il assené...

— Évidemment !

— Reconnaissez qu'on ne parle pas comme ça dans la vie !

— Re-évidemment ! Mais ce n'est pas la vie, mon pauvre ami, c'est du cinéma ! Du spectacle ! Audiard a fait comme tous les grands créateurs : il s'est servi de la réalité et l'a transfigurée pour en faire une vérité. Quelque chose qui sonne juste mais qui n'est pas la réalité. Moi-même dans mon travail d'acteur je n'ai jamais fait autre chose !

Je ne suis pas certain d'avoir été entendu par ce jeune homme aux idées préfabriquées. Je signale au passage que c'est le même qui, faisant référence à *L'Avare* en 1986, me demanda au cours de cet entretien pourquoi j'avais tant tardé à faire du théâtre ! Passons.

Audiard possédait le langage d'un poète populaire. La veine et la verve. Il se saisissait des mots du quotidien, les ajustait, les ordonnait comme un orfèvre, travaillait le balancement des phrases, et au besoin confrontait ces mots de tous les jours à des termes inattendus, pour créer ces explosions verbales qui font le bonheur des oreilles. Il n'inventait pas de mots, comme certains l'ont pensé, *il savait s'en servir*. Quant à la légende selon laquelle rien n'est plus facile pour un acteur que de dire un texte d'Audiard, elle fait surgir dans mon esprit cette taraudante question : pourquoi dans ce cas sont-ils si nombreux à n'avoir jamais su « dire de l'Audiard » ? On peut toujours admettre que la musique d'une réplique bien écrite aide à la mise en bouche, quand il n'y a ni angles trop vifs, ni arêtes, que la phrase coule sur ses arrondis et percute bien. Mais qu'on ne me parle pas de facilité. Ou alors il s'agit de cette « facilité » du vers de Racine, de l'alexandrin de Molière et du tempo de Sacha Guitry. La cadence et la concision, le « ramassé » d'une phrase d'Audiard, sa souplesse aussi évoquent bien plus les grands auteurs que le non-style du tout-venant, quand même !

Je dis là ce que je crois depuis longtemps et qu'il me blesse de ne pas entendre plus souvent : Michel Audiard était tout simplement un grand et magnifique serviteur de la langue française.

27

Mon amitié avec Audiard fait partie de ces bonheurs de la vie qui s'affranchissent de toutes explications. Mais si on tient à comprendre ce qui se passe dans les cœurs, je ne conseille à personne de demander à Claude Chabrol. Un jour que j'évoquais avec lui ce fluide entre les êtres, qui les fait s'entendre, se comprendre, s'aimer, qui rend certaines présences indispensables sans que les mots aient besoin d'intervenir, il me répondit :

— Ça, tu vois, c'est la communion des saints...

Venant d'un mécréant comme Chabrol, qui se fiche de moi dès que je parle un peu de religion, la réponse valait son pesant d'eau bénite !

Jouer pour Claude Chabrol

J'ai tourné à ce jour deux films avec Claude. Et mon grand regret est de n'avoir pas travaillé plus tôt avec lui. Peut-être est-ce ma faute, n'ayant jamais, de toute ma carrière, fait quoi que ce soit pour provoquer un engagement. Je sais que Chabrol a lui aussi le sentiment que nous avons perdu du temps. C'est pour moi la preuve qu'entre lui et moi il y a une entente, une complicité, et une amitié qu'il mettra peut-être sur le compte de la communion des saints. Ce que j'admire chez Claude, c'est son intelligence et sa tranquillité, vraie ou feinte, car c'est un stratège hors pair, qui sait où il veut aller, et qui y va en donnant l'apparence qu'il s'en fout... Malin, Chabrol? Plus que ça : metteur en scène. Jusqu'au bout des ongles metteur en scène. Il n'y a pas sur son plateau la pesante « ambiance chef-d'œuvre » que j'évoquais ailleurs. Pas de tensions ou d'énervements. Le plaisir de travailler ensemble, c'est tout. Pour commencer, il sait se dégager des contingences techniques avec une époustouflante décontraction. Un problème avec un décor? Claude ne convoque pas un huissier, n'alerte pas l'assurance. Il tourne une autre scène, avec autant de soin. Il n'y a que lui pour avoir développé avec génie l'équation « 1 problème = 2 idées » ! Dans *Rien ne va plus,* j'avais une scène avec Isabelle Huppert dans un remonte-pente. Mon texte était très long et j'avais peur de buter sur un mot, ce qui aurait obligé à refaire toute la scène, à redescendre avec le remonte-pente, etc.

— C'est très simple, me dit Chabrol. Tu auras un dossier sur les genoux, et ton texte sera dedans !

Sa qualité magnifique pour les acteurs, c'est de ne pas régenter le plateau à la manière de ces intégristes qui savent seuls comment les choses doivent être dites trois mois avant de tourner. Il attend les propositions des acteurs et fait à partir de là son marché. Je me souviens de lui avoir dit, à propos du chapelier dans *Les Fantômes,* que je sentais des orientations possibles pour le personnage, mais que j'ignorais si elles entraient dans ses vues. Ainsi, lorsque le chapelier s'aperçoit que le tailleur le suit tous les soirs, je voyais le pauvre tailleur souffreteux attiré comme un poulet par le chapelier, qui ferait semblant de lui jeter du grain en murmurant des « petit petit... ».

— C'est peut-être trop, dis-je à Chabrol.

— Ah, mais pas du tout ! Le chapelier a compris que l'autre avait découvert son secret. Et comme il est schizo et pervers, il prend une sorte de plaisir à cette filature. C'est un jeu, pour lui !

Chabrol me donnait l'explication de ce que je voulais faire !

— Alors je peux ? J'ai ton feu vert ?

— Non seulement tu as le feu vert, mais maintenant c'est un ordre !

J'ai énormément aimé jouer ce monstre ordinaire des *Fantômes du chapelier*. Une ambiguïté chauffée à blanc, un dédoublement qui va et vient entre la respectabilité et la folie meurtrière. Je traduisis la schizophrénie du type par des sautes de voix, des sautes d'humeur, et des sautes de jambes. Ma démarche était pleine de pas redoublés, des sortes de sautillements intempestifs qui soulignaient la perversité et le dérangement mental du bonhomme. Je m'amusai également à faire une sorte de clin d'œil à Chaplin dans *Monsieur Verdoux,* quand je suis debout derrière Monique Chaumette, prêt à l'étrangler. Et j'ai été heureux de jouer avec Aznavour, qui faisait le tailleur que je prends plaisir à tourmenter. Ah oui, quel pied que ce rôle ! Et quel Chabrol grand cru que ces *Fantômes du chapelier !* Le film restituait superbement le climat du roman de Simenon dont il était tiré, et que j'avais lu et relu plusieurs fois pendant le tournage, pour m'assurer qu'on ne laissait pas passer une clé, un moteur du personnage.

Le deuxième film avec Claude fut *Rien ne va plus,* quinze ans plus tard. Nous étions plus proches du divertissement, de quelque chose de ludique comme le titre l'indiquait. Ce qu'il y avait d'exaltant à jouer dans cette histoire d'escroquerie où, comme au casino, on peut d'un coup tout perdre ou tout gagner, c'était que les rapports entre le personnage d'Isabelle Huppert et le mien n'étaient pas précisés. Le type pouvait être son père, son oncle, son vieil amant, son ancien employeur, tout ce qu'on voudra. Ce qui m'amena à construire le bonhomme en y intégrant ces données de tous les possibles. Toute la finesse et l'ironie de Chabrol étaient là concentrées. Quant à ma prestation de quatre secondes à la trompette, elle n'a été remarquée que par quelques connaisseurs...

Le Bon Plaisir avec Deneuve

Au début de la décennie quatre-vingt, je tournai à nouveau sous la direction de Christian de Chalonge un film produit et interprété par Jacques Perrin, *Les Quarantièmes Rugissants.* J'y étais un margoulin cynique et manipulateur qui fait des affaires sur la vie d'un navigateur solitaire. Malgré l'authenticité de l'histoire, le film souffrit d'une non-crédibilité et ne fit pas une grande carrière.

Avec Francis Girod, je tournai *Le Bon Plaisir,* où je retrouvais Trintignant et Catherine Deneuve. On peut en fait dire que hormis une scène vingt ans auparavant dans *La Chasse à l'homme,* c'était la première fois que je jouais vraiment avec Catherine Deneuve, et ce fut une rencontre très agréable. Françoise Giroud, auteur du roman et du scénario, avait hésité avant de savoir qui de Trintignant ou de moi allait jouer le président de la République. Finalement, c'est le ministre de l'Intérieur qui me revint. J'avais adopté un jeu rigoureux, mais en laissant sans doute percer un peu d'ambiguïté dans le personnage, puisque Françoise Giroud me déclara après le tournage :

— Vous auriez fait une grande carrière dans la politique, si vous aviez voulu.

Je fis dans ces années un film de Claude Zidi, *Les Rois du gag,* qui ne me laisse pas un immense souvenir, et un autre Mocky, *À mort l'arbitre.* Partant d'un roman de la série noire qui décrivait des supporteurs anglais allant jusqu'au meurtre parce que le résultat d'un match ne leur plaît pas, Mocky fit un film sur la haine, le racisme, la folie. J'étais l'immonde Rico, le chef de bande des supporteurs, qui cherche à assouvir sa haine dans une cavale punitive contre l'arbitre... que jouait mon grand copain Eddy Mitchell. J'avais voulu que la haine que véhiculait ce type lâche et médiocre passe essentiellement par le regard, et un rictus aux lèvres. J'ai dû réussir mon coup, puisque, pour bon nombre de gens, *À mort l'arbitre* est le film où je suis le plus terrifiant. En tout cas, j'appréciais une fois de plus que Mocky « tape dans le gras », avec excès comme d'habitude, mais avec une férocité libératrice plus que bienvenue. Façon de dire, peut-être, que je n'ai jamais eu très envie de faire des films tièdes. Le tournage d'*À mort l'arbitre* fut moins angoissant quant aux moyens (il y avait d'autres producteurs), mais nous étions toujours dans un de ces voyages non organisés dont Mocky a le secret.

Chez Jean Yanne avec Coluche

Dans ces années, Jean Yanne, qui n'avait pas renoncé au cinéma, tourna deux films... dont je fus. Dans *Liberté, égalité, choucroute,* je jouais Louis XVI (je rappelle au passage que j'ai joué Louis XV dans *Beaumarchais* et qu'il reste toutes sortes de monarques ; avis aux producteurs). Jean Poiret et Daniel Prévost incarnaient le calife de Bagdad et son cruel vizir. Joyeux moment. Daniel Prévost est un grand acteur et un immense fantaisiste. Je n'ai jamais eu d'élèves ou de disciples, mais je reconnais volontiers que ses excentricités et sa façon de secouer les cocotiers établissent entre lui et moi une certaine filiation. Un type qui termine une interview à la télé par :

— La prochaine fois, je vous montrerai mon cul parce que je sais que ça fait vendre !

... a droit à tous les élans de fraternité dont je suis capable !

Trois ans auparavant, avec Jean Yanne et la troupe, nous nous étions retrouvés en Tunisie pour *Deux heures moins le quart avant Jésus-Christ,* dont le titre me valut quelques remarques, du genre :

— Vous, un chrétien ! Tourner dans un film pareil !

Ces contrôleurs vétilleux devaient se faire la voix en attendant *Le Miraculé* de Mocky. Dans *Deux heures moins le quart,* je faisais César. Efféminé, mais empereur quand même. Le film eut un très gros succès et fut naturellement passé au lance-flammes par les gazettes habituelles. Yanne, ni personne, ne prétendait au chef-d'œuvre, mais la critique ne voulut pas reconnaître, une fois de plus, que quelques moments délirants chez Jean Yanne valaient mieux que la sinistre platitude de films soutenus à pleines pages. Je me réjouis aujourd'hui en entendant tous ceux qui m'avouent se passer en boucle certaines séquences et les savoir par cœur... Dans *Deux heures moins le quart* jouait toute une bande de copains. José Artur faisait un portier équivoque, et Darry Cowl le conseiller du consul, lequel était incarné par un grand comédien, à la personnalité très attachante, Michel Auclair.

Et il y avait Coluche. Je l'appréciais énormément. Il connaissait sur le bout du doigt les sketches de Poiret et Serrault.

Nous avons beaucoup ri, tous les deux. Coluche était doué d'un des plus grands sens du spectacle qu'il m'ait été donné de voir, mais en plus il possédait une grâce. Je n'ai qu'un reproche à lui faire : avoir donné naissance à une ribambelle de supposés comiques qui se proclament ses héritiers, alors qu'ils n'ont pas le millième de son génie. Sur le tournage de *Deux heures moins le quart,* Coluche m'avait lancé :

— Je vais faire un film en Italie avec Dino Risi. Je veux que tu viennes.

— Mais je n'ai pas de rôle !

— J'appelle Risi ce soir, t'en auras un !

C'est de cette façon que je me retrouvai dans *Le Bon Roi Dagobert* à camper le moine Otarius. Ce n'est pas un bon film. Trop de débordements. D'excès incontrôlés. De fausse truculence. Mais il y avait Ugo Tognazzi, mon complice le chef opérateur Armando Nannuzi, et Coluche évidemment. Il avait loué une villa où il donnait une fête tous les soirs ! Il était la munificence incarnée. Et de lui je n'ai connu qu'une chose qui égalait l'incroyable générosité dont il faisait preuve : sa sensibilité.

Un classique au théâtre

Au milieu des années quatre-vingt, je n'avais pas fait grand mystère de mon envie de revenir au théâtre. J'étais descendu des planches en 1978 après cinq ans de *La Cage aux folles,* et il me tardait un peu d'y remonter. Sans doute l'écho en était-il parvenu jusqu'à Roger Planchon, puisqu'il vint me proposer de jouer un classique. Je ne savais de Planchon que ce que tout le monde en savait, et me sentais plutôt flatté d'être sollicité par un haut représentant d'un théâtre différent du mien. Roger Planchon avait pensé à trois Molière : *Le Malade imaginaire, Le Bourgeois gentilhomme* ou *L'Avare.* J'arrêtai mon choix sur cette dernière pièce, qui me semblait plus judicieuse à ce moment-là de ma carrière. Les choses commencèrent bizarrement : Planchon me raconta *L'Avare,* pensant sans doute que je ne l'avais ni lu ni vu. Je laissai faire, marquant même çà et là des étonnements pour bien montrer que ce n'était pas en vain qu'on me prenait pour un demeuré.

Les séances de travail débutèrent. C'est peu dire que je mettais les pieds sur une planète inconnue. Ça se passait dans des studios de répétition, modèle Union soviétique 1952. Je compris rapidement que la table bancale, les chaises dégueulasses et la petite ampoule de soixante watts étaient là pour créer l'inconfort qui doit mener à l'ascèse, conduire à la pureté et animer l'esprit. Un peu comme chez les moines. À cette différence près que nous étions là dans un univers hideux et lugubre. La saleté ruisselante et le sordide qui suintait de partout ne m'évoquaient ni Cîteaux ni la Grande Chartreuse... C'est dans ce décor que commença le travail qui allait enfin installer Molière à sa vraie place : un intellectuel qui annonçait dans *L'Avare* la guerre de 1914 et celle de Crimée, l'avènement du communisme (les scènes Harpagon — La Merluche sont tout de même révélatrices), les conflits coloniaux, les manifs du Larzac et le combat des femmes. J'écoutais. Poliment. Des jours furent nécessaires pour défricher ce terrain-là, et nous passâmes à l'ethno-sociologique. Comment les protagonistes d'une pièce comme *L'Avare* mangeaient-ils ? Fourchette ? Cuillère ? Doigts ? Assiette ou écuelle ? Si on retient les écuelles, quelle profondeur ? Le signe évident de l'arrogance petite-bourgeoise n'est-il pas tout entier résumé dans la manière dont la cuillère tient ou non debout dans la soupe ? C'est là que mon sens chrétien de la compagnie me fit défaut... Je me levai d'un bond et renversai la table, fou de rage...

— Vous me faites ch... avec vos conneries ! Moi je répète debout avec le texte ! Alors si vous préférez une douzaine de ringards autour d'une table qui parlent de cuillères et de fourchettes, c'est sans moi ! Allez vous faire foutre ! Je me barre !

Le scandale agita tout le petit monde du théâtre, et jusqu'à la presse qui voulut accourir aux cris de « Serrault est devenu fou ! Il a failli blesser un comédien ! On veut être là quand ils vont s'égorger ! ». Il y eut quarante-huit heures de flottement, et rendez-vous fut pris avec Planchon pour rabibochage. Les répétitions commencèrent. À Villeurbanne. Un théâtre accueillant comme un bunker. Dans un esprit communautaire créateur, il avait été décrété que l'homogénéité de la troupe ne pouvait être obtenue qu'en ingurgitant tous ensemble le même menu deux fois par jour. La connivence par la cantine. Sur scène, je n'ai pas vu que ce système portait de quelconques fruits, mais pourquoi pas... Les répétitions furent éprouvantes. Chaque réplique, chaque esquisse de mouvement devait être disséquée à l'infini. Des questions compliquées tombaient sans cesse, qui figeaient toute humeur, toute intuition, tout instinct d'acteur. Le carcan n'en finissait pas de s'alourdir quand Planchon fit cette admirable déclaration :

— Il est difficile de créer un suspense avec une pièce aussi connue. C'est pourquoi je vais changer l'ordre des scènes.

Je tentai de lui représenter que l'ordre imaginé par Molière avait fait ses preuves et qu'on ne pouvait pas le taxer d'incohérence. Le couperet tomba :

— C'est une relecture.

Je ne pouvais pas déclencher un scandale tous

les jours, même si une bonne moitié de la troupe, qui était de mon côté face à l'autre moitié du côté de Planchon, n'attendait que cela... Je m'écrasai donc... pas pour longtemps !

Le monologue d'Harpagon

Lorsque nous en arrivâmes au célèbre monologue, je dis tout net à Planchon qu'il était pour moi l'aboutissement des confidences qu'Harpagon fait au public tout au long de la pièce.

— Quelles confidences ?! s'exclama Planchon.

— Quand par exemple il dit *Dix mille écus en or chez soi est une somme assez...* à qui voulez-vous qu'il s'adresse ? À son valet ? À la coulisse ? Au lustre ?! Cet homme raconte aux gens son histoire, c'est comme ça que je le vois.

J'expliquai à Planchon que, ainsi préparé à recevoir les confidences d'Harpagon, le public entendrait différemment le monologue, et que cela permettrait de l'invention et un autre jeu. Voilà pourquoi je descendrais dans la salle et jouerais le monologue avec les spectateurs.

— Vous n'allez pas faire ça... dit Planchon au bord de la syncope.

— Et pourquoi je ne le ferais pas ?! Ça fait trente ans que je vois des acteurs qui s'époumonent à dire *Ils me regardent tous et se mettent à rire* devant des salles qui ne bougent pas ! Alors moi, je vous préviens, si les gens ne rient pas, il n'y aura pas de monologue.

— Mais Michel...

— C'est comme ça. Si ça ne vous convient pas, je m'en vais !

— Vous n'allez pas faire du texte, tout de même !

Je n'ai pas cédé. Et si j'ai « fait du texte », *au moins était-il toujours de Molière.*

Je quittais le plateau alors que la lumière revenait dans la salle... Je considérais tout le parterre...

— *Que de gens assemblés !*

J'allais sous le nez des spectateurs pour les dévisager...

— *Je ne jette mes regards sur personne qui ne me donne des soupçons, et tout me semble mon voleur...*

Le public riait. Après *N'est-il point caché là parmi vous ?,* je m'approchais de quelqu'un au troisième ou quatrième rang et, à ce moment, reprenais les répliques que j'adressais à La Flèche au premier acte :

— *Montre-moi tes mains !*

Les rires repartaient.

— *Les autres !* au voisin de ce spectateur...

Je m'arrangeais pour arriver jusqu'à une dame qui avait son sac sur les genoux...

— *N'as-tu rien mis ici dedans ?*

Je reprenais alors une réplique de l'acte IV :

— *Donnez-moi un bâton tout à l'heure!*

On me tendait le brigadier (qui sert à frapper les trois coups) et j'en menaçais la dame... Les rires redoublaient, ce qui me permettait de reprendre le monologue par :

— *Ils me regardent tous et se mettent à rire!*

Je pouvais alors remonter sur scène en lançant :

— *Allons vite, des commissaires, des archers...*

La salle était hilare. C'était pour moi la preuve que je n'avais pas trahi Molière. Je reste fier d'avoir fait de la sorte mon métier. Le public a parfois autant de présence que les acteurs.

En revanche, j'ai peut-être trahi Roger Planchon. Je crois savoir qu'il me l'a pardonné, puisque nous avons recommencé à parler de théâtre tous les deux et à agiter quelques projets.

On me dit parfois que je n'ai qu'à faire moi-même mes mises en scène, je serais de la sorte plus tranquille. Ce n'est pas cette liberté-là que je revendique. C'est celle de l'acteur. Dont le premier des droits est qu'on le laisse respirer.

28

Dans la seconde partie des années quatre-vingt, je retrouvai Jean-Pierre Mocky pour un film cher à mon cœur, car ce fut la dernière fois que je jouai avec Jean. Mocky m'avait fait parvenir un scénario qui s'intitulait *Le Miraculé*. Une charge de fou furieux contre les marchands du temple, une dose de vitriol sur les supermarchés de la religion. Pour de la satire, c'en était.

Mon premier rôle muet !

Le rôle que Mocky me proposait était celui d'un vrai muet qui conduit à Lourdes un faux paralytique... incarné par Jean Poiret. J'étais partant pour le pèlerinage, bien sûr ! Avec toutefois une réticence de taille que j'exposai à Mocky.

— Comment jouer un muet?! Il faut bien qu'il communique!

— Vous ferez des gestes!

— Mais je ne connais pas leur langage, tous les signes, ça s'apprend, tout ça!

— Vous inventerez des trucs!

J'ai donc composé un vocabulaire gestuel bien à moi, sachant que j'avais d'abord à me faire comprendre de mon copain le faux paralytique, et que c'était à lui de traduire pour tout le monde. Ce qui nous amena à improviser de délicats moments. Ainsi pour lui indiquer que la police était intervenue, qu'il y avait eu des coups de feu et que ça s'était terminé par un mort, je mimais un revolver tirant dans tous les sens et laissais couler ma salive sur mon menton. Jean, cloué sur son fauteuil, décodait.

— *Ah bon! Y a eu bavure, alors!*

Pour l'heure, Mocky était tracassé par deux problèmes.

— J'ai envoyé à Lourdes le scénario... Ils ne veulent pas qu'on tourne là-bas.

— Franchement, il fallait s'y attendre!

— On se débrouillera! (De ce côté-là, on pouvait lui faire confiance.) Mais je n'ai personne pour jouer la femme... vous ne pourriez pas demander à Jeanne Moreau?

— Demandez-lui vous-même!

— J'ai une drôle de réputation, je ne peux

pas la rassurer sur moi-même, mais vous, vous pouvez lui dire que je ne suis pas fou !

Je me laissai fléchir et décrochai mon téléphone.

— Jeanne, venez jouer avec nous, on va rire, on va bien s'amuser, vous allez voir...

— Oui, mais Mocky, il est fou, non ?

— Un peu excentrique, tout au plus. Mais vous allez pouvoir jouer comme vous voulez. Les acteurs ont leur liberté. Et puis il est sympa, Mocky, je vous assure !

Avais-je bien baratiné, comme autrefois mon père pour placer ses cartes postales ou ses soieries ? En tout cas Jeanne finit par dire oui. Le premier jour, nous tournions à Paris, dans un bistrot de la Bastille. Jeanne Moreau arriva, souriante, en compagnie de sa maquilleuse et de sa coiffeuse. Je la saluai amicalement, et Jeanne demanda à la cantonade, de toute sa distinction :

— Où est ma loge ?

C'est alors que la voix de Mocky sortit de derrière le comptoir :

— Dans les chiottes, comme tout le monde !

Chez Mocky, l'homme du monde n'est jamais loin. Jeanne Moreau, élégante, fit celle qui n'avait pas entendu.

Il fallut bien se rendre à Lourdes, autorisation de tourner ou non. En premier lieu, Mocky voulait « voler » des plans de Jean et moi au milieu des véritables pèlerins qui montaient à la grotte.

Nous nous mêlions donc à l'interminable file qui avançait lentement. Le problème, c'est que, même attifés comme l'étaient nos personnages, beaucoup de malades et leurs accompagnateurs nous reconnaissaient, et leurs visages s'éclairaient.

— Ça alors ! Jean Poiret et Michel Serrault !

On leur expliquait que nous étions simplement là en touristes (on évitait Mocky), et ils nous prenaient gentiment les mains, nous embrassaient, nous disaient combien ils avaient ri en voyant *La Cage aux folles...* Alors nous les aidions, en les réconfortant par des mots, des plaisanteries, et le temps leur semblait moins long. Je suis persuadé que Dieu nous a un peu engueulés ce jour-là. J'ai eu l'impression qu'il nous disait que notre place était tout autant là, à donner un peu de joie aux malades, qu'à jouer les andouilles chez Mocky. Et moi je ne voyais aucun inconvénient à faire le pitre pour tous ces gens avant d'aller prier avec eux la Sainte Vierge et la Petite Sœur. On va encore me trouver bizarre, mais je persiste et signe : ça ne me gêne pas de faire des choses comme ça, bien au contraire.

Poiret et Serrault dans la piscine

Dans la fausse grotte reconstituée à quelques kilomètres de Lourdes, nous devions tourner l'arrivée de la procession, ainsi que la scène de la piscine dans laquelle on plonge les paralysés. Comme il fallait pas mal de figurants, Mocky avait fait passer des annonces dans la presse. Le premier soir (puisque nous tournions la nuit), près de deux cents personnes se pointèrent à la fausse grotte, pour apprendre qu'elles ne seraient pas payées, mais qu'on les nourrirait et abreuverait. C'étaient des jeunes pour la plupart, à qui on remit des cierges, et qui procession-nèrent avec nous jusqu'à quatre heures du matin. À l'aube, on leur donna du thé froid et des croissants mous et ils rentrèrent chez eux. Est-ce mauvaise compréhension de leur part ? Explication embrouillée de Mocky ? Qualité de la collation ? Quoi qu'il en soit, le lendemain ils n'étaient plus que cent, et la quatrième nuit vingt-cinq. Sérieux problème de raccord ! Pour tous les cinéastes du monde s'entend, mais pas pour Mocky, qui se mit à filmer les pieds, les jambes, le dos des figurants en gros plan pour donner l'impression de foule...

Quant à la scène où Jean, dans son fauteuil de paralytique, basculait dans la piscine d'eau miraculeuse, et que j'allais le rechercher et re-trouvais ma voix, son tournage fut une épopée.

Mocky avait fait installer la caméra sur une grue au-dessus de la piscine, mais comme nous n'avions pas répété, il était à craindre qu'une prise ne suffise pas. Jean et le fauteuil tombèrent une première fois dans l'eau et j'y descendis à mon tour... Le cadreur sur la grue se mit à vociférer :

— Je ne les ai pas ! Ils sont pas dans l'axe !

— On la refait ! gueula Mocky. Vous n'étiez pas dans le champ ! Merde !

On lui fit remarquer que nous, nous étions bien dans l'eau, mais il nous rendait quasiment responsables du loupé ! Le problème était que, comme dans toute production de Mocky, il n'y avait pas de costumes de rechange. Un seul costume pour la scène à tourner. Priés de faire avec. C'est donc trempés comme des soupes que l'on se présenta devant l'unique habilleuse du film. La différence de température nous faisait fumer comme des locos à vapeur ! On se mit en slip et la pauvre habilleuse repassa à toute vitesse le costume de Jean, puis le mien, pendant que Mocky nous engueulait ! Deuxième prise, avec des vêtements encore humides, mais impeccablement repassés. Re-plouf de Jean et du fauteuil, suivi de mon plongeon. Là-haut, sur la grue :

— Je les ai pas, Jean-Pierre, je les ai pas ! Ils sont tombés dans l'eau trop tôt !

— Coupez! hurla Mocky. Mais qu'est-ce que c'est que ce bordel??!

À nouveau en slip devant l'habilleuse.

— Vous êtes des cons! tempêtait Mocky. Poiret-Serrault, plus jamais je ne tournerai avec vous! Vous êtes trop cons! Jamais à vos places! Jamais dans le champ! Merde!

Évidemment, on en rajoutait:

— Mais on peut rendre d'autres services! Regardez comme on fume bien!! Vous n'avez rien à fumer? Y a pas de saumon, par là?!!

C'était une chienlit extraordinaire. J'allais écrire « comme d'habitude », mais tout le monde l'aura compris... *Le Miraculé* fut le film décapant qu'on espérait. Il me valut des lettres incendiaires pour avoir osé tourner une « horreur blasphématoire ». Je répondis de mon mieux que s'attaquer aux profiteurs de la foi n'était pas s'attaquer à Dieu, qu'on trouve dans l'Évangile des scènes entières du *Miraculé,* mais me rendis compte aussi que certains débats ne peuvent avoir lieu avec certaines gens.

D'Alain Delon à Paul Léautaud

L'année du *Miraculé* fut aussi celle d'un film bizarre et décalé, que j'aime bien, *Mon beau-frère a tué ma sœur,* de Jacques Rouffio, où pour la première fois je jouais avec Michel Piccoli. Il y avait une jeune actrice avec qui je m'entendis très bien, et qui ne manque jamais une occasion de rappeler notre complicité : Juliette Binoche. Je tournai aussi *Ennemis intimes,* de Denis Amar, et un bon suspense psychologique d'Alain Jessua, *En toute innocence,* où j'eus le plaisir d'avoir des partenaires comme Suzanne Flon et Bernard Fresson. Je fis un nouveau film avec Tchernia, *Bonjour l'angoisse,* où je jouais un brave type angoissé qui a des conversations avec son double dans les miroirs. Clin d'œil à Marcel Aymé. Pas mal d'amis dans la distribution, comme Jacques Dynam, Bernard Fresson, Hubert Deschamps, et, parmi les assistants-réalisateurs, une jeune femme que je connaissais bien : ma fille Nathalie.

Alain Delon demanda à ce moment-là à me voir. Nous n'avions jamais eu de contact auparavant, et je trouvai devant moi un homme très aimable, avant tout chef d'entreprise. Il me dit qu'il serait heureux de m'avoir avec lui dans le film qu'il allait produire et qui s'appellerait *Ne réveillez pas un flic qui dort.* Il m'expliqua qu'il tenait à ce que le mot « flic » figure dans le titre de chacun de ses films, c'était pour lui comme une garantie de succès, et me raconta mon personnage.

— C'est une franche pourriture, ce flic que vous me proposez de jouer, lui fis-je remarquer.

— Ça existe, vous savez...

Sur le tournage, j'ai eu avec Delon des rapports très amicaux. Il ne cachait pas une sorte de respect et me parlait avec beaucoup de gentillesse. Sa situation d'acteur et producteur faisait qu'il était celui vers qui tout remontait. Et comme il n'était pas question que la mise en scène lui échappe, la position du réalisateur José Pinheiro était délicate. Le film ne fut pas à la hauteur des espérances d'Alain Delon, des miennes non plus.

Pour la *Comédie d'amour* que je tournai ensuite, j'incarnais Léautaud, mais surtout... une bouée de sauvetage dont le cinéma a régulièrement besoin. Ce n'était pas moi qui devais jouer l'écrivain, mais Serge Gainsbourg, qui avait, en outre, la casquette de metteur en scène. Mais le tournage avait été interrompu dès le troisième jour, Gainsbourg n'étant pas dans une période d'intense sobriété. Le producteur Jean-Pierre Rawson m'avait alors demandé de reprendre le rôle. Il assurerait lui-même la réalisation. Le personnage de Paul Léautaud m'intéressait grandement. J'avais lu une partie de son *Journal,* et je connaissais ses fameux entretiens radiophoniques avec Robert Mallet. Je l'avais entendu, dans ces émissions, dire des poèmes de façon bouleversante, et c'est ce souvenir qui m'a décidé à accepter le rôle. J'ai interprété à ma façon l'impertinence de Léautaud et son absolue liberté en le montrant, par exemple, en train de singer son entourage, mais le temps a manqué pour travailler le personnage en profondeur, et restituer notamment les blessures de son enfance, que les rapports avec sa mère avaient rendues à jamais brûlantes.

Luigi Comencini fit appel à moi pour *Joyeux Noël et bonne année,* et je me réjouissais à l'idée de tourner avec ce grand metteur en scène italien. Mais j'eus l'impression qu'il avait peur de moi, et je reste sur le souvenir d'une rencontre qui n'a pas eu vraiment lieu.

Le monstre Petiot

Docteur Petiot n'est pas un film né d'une simple proposition extérieure. Je cherchais un personnage qui fût une sorte de concentré des salauds et des monstres que j'avais joués depuis plusieurs années, et dont le chapelier des *Fantômes* pouvait être considéré comme préfiguration. Une espèce de rencontre au sommet des forces du mal chez un être qui, par ailleurs, montrait le visage d'une personne ordinaire, pouvant côtoyer, voire faire le bien. En fait, je voulais, au travers d'un personnage, souligner que le manichéisme n'existait pas, et que les jugements radicaux que l'on porte sur les êtres sont parfois plus dangereux que les êtres eux-mêmes. C'est ainsi que je me suis intéressé à

Marcel Petiot, le médecin assassin des années d'Occupation, qui volait juifs et non-juifs avant de les faire disparaître dans sa chaudière. On ne pouvait guère aller plus loin dans l'abomination, mais, au-delà du cas clinique, il m'intéressait de voir le basculement entre les notions convenues d'humanité et d'inhumanité chez un type.

Je pris une part de risques en devenant coproducteur du film et demandai à Christian de Chalonge d'en être le scénariste et le metteur en scène. De Chalonge ne voulut pas de la reconstitution historique conventionnelle, ni d'un réalisme bâti sur un faux suspense, et me proposa de donner au film une esthétique proche de certaines grandes œuvres de l'expressionnisme allemand. Il existait entre Petiot et Mabuse un lien qu'il fallait traduire. C'est ainsi que fut conçu le maquillage outrancier du personnage, sa coiffure, et que je travaillai toute une série de mouvements saccadés de la tête et du buste. Mais c'est surtout le regard, dans lequel devait passer le dérèglement mental du monstre, sa folie hallucinée, que je pris le plus grand soin à composer. Petiot traversait la nuit glacée sur un vélo, ressemblant à un vampire, mais ce n'était pas forcément pour aller commettre ses crimes. C'était aussi pour secourir une enfant malade. Et après s'être débarrassé de ses victimes, il redevenait un père de famille tendre et attentionné. C'est en montrant cet aspect du bonhomme, et pour moi, acteur, en cherchant la vérité du personnage aussi dans cette part d'humanité, que le malentendu s'installa. Une partie de la presse vit une réhabilitation de Petiot et fut déconcertée par la forme du film, un opéra macabre qui cassait la narration traditionnelle. J'eus à me défendre de toute ambiguïté sur ma façon de considérer un type comme Petiot, mais mes explications ne furent pas toujours entendues. Et mes tentatives pour montrer que Petiot avait été un instrument politique utile à beaucoup, et que le monde fabrique chaque jour des Petiot, restèrent vaines. *Docteur Petiot* fut boudé par le public. J'en fus malheureux. Et pas seulement pour le producteur que j'étais devenu. Avant tout parce que ma composition d'acteur n'avait pas été admise.

Le film qui suivit fut l'adaptation d'un roman de San Antonio (pas du commissaire San Antonio, mais bien de Frédéric Dard), *La vieille qui marchait dans la mer.* C'est Laurent Heynemann qui mettait en scène l'histoire de l'étrange couple que je formais avec Jeanne Moreau, laquelle m'avait, semblait-il, pardonné de l'avoir entraînée chez Mocky...

Le producteur de *La vieille* était Gérard Jourd'hui, qui passa l'année suivante à la mise en scène avec *Vieille canaille,* que nous partîmes tourner à Lyon. J'aime beaucoup ce film qui m'offrait un rôle à double face dans un bain d'humour noir. Imprimeur le jour, faux-monnayeur la nuit, le personnage me convenait parfaitement et me rappelait celui de *La Tête du client,* film que j'avais tourné dans les années soixante. Ce qui me plaît avec ces personnages de comédie décalés, c'est qu'on peut les faire décoller du réalisme, les rendre burlesques, forcer le trait à la manière des Marx ou de Laurel et Hardy. Et, avec la complicité du metteur en scène — c'était bien le cas ici — inventer pour les enrichir. Comme cet imprimeur avait une double vie, et qu'il était en quelque sorte contraint d'en jouer une, je proposai à Jourd'hui d'en faire un amateur et connaisseur de théâtre. Gérard me répondit :

— Un cabot ? C'est parfait. Tu vas faire ça sans difficulté !

Je m'amusai ainsi, dans une scène avec Anna Galliena, à imiter Charles Dullin dans *Volpone* et à phraser certaines répliques « à la Jouvet ». Hommage aux grands que j'aime rendre de temps en temps.

Knock

Le théâtre précisément, j'y revins en cette année 1992 avec *Knock,* de Jules Romains, un des grands rôles de Louis Jouvet. J'avais envie de me confronter au personnage parce qu'il recelait, lui aussi, suffisamment d'ambiguïté. La manière dont *Knock* agit sur les êtres et s'immisce dans leurs vies offre de bonnes perspectives à l'acteur. *Knock* est un manipulateur mais pas un escroc. Il est sympathique, voilà sa force. C'est ce qui m'intéressait.

Mais j'en voulais une interprétation radicalement différente de celle de Jouvet, que je faillis bien ne pas donner pour cause... de couvre-chef. Jouvet avait fait de *Knock* un personnage un peu hautain, plutôt froid, qui impressionnait les gens par son autorité. Moi je le voyais affable, volontiers familier, usant avec ruse de ces qualités pour régenter la vie de ses patients. Mais comme je tenais à rendre hommage à Jouvet, je portais, comme lui dans la pièce, un chapeau melon. Or ce melon me figeait tout le corps. Je me sentais emprunté et mon jeu était guindé... presque hautain. Je me rapprochais sans le vouloir de Jouvet par l'entremise du seul melon! Démonstration involontaire de l'importance du costume. J'ai souvent dit qu'une cravate n'était jamais anodine. Un comédien abordera son personnage de manière différente, selon qu'il en porte une ou non. Et même selon la couleur.

Au bout de huit jours, je renonçai donc au melon pour... une casquette. Elle me permettait un jeu beaucoup plus décontracté qui correspondait bien à ce que je voulais faire de *Knock*. Un baratineur sympa qui cache un dangereux autoritaire.

J'ai pris quelques petites libertés avec le texte, sans aller jusqu'à l'improvisation, naturellement. Mais il m'est arrivé certains soirs, quand l'humeur de la salle m'y incitait, de glisser une réplique des *Vacances de M. Hulot* de Jacques Tati (*Oh! Un coquillage*) dans un jeu de scène où, raccompagnant la dame en violet au sortir de mon cabinet, je la prenais par le bras et marchais à ses côtés comme si nous nous promenions sur une plage... L'effet comique fonctionnait très bien. Les héritiers de l'auteur ont trouvé qu'il n'y avait pas trahison, et m'ont assuré que Jules Romains aurait beaucoup ri, car il attendait de l'invention chez les acteurs.

... Vous avez dit Serrault?

C'est pendant que je jouais *Knock* que je reçus un soir dans ma loge la visite de Claude Sautet, en compagnie du producteur Alain Sarde. Sautet voulait me voir pour me parler d'un rôle dans son prochain film. Je n'ai appris que plus tard ce qui s'était passé dans le bureau d'Alain Sarde lorsque celui-ci avait soufflé mon nom.

— Vous pensez à un acteur en particulier, Claude?

— Non. Je cherche et je ne trouve pas.

— Pourquoi ne pas demander à Michel Serrault ?

Claude Sautet avait glissé de son fauteuil et était tombé par terre.

— ... Vous avez dit Serrault ? !

Il avait fallu, paraît-il, un peu de temps pour que Sautet reprenne ses esprits. Le choc avait été rude.

L'aventure de *Nelly et M. Arnaud* prendrait forme quelques mois plus tard.

Je ne savais pas quelle épreuve m'attendait avant cela. Terrible elle aussi, et qui me fait toujours mal.

29

C'est Nita qui décrocha le téléphone. Je vis le visage de ma femme changer. Je l'entendis murmurer quelque chose comme : « Ce n'est pas vrai... » Il y eut un silence puis elle dit à l'interlocuteur (c'était Pierre Mondy) : « Michel est là... » Quand Nita tourna vers moi son visage et que je vis qu'elle ne retiendrait pas ses larmes, je compris. J'avais compris au premier mot.

Jean.

Jean était mort.

Je ne sais plus très bien ce qui s'est passé après. Je me revois dans ma chambre, pleurant comme un pauvre enfant. Qu'étais-je d'autre ? Mon plus cher ami, mon frère, une partie de moi-même me quittait. Alors oui, à quoi pouvais-je ressembler sinon à un enfant perdu ?

Je savais Jean exténué par le travail. Il avait joué au théâtre *Rumeurs,* avait tourné un film de Christian Gion, ct surtout réalisé le sien, son premier, *Le Zèbre,* où il dirigeait son épouse

Caroline Cellier. Il avait eu une alerte cardiaque et avait passé quelques jours à l'hôpital. Je lui avais rendu visite, bien sûr, et l'avais revu à la sortie. Nous avions parlé de nos projets, dont faisait partie la reprise de *La Cage*.

Un infarctus venait de l'emporter.

La mort de ma fille aînée m'a brisé, et Dieu, en me poussant à travailler, m'a sauvé du désespoir.

Mais il est un sentiment que je n'avais jamais connu avant que Jean ne s'en aille, et qui me reste, douloureusement.

Je me sens abandonné.

Notre Jacqueline Maillan s'en alla elle aussi, au printemps de la même année.

Ça ne me gêne pas d'avouer que depuis dix ans, chaque fois que je vois mes amis, je m'emplis les yeux de leur visage et de leur sourire. Je partirai peut-être avant eux, mais je sais que, quoi que je fasse, je ne les aurai jamais assez vus. Alors qu'ils me pardonnent de leur prendre le bras et de les embrasser comme je le fais, mais je crois qu'ils savent ce que je suis devenu.

Un enfant trop seul.

Le travail, je l'ai dit, me permet de rester debout. De continuer à tracer mon chemin tel que Dieu l'a voulu. L'amitié me fait du bien, et dans mon métier je suis heureux d'en trouver de nouvelles. Mais celles de toujours me sont indispensables.

Nous parlions de Jean avec Jean-Pierre Mocky. Les souvenirs ne lui manquaient pas plus qu'à moi, mais il dominait mieux son émotion. Son truc à lui, c'est le flot de paroles. Et des projets. Des idées de scénario. Des scènes qu'il imagine déjà tournées. Et ce jour-là une curieuse obsession...

— J'ai un projet très avancé, Michel. Financé et tout. Et un rôle pour vous.

— Où est le problème, alors ?

— C'est votre tête.

— Comment ?

— Vous avez toujours la même tête !

— Ben oui. Qu'est-ce que vous voulez que j'y fasse ?

— On va la transformer !

— Ça ne sera pas la première fois ! Souvenez-vous de celle que j'avais dans *Le Roi des bricoleurs,* tout de même !

Je me suis ainsi retrouvé dans *Ville à vendre* avec une prothèse dentaire qui me faisait avancer les dents, du coton dans les mâchoires, du plastique derrière les oreilles, les cheveux collés en arrière. Il fallait que je ressemble à Mitterrand ! Le rôle était celui d'un élu local véreux.

Nous y sommes allés gaiement. Le film donne une impression de bâclé, mais je peux assurer que, pour me faire la tronche que j'avais, c'était du soigné !

On remit ça deux ans plus tard, dans *Bonsoir,* où je jouais un chômeur qui devient une espèce de vagabond s'invitant chez les gens. Mocky m'avait teint en roux et je portais des verres de contact bleus. Pourquoi me priverais-je d'un metteur en scène qui anticipe mes espérances au point d'aller au-delà ? Je ne ferais pas de ces compositions partout, c'est évident. Mais quand la démesure s'impose comme cohérente, qu'on ne compte pas sur moi pour rester recroquevillé dans mon coin !

Les dernières nouvelles que j'ai reçues de Jean-Pierre Mocky me laissent présager de nouveaux moments d'anthologie. Pour un futur projet, il me donne le choix entre deux personnages qu'il me décrit de façon alléchante.

1) Le chef de la police, bossu et étrange, avec peut-être un œil de verre ;

2) L'homme en rouge, une ordure habillée d'un costume écarlate, crâne à la von Stroheim, et si possible un pince-nez.

C'est quand vous voulez, monsieur Mocky.

Les mesures de M. Arnaud

Lorsque Claude Sautet me raconta l'histoire de *Nelly et M. Arnaud,* je restai sceptique. Plutôt fier, certes, qu'un metteur en scène de son rang fasse appel à moi, mais le sujet ne m'emballait pas. J'appréhendais mal cette histoire de rentier qui s'emmerde, sa rencontre avec une jeune femme qui a besoin d'argent, à laquelle il propose de travailler avec lui sur ses mémoires. Et puis le voile s'est peu à peu déchiré, comme à chaque fois que j'échafaude un personnage, lui cherchant sa vérité. Cet Arnaud avait tranquillement raté sa vie, et l'envie que j'avais de le lui dire m'a incité à vouloir le jouer. Bien sûr, j'avais mis Sautet dans le doute en lui posant toutes sortes de questions : « Pourquoi moi ? Il y a d'autres acteurs, pour ce rôle. » Ce faisant, je l'avais volontairement déstabilisé, mais d'une part un acteur a besoin de se sentir désiré, et d'autre part je savais, par sa chute de fauteuil chez Alain Sarde, qu'il en était un peu resté à Zaza Napoli pour ce qui me concernait.

Je donnai donc mon accord pour jouer ce M. Arnaud qui se découvre sur le tard une sensibilité. Le travail commença. Je lus plusieurs fois le dialogue avec Claude Sautet. Nous parlions de chaque réplique et de chaque intention avec sérieux et légèreté. Ce n'était pas le marteau-piqueur de Planchon. Ma partenaire Emmanuelle Béart avait préféré s'abstenir des séances de lecture commune. Mais Sautet avait déjà travaillé avec elle, et la manière qu'il avait de prendre en charge chacun de ses acteurs en particulier compensa le manque. Arriva pour moi la question du costume. Sautet avait déjà fait ses choix. M. Arnaud ne pouvait circuler qu'en costumes de bonne coupe, il avait les moyens de s'offrir du sur-mesure, et rendez-vous fut pris chez Cifonelli, un des tailleurs les plus réputés de Paris.

— Asseyez-vous sur ce tabouret, Michel. Vous avez le numéro 12. On vous appellera.

Je patientai une heure sur le tabouret, me souvenant que cinquante-cinq ans plus tôt, j'étais assis sur une banquette (à la Belle Jardinière, pas chez Cifonelli!) pendant que ma mère me choisissait mon costume de première communion. Là, c'était tout pareil. Dans une pièce voisine, Sautet, entouré du chef opérateur, de la créatrice des costumes, de l'habilleuse, de l'accessoiriste, du premier assistant, du deuxième décidaient comment j'allais être habillé. C'était un déploiement de forces, étonnant, grave, qui n'avait rien à voir, on s'en doute, avec les essayages dans la camionnette de Mocky, où sa concierge fait office d'habilleuse! Au bout d'une heure, un employé appela :

— Numéro 12!

Je me présentai et on me fit mettre en pied

devant la glace. On m'étala des étoffes sur les épaules.

— Je ne tiens pas tellement au bleu. Si on pouvait éviter, fit le chef opérateur.

— Le gris doit lui aller au teint, dit quelqu'un.

— Clair, alors, fit quelqu'un d'autre.

— Ah non, sombre, corrigea un quatrième.

Personne ne me demandait mon avis. Et personne ne songea à me le demander. On fit venir le maître tailleur, qui prit mes mesures, et on me renvoya dans mes pénates. Je fus convoqué huit jours plus tard pour un premier essayage. Claude Sautet avait donné des instructions sévères : « M. Serrault est un peu fort au niveau du thorax. Il me faut quelque chose d'assez cintré car le personnage est mince. » Je ne fis aucune remarque ce jour de premier essayage (ma patience, toujours, quoi qu'on en pense...), mais me rendis compte que nous courions à la catastrophe. Au deuxième essayage (des quatre costumes), je dis au tailleur :

— Vous savez, c'est M. Sautet qui vous a indiqué ce qu'il fallait faire, mais c'est moi qui suis dans le costume. J'ai un texte à dire, en portant ce costume. Vous voyez... il faudra que je respire... que j'évacue l'air pour reprendre mon souffle. Et puis j'aurai à me déplacer, à m'asseoir, à me relever. Ce n'est pas un réverbère, que je vais jouer !

— Certainement, monsieur Serrault, fit le tailleur, qui ne m'avait pas écouté, et qui craignait les foudres de Sautet.

Le jour du dernier essayage arriva. Je passai les costumes. Dans aucun des quatre je ne pouvais bouger. Respiration coupée.

— Le tissu est très beau, maître tailleur, mais regardez ce qui va se passer...

Je lançai une réplique en esquissant un mouvement de sortie et tout craqua ! Je fis de même avec les trois autres costumes. Les coutures pétaient les unes après les autres, les boutons giclaient au bout du salon ! Séisme dans le magasin. Affolement général. Panique. On appela mon collaborateur et ami Philippe Chapelier-Dehesdin pour lui demander de rappliquer d'urgence. « Venez tout de suite ! M. Serrault est devenu fou ! Il fait craquer tous ses costumes ! » Alain Sarde fut aussi appelé à la rescousse. C'est tout juste si la camisole de force ne fut pas envisagée. Branle-bas de combat à la production. Sarde et Philippe furent les seuls à me comprendre.

— Vous êtes drôles, tous ! Vous auriez peut-être pu écouter Michel quand il disait que les costumes le serraient, qu'il ne pourrait pas jouer !

Deux jours passèrent et je reçus un coup de fil de Claude Sautet.

— Michel... Quand je suis allé chez vous,

vous m'avez montré des costumes, dans votre penderie...

— Oui, j'ai des costumes.

C'est de cette façon que j'ai joué M. Arnaud. En portant mes propres costumes. La moralité de l'histoire est revenue à Alain Sarde, qui me dit un peu plus tard :

— Avec ce que m'ont coûté tes quatre costumes, je faisais trois films de Mocky!!

Le tournage démarra, avec la précision horlogère des tournages de Sautet. Une minutie poussée à l'extrême. Je me demandai une fois encore si j'allais pouvoir respirer. Le deuxième jour, il me fit répéter longuement la manière de m'asseoir, dans une scène où je dictais mes mémoires.

— Vous vous reculez d'un demi-pas, Michel. Vous vous asseyez, mais pas trop vite. Et pas au fond du fauteuil. Juste sur le bout du siège, s'il vous plaît. Il faut que la réplique qui suit, vous la disiez dans cette position. Le buste légèrement penché. Pas trop.

Je m'exécutai.

— Très bien, me dit Claude Sautet. Maintenant je vous laisse avec l'opérateur. Il va voir avec vous.

Il allait voir quoi ? La même chose, mais pour la lumière ! C'était reparti pour vingt minutes d'explications sur ma position, la façon de m'asseoir, de pencher le buste. Cette fois, je sentais que c'étaient mes coutures intérieures qui commençaient à craquer. Je fulminais tellement que lorsque Sautet revint me demander, très gentiment, si on ne m'ennuyait pas trop avec toutes ces indications, j'explosai.

— Je vais même vous dire une chose : vous pouvez me mettre une plume dans le cul si ça vous fait plaisir, ça ne me gêne pas du tout, j'ai l'habitude !

Je reconnais la part de mauvaise foi qu'il pouvait y avoir dans mon exaspération. Mais elle fut salutaire. Dès ce deuxième jour, Claude Sautet admit qu'il fallait me laisser respirer. Que j'étais acteur, pas marionnette. Et j'ai pu proposer pour le personnage des petites choses qui l'enrichirent non d'une fantaisie, mais d'un esprit de dérision qui était cohérent avec le reste. Ces petites choses, Sautet ne s'en apercevait pas forcément au moment où nous tournions la scène. C'était par exemple la manière de laisser tomber un morceau de sucre dans une tasse sur une réplique de M. Arnaud à sa femme, que jouait Françoise Brion. Ce simple geste suffisait à indiquer à quel point elle l'insupportait. Le soir, Claude Sautet m'appelait chez moi. Il rentrait de voir les rushes et souvent me disait :

— Là, Michel, les gens ont ri. Je n'avais pas prévu cela, mais je suis très content. Le personnage est beaucoup mieux comme ça.

Nelly et M. Arnaud, le dernier film de Claude Sautet, fut un succès. L'histoire de ces gens qui vivent à contretemps et n'osent pas se rapprocher toucha profondément le public. Dans toutes les interviews que Sautet donna à la sortie du film, les journalistes, frappés par la ressemblance physique qui existait entre lui et moi sur l'écran, lui demandèrent si M. Arnaud, c'était lui. À chaque fois, il répondit non. Niant l'évidence, pourrait-on ajouter. Je suis pourtant sûr, moi, que M. Arnaud était bien Claude Sautet. Il m'avait tant dit qu'il me voulait mince, qu'il fallait que je perde du poids.

— Mince comment ? avais-je demandé.

— Un peu comme moi...

Quant à la coiffure, il m'avait fait faire un postiche de cheveux blancs exactement coiffés comme il se coiffait. Je lui avais fait remarquer. Il m'avait répondu par un léger sourire, où flottait comme une résignation, presque une douleur. Alors oui, ce fameux plan de trois quarts dos, où je suis filmé de telle façon que beaucoup ont cru reconnaître Claude Sautet, disait la vérité. Un créateur que sa pudeur empêchait de parler lui-même confiait, par mon intermédiaire, à qui voulait bien l'entendre, l'ultime message qui bouclait la boucle. Tout était dit. Sur la vie, l'amour, l'art, et la fin de toutes choses.

Nelly et M. Arnaud fit de moi l'acteur français le plus césarisé à ce jour. Et de trois ! Cette fois, j'étais présent à la cérémonie. Je m'y fis remarquer moins par les remerciements traditionnels que par mon commentaire sur le césar du meilleur second rôle féminin attribué à Annie Girardot. Jugeant qu'on avait curieusement pris la mesure du talent de cette très grande comédienne en la distinguant par une récompense pour un second rôle, j'y allai de mon étonnement outré. Dans *L'Avare,* j'avais demandé qu'Annie joue Frosine, et je m'estimais donc en droit de prendre sa défense.

Assassin(s) au Festival

C'est un reproche que l'on voit d'ailleurs ressurgir régulièrement à mon égard : « De quoi il se mêle ? » Ça ne me déplaît pas. À soixante-dix ans passés, je préfère mettre les pieds dans le plat que de le contourner. C'est ce qui s'est produit au Festival de Cannes en 1997, lors de la conférence de presse du film *Assassin(s)* de Mathieu Kassovitz. Je défendais ce film que j'avais eu plaisir à tourner malgré mes réticences du départ. Lorsque les questions d'un journaliste se transformèrent en remarques, puis en conseils, pour se terminer en instructions quant à la durée des travellings, je piquai ma colère.

— Le film ne vous plaît pas, dites-le, écrivez-le, mais ne venez pas nous emmerder en nous disant ce qu'il fallait faire ! Si vous savez tout, tant mieux pour vous, mais vous nous gonflez ! Et puis je vais vous dire : mon vrai métier, c'est médecin aliéniste ! Je consulte à mon cabinet de neuf à dix-huit heures. Je vous attends !

Il y eut de l'agitation. Quant au film, dur, à la limite du supportable parfois, il déconcerta certainement, mais il était aussi fait pour ça...

Lorsque Mathieu Kassovitz était venu me voir pour m'expliquer qu'il voulait faire un long métrage sur les bases d'un court réalisé quatre ans auparavant, et que c'était l'histoire d'un vieux tueur à gages qui se pissait dessus mais faisait son boulot correctement, je ne fus pas très chaud. Je ne lui épargnai pas les mêmes questions qu'à Sautet. « Pourquoi moi ? » Kassovitz connaissait les imperfections et les maladresses de son sujet, et pourtant savait en parler formidablement. Il n'imposait rien. Il voulait construire, il attendait quelque chose de moi. J'y suis allé.

Le personnage de ce vieux tueur n'était pas simple. En un sens, ç'aurait pu être Petiot des années après, s'il n'avait pas été arrêté. Je le fabriquai en traquant comme toujours la lueur d'humanité chez un être noir, persuadé toutefois que je créerais à nouveau le malentendu, et que ce que je recherchais passerait pour une justification des actes d'un assassin. Mathieu ne savait pas si j'accepterais tous ses trucs. J'en refusai pas mal. Non parce que le personnage était un vieux salaud, un sale con tordu (ça ne me gêne pas. Plus ils ont cette épaisseur, plus je suis content), mais il me faut être sûr de la cohérence. Il y eut des engueulades bien senties. Un des tout premiers jours Mathieu me proposa d'improviser mon texte à partir du canevas qu'il me donnait. Je le fis volontiers mais il m'arrêta, en me disant que ce n'était pas ce qu'il voulait. Le choc fut inévitable.

— Il faut savoir! Et ton problème, pour le moment, il est là! Ce n'est pas abouti dans ta tête! C'est ton film, alors la première chose à faire, c'est celle-là : savoir ce que tu veux!

La situation se débloqua instantanément. Mon coup de gueule l'avait aidé. Et s'il est vrai que j'impressionnais toujours un peu l'acteur qu'il était (c'est lui qui jouait face à moi), l'auteur avait fait sauter les verrous qui l'encombraient. J'étais d'autant plus satisfait que, malgré les erreurs, j'avais vu dès le départ que Mathieu Kassovitz était un vrai metteur en scène. Il ne me faut pas des heures sur un plateau pour faire ou non le constat. Bien sûr, nous avons connu des tensions, des moments difficiles. Mais il y eut toujours sincérité, et je suis très heureux d'avoir fait *Assassin(s)*.

Monsieur Guitry,
vous vous souvenez de moi ?

Auparavant, j'avais tourné une comédie d'Étienne Chatiliez, *Le bonheur est dans le pré,* que j'avais acceptée pour le plaisir de me retrouver avec Eddy Mitchell. J'ai déjà dit combien il est agréable de jouer avec Eddy, et quel complice il est pour moi. Je n'oublie pas le chanteur, et en particulier sa chanson *M'man,* qui me renvoie à mon enfance, et me bouleverse. Tout au long du *Bonheur est dans le pré,* Eddy me donne un affectueux surnom (*Tu peux compter sur moi, Lapin !*), reprenant ainsi, là où il l'avait laissé, l'élevage de Jean-Jacques Gautier.

Je participai à *Beaumarchais l'insolent,* que mettait en scène Édouard Molinaro d'après une œuvre inédite de Sacha Guitry. Aux côtés de Beaumarchais-Fabrice Luchini, je jouais Louis XV. Mais Sacha Guitry, je le retrouvai vraiment dans l'adaptation au cinéma de sa pièce *Le Comédien.* L'entreprise faisait partie du vaste projet de Daniel Toscan du Plantier de porter six pièces de Guitry à l'écran. Christian de Chalonge voulut une épure. Il commença par supprimer du texte tout ce qui, à ses oreilles, sonnait trop « boulevard » (je ne suis pas sûr, de ce côté-là, qu'il ait eu raison). Mais son idée épatante fut de tout situer dans un théâtre, des loges à la scène, des coulisses aux couloirs, du foyer aux fauteuils. Pour moi, le piège était béant : faire du Guitry en jouant Guitry. Ce que dit ce grand comédien, ce qu'il fait, sa grandeur et ses lâchetés, son talent et ses mensonges, je devais me les approprier.

— On dirait que vous racontez votre vie, m'a dit Toscan du Plantier.

Je compris à cette remarque que j'avais sans doute réussi à donner ma vibration personnelle dans le huis clos pirandellien et surréaliste qui servait d'écrin à cette réflexion sur le théâtre et la vie.

Comme j'avais carte blanche, je m'étais entouré d'acteurs que j'aime : Maria de Medeiros, Daniel Prévost, Charles Aznavour, mais c'est Christian de Chalonge qui demanda ce que je n'aurais jamais osé : que ma fille Nathalie soit ma partenaire. Ce n'est pas simple, de jouer avec sa propre fille. Je l'avais déjà fait dans *Knock* au théâtre, et j'avais trouvé à Nathalie un vrai tempérament, une présence, et une envie de jouer comme je les conçois, c'est-à-dire avec la volonté d'être juste et de s'amuser. Si elle m'était apparue incapable de tenir le rôle de Jacqueline, je crois que j'aurais été aussi vache que peut l'être le personnage de Guitry dans *Le Comédien (Tu ne joueras pas demain, tu es mauvaise...)*. Cela aurait peut-être résolu le problème d'avoir une fille douée pour trop de choses ! Nathalie a été assistant-réalisateur sur plusieurs films, elle a réalisé deux courts métrages, et elle sait aussi jouer la comédie. Que faire ? Un ami à qui je posais la question m'a joliment répondu : « Faire confiance. »

Parmi les films récents, je garde de bons souvenirs d'*Artemisia,* mon premier film mis en scène par une femme, Agnès Merlet. Je jouais le père d'Artemisia Gentileschi, que l'on considère comme la première femme peintre de l'histoire. Elle était incarnée par Valentina Cervi, la petite-fille du grand acteur italien Gino Cervi.

Bons souvenirs aussi des *Enfants du Marais,* de Jean Becker, qui me valent toujours d'être arrêté dans la rue par des spectateurs qui veulent connaître mon secret pour pêcher la grenouille.

Moi-même dans le rôle de moi-même

J'ai récemment retrouvé Bertrand Blier pour un délire plus profond qu'il n'y paraît. Dans *Les Acteurs,* je tiens le rôle de... Michel Serrault, et cela m'a intéressé pour pas mal de raisons. La principale a été de me fournir une sorte de preuve. Dans le débat infini sur l'acteur et sa personnalité, j'ai toujours dit qu'en ce qui me concernait, il n'y avait pas identification au personnage mais dédoublement. Je pourrais affirmer la même chose d'une autre manière : quand je joue, je reste sous mon propre contrôle, même de façon ténue. Tout peut m'échapper (et c'est là qu'on est le mieux, selon moi), mais il reste toujours un petit fil à ma marionnette, et c'est moi qui le tiens. Le film de Blier, qui me demandait d'être mon propre personnage, ne m'a pas entraîné à l'identification. J'ai joué à être Michel Serrault.

J'ai aimé *Le Monde de Marty,* le film de Denis Bardiau où j'étais un aphasique confronté à un enfant surdoué. Rôle muet. Mon visage devait faire passer toutes les émotions, de la colère à la tendresse. Mes pensées arrivaient en voix off, ce qui me demandait, au moment de tourner, une concentration comme je n'en avais jamais connu : il fallait que j'exprime un sentiment par le seul jeu de la physionomie, et en même temps que je pense à ce que le personnage dirait en voix off. Un rôle très difficile, auquel j'ai voulu donner toute la dimension humaine possible. Ce vieux type qui semble inutile va se sentir indispensable. C'était toute la leçon de ce film qui n'a hélas pas rencontré le succès.

Je le préfère pourtant au *Libertin,* où je joue un cardinal plus ou moins gâteux. J'ai eu quelques conflits avec le réalisateur Gabriel Aghion qui voulait truffer son film de fausses audaces et de provocations que je ne comprenais pas.

Encore une fois, je suis prêt à tout jouer, mais dans la cohérence d'un récit et la vérité d'un personnage. Provoquer vulgairement pour se donner l'illusion de passer pour un provocateur ne m'intéresse pas.

N'oubliez pas que vous avez un cœur

Au début de l'année 1999, Claude Chabrol me signala le scénario de son ami Jacques Santamaria pour un film de télévision qui retraçait les dernières années de la vie de Fontenelle, le philosophe du XVIIIe siècle qui vécut centenaire, à quelques jours près. L'histoire d'*Un cœur oublié* me plut énormément. Ce vieux bonhomme qui fut un esprit brillant mais un raisonneur impénitent, qui voulait que tout soit explicable et détestait les sentiments, se vantant de n'avoir jamais prononcé le mot « amour », se découvrait un cœur quand il était trop tard. Nous étions quelque part entre Léautaud et M. Arnaud. La question que posait le film était celle-ci : la pire cruauté n'est-elle pas d'arriver au terme de sa vie en pensant avoir été conforme à ses idées et ses principes, et s'apercevoir *in extremis* qu'on est passé à côté de l'essentiel ? Le propos me touchait. Car je crois que nous sommes sur terre pour cette chose unique : aimer. Je répète souvent à qui veut l'entendre :

« Aimez ce que vous voulez, mais aimez. Faites marcher la machine. » Ce film me donnait l'occasion de montrer ce qu'était l'infirmité de cœur.

Je fus aussi séduit par le dialogue. On ne m'en avait pas donné à dire de semblable depuis bien longtemps. J'aime beaucoup, par exemple, ma réponse à une femme volage qui se plaint d'avoir été traitée de catin par son mari :

— *Ce n'est pas une insulte, madame, c'est une reconnaissance...*

La difficulté pour moi fut de composer le centenaire Fontenelle d'une façon différente de celui du *Viager*. Le temps qui passe ne fait pas vieillir Fontenelle. À quatre-vingt-quatorze ans, il en paraissait à peine soixante-dix. C'est la découverte de son échec, ce « trop tard » qui le charge subitement de ses années. Il me fallait veiller à ce changement avec une attention d'autant plus soutenue que nous ne tournions pas les scènes dans l'ordre chronologique. Ce qui n'a pas empêché l'ambiance heureuse du tournage, où le metteur en scène Philippe Monnier m'a laissé mon espace de liberté. J'ai pu donner quelques répliques « à la Jouvet », et j'ai eu le plaisir de jouer avec des amis que j'aime, comme mon complice Jean-Paul Roussillon. Depuis *On ne meurt que deux fois* où il tenait le rôle du concierge, je demande, chaque fois que c'est possible, que Roussillon vienne jouer avec moi. C'est un grand acteur. Sensible. Profond. Dans *Un cœur oublié,* il incarne l'abbé Chalon, avec lequel j'ai une scène mémorable sur la façon d'apprêter les asperges.

Je retrouverai Jean-Paul dans *Une hirondelle a fait le printemps,* le film de Christian Carion qui sort sur les écrans au moment où je termine ce livre.

30

À l'occasion de la première, au Grand Rex à Paris, d'*Une hirondelle a fait le printemps,* on me fit la surprise de me remettre le Mérite agricole. Les circonstances s'y prêtaient puisque je joue dans ce film un paysan solitaire et bougon, peu enclin à accepter la présence et les méthodes de la jeune femme qui vient de racheter sa ferme du Vercors. Ma partenaire était Mathilde Seigner, qui était persuadée que deux têtes de cochon étaient faites pour s'entendre. Ce fut le cas, mais, si je vois bien le caractère de Mathilde, je me demande encore qui était la seconde tête du duo...

Le ministre de l'Agriculture Jean Glavany arriva sur scène pour me remettre ma décoration. Pauvre ministre ! Je l'ai à peine laissé parler. Michel Drucker, qui présentait la soirée, a vu le moment où Glavany ne parviendrait même pas à prononcer la formule rituelle destinée au récipiendaire. Je me mis à improviser un sketch comme jadis avec Jean Poiret, demandant au ministre quel était son dernier film, ce qu'il allait nous chanter ce soir, et s'il ne préférait pas m'embrasser avant la médaille plutôt qu'après. Nita et ma petite-fille Gwendoline (la fille de ma fille Nathalie) se demandaient, au premier rang, comment tout cela allait finir. Je suis même sûr qu'elles ont pensé que j'allais encore une fois me déshabiller ! Raté. J'ai simplement entonné mon grand succès : *Mon frère était vétérinaire.*

Un cabot nommé Serrault ?

C'est vrai que ma réputation d'imprévisible peut faire craindre le pire. Je me suis renversé un plat de spaghettis sur la tête à la cérémonie des césars, et j'ai fini en caleçon une interview à la télé. Ne pas croire pour autant que c'est quelque chose de systématique. Par exemple, lorsque le président de la République Jacques Chirac m'a remis la Légion d'honneur, je me suis très bien tenu ! Et pourtant, dans les salons de l'Élysée, il n'y avait plus le cher Paul Meurisse, qui me disait dans les années soixante de m'éloigner de lui, craignant que je ne commette une gaffe devant le Général...

— Tu es un cabot ! me dit Nita de temps en temps.

Oui, et alors ? Moi j'aime bien les cabots, et je voudrais qu'on me présente l'acteur qui ne veut pas qu'on le regarde faire son numéro... Ceux qui affectent la discrétion me semblent suspects.

Dans la vie courante, j'aime beaucoup inventer des situations dès que l'occasion se présente, et développer jusqu'à l'absurde des conversations dans les commerces ou au restaurant. Dernièrement chez le traiteur, j'ai demandé gravement :

— Vous faites toujours le même cake ?

— Bien sûr, monsieur Serrault.

— Mais... avec les mêmes ingrédients ?

— Bien sûr... (lueur d'inquiétude dans l'œil de la vendeuse.) Pourquoi, monsieur Serrault, quelque chose n'allait pas la dernière fois ?

— C'est-à-dire... ça frôlait l'immangeable, tout de même ! Vous n'avez peut-être plus les mêmes fournisseurs ?

Panique à bord. On est allé chercher le responsable de la boutique, le chef pâtissier, le directeur. J'ai poussé la situation jusqu'à ce que la farce explose d'elle-même, en partant simplement d'une remarque banale et quotidienne. Nita était exténuée ! Mais j'exige qu'elle garde son sérieux lorsque, dans un magasin où on croit me reconnaître, je me mets à lui parler russe. Du russe que j'invente, naturellement, comme j'inventais le polonais du sketch *Le Spécialiste*. De voir Nita s'étouffer de rire ne me déplaît pas.

Moi qui ne connais aucune langue étrangère, je parviens, par ces artifices, à damer le pion à Gwendoline, qui est, elle, parfaitement bilingue, et tient de moi, je crois, un goût prononcé pour la loufoquerie. Cela dit, j'envie ma petite-fille de parler anglais. C'est un de mes grands regrets de ne pas avoir appris la langue de Shakespeare. Pour quelle raison ? Celle-là justement. Jouer Shakespeare dans le texte, et surtout jouer avec les acteurs anglais, que j'aime énormément, alors que leur culture, leurs méthodes, leur approche du travail d'acteur sont totalement différentes des nôtres, qui sommes des Latins.

Le besoin de jouer aussi dans la vie, ou de se montrer « bon client » sur un plateau télé ne doit pas faire oublier que le métier d'acteur est à prendre au sérieux. C'est pourquoi j'aime des comédiens comme Fabrice Luchini, José Garcia ou Édouard Baer. Leur démesure ne les empêche pas d'être intransigeants avec leurs personnages.

Je reviens à mon Mérite agricole. Car je ne voudrais pas que s'installe l'idée d'une complaisance ou d'un passe-droit ! Je jure qu'il n'y a pas eu trafic de décoration, et que cette distinction, la plus difficile à obtenir, n'a fait l'objet d'aucun délit d'initié ! On ne me l'a pas attribuée pour mon rôle de paysan dans *Une hiron-delle a fait le printemps,* mais bien parce que j'ai eu une exploitation agricole. Avec un éle-vage d'une quarantaine de bovins et un nombre appréciable d'hectares cultivés. Pendant une douzaine d'années, dans le Perche, j'ai eu un manoir avec une ferme et des bêtes. Et les gestes de la terre que j'avais appris pendant la guerre, en Corrèze, ou, grâce aux curés, en Haute-Marne, je ne les avais pas oubliés.

J'ai eu, dès que mes moyens me l'ont permis, l'envie d'une maison qui me permettrait de re-trouver mes lointaines racines terriennes, et pourrait satisfaire mon goût du silence et de la paix des choses. J'ai d'abord pu acheter une fer-mette dans le Vexin, près de La Roche-Guyon. Puis ce fut le Perche, d'où je suis parti pour échouer dans une demeure du XVIIIe siècle du côté de Honfleur. J'y ai entrepris des travaux de restauration probablement trop gigantesques, dont je me mêle d'une manière somme toute assez proche de celle que j'utilise pour aborder un rôle. En un mot, il faut que j'aille voir der-rière le mur. Je dois savoir le pourquoi d'une cloison et comprendre le choix d'un matériau. Ce qui me vaut des discussions sans fin avec Nita, l'architecte, les entreprises, me retrouvant souvent seul de mon avis mais n'en démordant pas pour autant.

— Il n'y a que toi pour avoir des arguments pareils ! soupire Nita.

Moi, c'est une parole de sage qui me réconforte : « Qu'est-ce que ça peut faire que je sois de mauvaise foi si c'est pour la bonne cause, et qu'est-ce que ça peut faire que ce soit une mauvaise cause si je suis de bonne foi ? » Ma logique est toute personnelle, je le reconnais. Je l'éprouve en toutes circonstances. À l'occasion du tournage des *Enfants du Marais* par exemple, je fis la connaissance d'un célèbre chirurgien qui ne quitta pas des yeux mon nez cassé.

— Vous savez, monsieur Serrault, que j'aurais pu arranger le nez de Cléopâtre !

— Tant mieux pour elle, mais je ne suis pas Cléopâtre !

— J'ai une grande habitude des nez de boxeurs !

— Mais je ne suis pas boxeur !!

Il a compris qu'il ne pourrait rien pour moi...

CONTE DE LA FIN

C'est un petit cirque. Familial. Un peu fatigué. Il y a une ménagerie avec peu d'animaux, mais qui sont bien traités. Ils ont l'air placides, pas malheureux en tout cas. Tous les deux ans, on repeint les quatre camions et les trois caravanes parce que les couleurs doivent rester vives. Le jaune, le rouge, le bleu, il faut de l'éclatant, de la lumière, du soleil. Pendant la saison, le cirque donne ses représentations sur des parkings de plus en plus excentrés, comme si les artistes faisaient tache en ville.

Cela fait presque cinquante ans que je suis clown dans ce petit cirque. Je fais l'auguste tous les soirs, ou presque. Mon partenaire et moi sommes connus sous le nom des Bobeyro. Je me casse la figure au son des cymbales, j'ai un pantalon trop grand, une perruque-ventilateur, et une petite trompette avec laquelle je joue un air de Jean-Sébastien Bach. Les spectateurs rient de mes énormités, de mes grimaces, de mes chutes, mais quand j'entame mon solo de trompette, ils m'écoutent avec respect. Je me dis parfois que j'ai réussi à les émouvoir, mais je ne suis peut-être pas très juste, car c'est moi qui suis ému. La larme qui coule quelquefois sur mon maquillage vient bien de mes yeux.

L'autre jour, un gamin d'une dizaine d'années est venu me voir après le spectacle. Il a regardé tous mes accessoires, m'a demandé comment fonctionnait ma perruque-jet d'eau et si mon nez rouge s'allumait. Je lui ai tout expliqué et lui ai dit, en posant ma main sur mon cœur :

— Mais tu sais... c'est de là que ça vient.

— C'est pas ton vrai nom, Bobeyro... a fait le môme, un peu intrigué.

Je lui ai raconté que souvent les artistes changeaient de nom et que moi, je m'appelais Michel Serrault. Ça l'a fait sourire quand je lui ai dit que j'avais toujours voulu être clown.

Ce que je ne lui ai pas avoué, c'est que j'avais failli être curé! Ces confidences-là, je les réserve aux copains. Ils me disent que si j'avais voulu j'aurais pu être acteur. Et même un grand acteur, paraît-il. Ils sont gentils, mais ce n'est pas moi qui pouvais décider. Si Dieu avait voulu que je sois acteur et pas clown, Il aurait su s'y prendre, quand même!

Je suis clown, et même si cela fait bizarre

aujourd'hui de dire une chose pareille,
j'ajoute : je suis heureux.

Alors je continue.
Tant que le cirque voudra de moi.

ÉPILOGUE

LETTRE À JEAN

> L'amitié était, pour ces deux jeunes
> hommes qui ne s'intéressaient guère à
> eux-mêmes, un moyen de fortune pour ne
> pas désespérer tout à fait.
>
> ANDRÉ FRAIGNEAU
> (*Les Étonnements de Guillaume Francœur*)

C'était un dimanche soir, à la fin des années quatre-vingt. Tu étais interviewé à la radio. Il était à peu près dix-neuf heures, et tout d'un coup, tu as clos toi-même l'entretien : « Et maintenant excusez-moi, mais il faut que j'y aille. Je voudrais juste avant de partir passer un message à l'intention de M. et Mme Serrault. Ils peuvent mettre le rôti au four, j'arrive ! » Nita et moi t'attendions pour dîner, c'est vrai, et nous avons ri en entendant cette boutade. Mais était-ce une boutade, Jean ? Moi je n'ai compris que plus tard ce qu'en réalité tu disais. Et que nous ne nous étions jamais avoué, évidemment.

Nous étions heureux de nous retrouver, voilà tout. D'être ensemble. Ce n'est pas grand-chose, peut-être, mais notre vie, et même notre secret, sont tout entiers contenus dans cette phrase : heureux d'être ensemble. Ils existent, pourtant, ceux qui n'auraient jamais parié sur nous ! Ils existent, aussi, ceux qui auraient tant aimé qu'on se sépare, qui se sont parfois bien agités dans ce but, espérant que leur seule méchanceté y parviendrait. Nous en avons assez ri tous les deux, tu te souviens ?

C'est curieux, Jean. C'est à toi, auteur exceptionnel, que j'envoie ce livre. Je t'entends déjà : « Quand même ! Il était temps ! » Tu es marrant, toi ! Tu crois que ça se remue comme ça, les souvenirs ? C'est de l'explosif tout pur, le souvenir ! Un geste d'inattention, et ça saute à la figure ! Et je ne te parle pas de la cave, où il faut descendre tous les deux jours, chercher dans les cartons les vieux programmes, les coupures de presse, les photos. Tiens, justement, une photo de nous deux, au début des années soixante. Elle me fait penser à ce que j'ai vu l'autre jour. J'étais avec Gwendoline, ma petite-fille, et devant nous il y avait deux jeunes gens qui se racontaient une histoire insensée avec le plus grand sérieux. J'ai eu un petit sourire, un petit sourire heureux.

Combien tu me manques, Jean. Toi, tu as su tout dissimuler sous le rire, moi j'y parviens de moins en moins. Je ne le dis pas, je parle peu de ces choses, mais à toi, à quoi servirait de cacher ce qui passe sur mon cœur ? Nous n'allons pas commencer maintenant à jouer faux !

À propos... Qu'est-ce qu'on pourrait jouer ensemble, la prochaine fois ? J'ai bien une idée, mais avec tout ce que tu as dû écrire, j'imagine qu'on est parés pour un bon bout de temps ! Mon idée, c'est que tu sois enfin Mosca, et moi Volpone. Car nous sommes arrivés à ce moment où rien n'est plus utile que de rejoindre nos rêves. Les nôtres, c'est nos vingt ans, les coulisses du Sarah-Bernhardt, la cave de Saint-Germain, les cabarets d'après minuit, La Cloche d'Or que nous ne quittions qu'au petit jour, ton regard bleu et mes crises de larmes dans une cage aux folies.

Oui, Jean. Un jour nous rejouerons ensemble. Volpone, Mosca et les autres. Parce qu'il est écrit quelque part que nous n'en avons pas fini avec notre jeunesse, et que Dieu Lui-même a peut-être dit : « Poiret et Serrault ? Voilà deux bons clowns ! À quelle heure ils passent ? »

© Benjamin Auger / Paris Match

INDEX

421

423

CRÉDITS PHOTOGRAPHIQUES

Premier cahier photos :

Pages 1-2-3-4-5-6-7-8 : collection particulière Michel Serrault. Page 9 : haut : collection Christophe L, bas : collection particulière Michel Serrault. Page 10 : haut : DR, bas : Roger Viollet. Page 11 : Lipnitzki-Viollet. Page 12 : haut : collection particulière Michel Serrault, bas : Keystone. Page 13 : haut : collection particulière Michel Serrault, bas : Keystone. Page 14 : haut : collection Christophe L, bas : Keystone. Pages 15-16 : collection particulière Michel Serrault

Second cahier photos :

Page 1 : Agence Bernand. Page 2 : Corbis Sygma. Page 3 : haut : collection particulière Michel Serrault, bas : Julio Donoso / Corbis Sygma. Page 4 : hauteur : Erwan le Marchand, milieu : Alain Dejean / Corbis Sygma. Page 5 : Benjamin Auger / Paris Match. Paris 6 : collection Christophe L. Page 7 : haut : collection Corbis Kipa, milieu : collection particulière Michel Serrault, bas à gauche : collection Christophe L, bas à droite : collection Corbis Kipa. Page 8 : haut à gauche : TW, haut à droite : P. Vauthey / Corbis Sygma, haut à droite : Vincent Rossell, bas : W. Carone / Corbis Sygma.

Page 9 : haut : E. George / Corbis Sygma, bas à gauche : M. Jamet / Corbis Kipa, bas à droite : Rodrigue / Corbis Kipa. Page 10 : Stills. Page 11 : haut : Jean Tholance, bas : collection particulière Michel Serrault. Page 12 : haut : Studio Canal+, bas : Corbis Kipa. Page 13 : haut : Michel Marizy & Bertrand Rindloff Petroff, bas : David Koskas / Corbis Sygma. Page 14 : haut à gauche : collection particulière Michel Serrault, haut à droite : DR, bas : Étienne George / H&K. Page 15 : haut : D. Noizet / Présidence de la République, bas : Delalande / Journal du dimanche. Page 16 : haut : collection particulière Michel Serrault, milieu : Julio Donoso / Corbis Sygma, bas : collection particulière Michel Serrault.

Cet ouvrage a été composé par EURONUMÉRIQUE
à 92120 Montrouge, France

Impresssion réalisée sur Presse Offset par

BRODARD & TAUPIN

GROUPE CPI

15337 – La Flèche (Sarthe), le 22-10-2002
Dépôt légal : octobre 2002

POCKET – 12, avenue d'Italie - 75627 Paris cedex 13
Tél. : 01.44.16.05.00

Imprimé en France